Michel Menk · Martin Grau · Götz Kümmerle

Ausgesteuert!

Führungslos durch den Steuerdschungel: Künstliche Intelligenz, Private Equity & Fachkräftemangel drängen Steuerberater zum Umdenken

Michel Menk · Martin Grau · Götz Kümmerle

Ausgesteuert!

Führungslos durch den Steuerdschungel: Künstliche Intelligenz, Private Equity & Fachkräftemangel drängen Steuerberater zum Umdenken

Illustrationen von Carmen Grau

lehmanns media

Impressum

Bibliografische Information der Deutschen Nationalbibliothek
Die Deutsche Nationalbibliothek verzeichnet diese Publikation in der Deutschen Nationalbibliografie; detaillierte bibliografische Angaben sind im Internet unter `http://www.dnb.de` abrufbar.

Helmholtzstr. 2-9
10587 Berlin
verlag@lehmanns.de
Illustrationen: Carmen Grau
Umschlag: Jasmin Plawicki, Leipzig
Satz & Layout: LaTeX(Libertinus) Volker Thurner, Berlin
Druck und Bindung: Totem • Inowrocław • Polen

ISBN 978-3-96543-599-5 www.lehmanns.de

Inhalt

Prolog

Nix, nix, nix, nix es för immer
Un je älder mer weed, je schneller rinnt de Zick dir durch de Finger
Un mer han doch nur ei Levve, vum eetste bes zum letzte Schrei
Wat dozwesche passeet, litt an uns, saach, bes do dobei?

„Die jode ahle Zick vun Morje“ der Kölner Band Kasalla aus dem Jahr 2022 ist die Zukunftshymne, mit der wir Sie dazu einladen möchten, mit uns gemeinsam die Grenzen dessen auszuloten, was bislang als gegeben erachtet worden ist. Lassen Sie uns gemeinsam herausbekommen, wohin uns KI und Digitalisierung in der Steuerberatung führen. Wir möchten Sie dazu auffordern, sich von der Vorstellung zu verabschieden, dass Ereignisse der Vergangenheit noch immer den Verlauf der Gegenwart maßgeblich beeinflussen.

Der amerikanische Schriftsteller William Faulkner sagte einmal: „Die Vergangenheit ist nicht vorbei, sie ist nicht einmal vergangen.“ Diese Aussage lässt sich auch auf die Zukunft übertragen: Die Zukunft ist kein fernes Ziel oder ein Zustand, der einmal sein wird und noch nicht ist; die Zukunft ist schon längst da – hier und jetzt in dem, was wir Gegenwart nennen. Es ist die Zukunft, die uns jetzt schon beeinflusst.

Dabei ist der Bandname durchaus Programm: Kasalle oder Kasalla ist im rheinischen Dialekt ein umgangssprachlicher Ausdruck, der sich auf Ärger, Probleme oder eine unangenehme Situation bezieht. Und genau das ist unsere Reise in die Zukunft auch. Denn Innovation bedeutet Veränderung und die bedeutet Disruption. Nur wer bereit ist, sich von Altem zu trennen, Dinge auf den Prüfstand zu stellen und sich auch selbst zu verändern, wird fit sein für die Anforderungen der Zukunft.

In der Steuerberatung ist diese Zukunftsorientierung keineswegs selbstverständlich.

Steuerberatung sah sich selbst im Gegenteil über Jahrzehnte als ruhiges und beständiges Tätigkeitsfeld, in dem es kaum zu Disruptionen kam, sondern in dem Kontenabstimmung von Zahlenkolonnen und gesetzlichen Bestimmungen den beruflichen Alltag bestimmten. Selbst Skandale wie „Cum-Ex“ oder fragwürdige Steuergestaltungen, z. B. über Stiftungen in Liechtenstein, die in der Öffentlichkeit heiß diskutiert wurden, konnten dieses Selbstbild nicht erschüttern – bis jetzt. Denn im letzten Jahrzehnt hat das Berufsbild der Steuerberatung nach und nach eine grundlegende und tiefgreifende Transformation durchlaufen. Diese Entwicklung reflektiert nicht nur den technologischen Fortschritt, sondern auch die radikalen Veränderungen unserer Gesellschaft und der Arbeitsweisen, Kommunikationsformen und Denkweisen, welche daraus resultieren.

Die Entwicklung der Steuerberatung – von analogen Tagen, in denen jede Zahl mühsam von Hand in dicke, ledergebundene Bücher eingetragen wurde, bis hin zur heutigen Ära, in der künstliche Intelligenz und automatisierte Prozesse die traditionellen Methoden ablösen – ist bemerkenswert. Diese Transformation wurde nicht nur durch technologische Fortschritte vorangetrieben, sondern auch durch visionäre Denker und mutige Pioniere, die den Mut aufbrachten, etablierte Konventionen in Frage zu stellen und neue Wege zu beschreiten. Wir wollen Sie einladen, solche Vordenker und Pioniere zu sein – oder zu werden.

Der aktuelle Zeitpunkt kann als entscheidender Wendepunkt betrachtet werden. Die digitale Transformation hat sowohl eine Effizienzsteigerung als auch eine Neudefinition der Rolle des Steuerberaters zur Folge. Während früher der Fokus auf der Erstellung und Aufbereitung von Daten lag, steht in Zukunft die strategische Beratung im Mittelpunkt – unterstützt durch Datenanalysen, die in Echtzeit Einblicke und Vorhersagen ermöglichen, die früher undenkbar gewesen wären. Bisher ist dies allerdings noch nur in Ausnahmefällen und mit sehr hohem Aufwand möglich.

Die digitale Revolution ist jedoch mit Herausforderungen verbunden. Die Gewährleistung des Datenschutzes, der Schutz von Mandantendaten sowie die Klärung ethischer Fragen, die mit dem Einsatz künstlicher Intelligenz einhergehen, sind nur einzelne Beispiele für Themen, denen die Branche sich stellen muss. Jedoch eröffnet sich mit der Bewältigung jeder Herausforderung die Möglichkeit, bislang unbekannte Chancen und Möglichkeiten zu nutzen.

Die folgenden Seiten dieses Buches werden sich sowohl der Ergründung bereits realisierter Erfolge als auch der Antizipation zukünftig potenzieller Entwicklungen widmen. Es lässt sich prognostizieren, dass fortschrittliche Technologien – wie Blockchain und künstliche Intelligenz – nicht nur unsere Art und Weise zu arbeiten verändern werden, sondern auch die ethischen und gesellschaftlichen Rahmenbedingungen unserer Berufe neu formen.

Die Landschaft der Steuerberatung kann metaphorisch als ein stetig fließender Fluss beschrieben werden, der durch die Landschaft der Wirtschaft und Gesellschaft mäandert. Jede Kurve und jeder Stromschnellenabschnitt symbolisiert eine neue Herausforderung oder eine innovative Lösung, die es zu bewältigen gilt. Diese Metamorphose impliziert nicht nur eine Adaption an neue Technologien, sondern auch eine Neukonzeption der Beziehung zwischen Steuerberater und Mandant.

Wir beobachten, wie sich aus einer rein zahlenbasierten Kalkulation eine tiefgreifende strategische Partnerschaft entwickelt, die auf Vertrauen, Transparenz und dem gemeinsamen Streben nach Wachstum und Stabilität basiert.

Wir – das sind Martin Grau, Michel Menk und Götz Kümmerle: Martin Grau, Rechtsanwalt, Wirtschaftsprüfer und Steuerberater, wagte nach einer internationalen Karriere bei einer der Big Four den Schritt, eine kleine mittelständische Kanzlei zu erwerben. Martin Grau hat sich zum Ziel gesetzt, diese Kanzlei zu einer der führenden innovativen Steuerberatungskanzleien in Deutschland zu entwickeln. Michel Menk wagte den Schritt von der Finanzverwaltung zur Digitalisierungsberatung mit seinem Unternehmen milia.io, welches sich auf die Automatisierung von Prozessen in Steuerkanzleien spezialisiert hat. Mit Milia.io will Michel Menk den Goldstandard in Sachen Digitalisierung in der Steuerbranche setzen. Götz Kümmerle wiederum ist Kommunikations- und KI-Berater für die Steuerbranche, Mitherausgeber von Taxpunk sowie Associate Partner beim Research-Unternehmen Lünendonk & Hossenfelder für den Bereich Tax & Legal. Sein Weg hat ihn über die Personalberatung und den Branchenjournalismus dorthin geführt.

Im Zeitalter der Digitalisierung und des rasanten technologischen Wandels stellt sich die Frage, wie wir, Michel, Götz und Martin, eine Geschichte erzählen sollen, die einerseits als sachliche Informationssammlung und nüchterne Einführung dient, andererseits aber auch als persönlicher Erfahrungsbericht und klarer Appell zum Wandel in der Steuerbranche wirkt – ohne dabei besserwisserisch oder marktschreierisch zu klingen.

Wir, also Martin, Götz und Michel, sind LinkedIn-Natives. In den digitalen Netzwerken, die mittlerweile fast zum Schulhof der Steuerbranche geworden sind, prallen täglich Ratschläge zur Digitalisierung und zum Einsatz von KI aufeinander. Doch während diese Tipps oft als zukunftsweisend gelten und wohl auch sind, verklingen sie gerade bei denen, die nicht aktiv in der TaxTech-Bubble unterwegs sind. Genau diese Zielgruppe gilt es aber abzuholen und zu erreichen.

Natürlich gehören diejenigen, die noch auf Faxgeräte und elektrische Schreibmaschinen schwören – weil ihnen die „Undo-Funktion" moderner Computer Fehler und Versehen nicht hart genug bestraft und ihnen die Möglichkeit, auf einen älteren Stand zurückzugreifen und einmal getätigte Eingaben wieder zurückzunehmen als nicht wirklichkeitsgerecht und realitätsnah erscheint und deshalb viel zu nachsichtig mit Angestellten umgehen und diese verweichlichen – vermutlich nicht zur Zielgruppe unseres Buches. Dennoch müssen wir uns fragen: Sollten wir nicht ein Buch schreiben, das auch diese Menschen anspricht? Wie können wir kommunikative Brücken bauen, ohne platt oder plakativ zu wirken?

Unsere Antwort darauf ist ebenso radikal wie ehrlich: Wir schreiben nicht nur ein Buch, sondern gleich drei in einem. Dieses mehrschichtige Konzept erlaubt es uns, verschiedene Perspektiven zu vereinen: Im ersten Teil (oder der ersten Schicht) dieses Buches präsentieren wir Ihnen die sachliche, nüchterne Beschreibung der Technologien, die bereits heute die Arbeitswelt in der Steuerberatung revolutionieren – von KI-gestützten Systemen über Blockchain bis hin zu Cloud-Infrastrukturen. Hier gehen wir detailliert darauf ein, wie diese Technologien Aufgaben vorbereiten, Analysen zum Finanzstatus erstellen und proaktiv Handlungsempfehlungen geben.

Im zweiten Teil (oder der zweiten Schicht) dieses Buches fließt unsere persönliche Erfahrung ein. Ich, Martin Grau, berichte aus erster Hand von meinem Weg, der Kanzlei, die ich nach einer internationalen Karriere bei einer der Big Four übernommen habe, in eine moderne, digitale Steuerberatung zu transformieren. Ein entscheidender Moment war dabei das Interview mit Janett – eine inspirierende Persönlichkeit, die mir den Weg aus der alten, bürokratisch geprägten Welt aufzeigte. Besonders hervorzuheben ist, dass auch Michel in diesem Interview seinen persönlichen Wandel und Werdegang offen darlegt: Vom langjährigen und engagierten Mitarbeiter der Finanzverwaltung, der in den starren Strukturen der öffentlichen Verwaltung verankert war, hat er sich zum TaxTech-Unternehmer entwickelt. Er schildert, wie er den Mut fand, sich vom altbewährten System zu lösen und die Chancen der Digitalisierung zu nutzen – Schritt für Schritt, immer wieder kleine, aber nachhaltige Veränderungen in seinem beruflichen Selbstverständnis.

Im dritten Teil (der dritten Schicht) ist eine literarisch-mimetische Erzählung verwoben, die vor allem aus der Feder von Götz stammt. In einer fiktiven Darstellung wird die Kölner Steuerberatungsgesellschaft „Berger & Berger“ zum Sinnbild der Transformation: Hier, zwischen Tradition und Innovation, wird die reale Branche in ihrer ganzen Vielschichtigkeit abgebildet. Diese Erzählung zeigt, wie sich alte Gewohnheiten mit modernen Ansätzen vermischen, wie Mitarbeiter zwischen analogen Prozessen und digitaler Effizienz hin- und hergerissen sind – und wie letztlich aus dem Konflikt der Gegensätze eine neue, zukunftsfähige Identität entsteht.

Aber etwas, was aus verschiedenen Schichten oder Teilen besteht, braucht ein verbindendes Element. Verschiedene Bausteine erfordern einen Mörtel, der Übergänge schafft und alle drei Bücher miteinander verwebt. Hier kommt Götz Kümmerle ins Spiel – als Storyteller und Gesprächsmoderator führt er durch die unterschiedlichen Ebenen und beschreibt, wie die fiktive Steuerberatung „Berger & Berger“ im Louvre in Paris ihre Katharsis erlebt.

Wir wollen mit unserem Buchprojekt ehrlich sein – ehrlich in der Darstellung unserer Erfahrungen, ehrlich in der Analyse der technologischen Entwicklungen und ehrlich in unserem Appell an alle Steuerberater: Veränderung ist unvermeidlich und notwendig. Es geht darum, den Wandel nicht nur theoretisch zu begreifen, sondern ihn aktiv und authentisch zu leben. Die digitale Revolution bringt nicht nur neue Tools und Prozesse, sondern auch die Chance, den Menschen in den Mittelpunkt zu stellen – Vertrauen, Transparenz und strategische Partnerschaft sollen den neuen Standard bilden.

Indem wir unsere persönlichen Wege offenlegen – ich, Martin, habe als Steuerberater mit meiner Kanzlei eine Transformation vollzogen, oder Michels Wandel vom Finanzbeamten zum innovativen TaxTech-Unternehmer – möchten wir zeigen, dass es möglich ist, alte Strukturen zu hinterfragen und sich neu zu erfinden. Unsere Geschichte ist ein Aufruf, den Mut zu haben, sich von Altbewährtem zu trennen und gemeinsam die Grenzen des Bekannten zu sprengen.

Lassen Sie uns gemeinsam auf diese Reise gehen: Von einer sachlichen Analyse der aktuellen Technologien über persönliche Erfahrungsberichte bis hin zu einer fiktiven, literarischen Darstellung des Wandels.

Dabei geht es uns vor allem darum, aufzuzeigen, welche Technologien besonderen Einfluss auf die Branche haben und wie disruptiv deren Wirkung sein kann – gerade in unserer, der Steuerbranche, die sich in ihrer Geschichte bisher kaum technologischen Herausforderungen stellen musste oder sich in ihrem Selbst- und Rollenverständnis durch neue Technologien herausgefordert sah. Die Steuerbranche dachte und betrachtete sich selbst gerne als einen Ruhepol mitten im Auge des Orkans. Denn obwohl für eine freie Wirtschaft arbeitend, die tagtäglich in die Kämpfe und Widerstände eines freien Marktes verwickelt ist, der von Konkurrenz, Angebot und Nachfrage bestimmt wird, sieht sich die Steuerbranche selbst nicht wirklich als Teil dieser kompetitiven ökonomischen Welt. Man sieht sich eher als semineutraler Mittler zwischen der Sphäre der Wirtschaft und der Sphäre des Staates, der Steuergesetze erlässt, deren Befolgung und Umsetzung durch Unternehmen und Privatpersonen die Steuerbranche dann gewährleistet.

Das Selbstverständnis der Branche ist daher eher semi: semi-unternehmerisch, semi-wettbewerblich und deshalb auch semi-modern. So fancy und hip auch gerade die großen Steuerberatungen und die Big Four auftreten: In Steuerberatungen steckt heute noch deutlich mehr geschützte, mittelalterliche Zunft als hochrisikoorientiertes Fintech oder Start-up. Die Steuerbranche schaut mehr bei wirtschaftlichen Entwicklungen zu und gibt kluge Ratschläge von der Seitenlinie, als dass sie sich wirklich als Teil des Geschehens, als Betroffenen oder gar gleichberechtigten Mitspieler begreift, den Sieg oder Niederlage genauso tangieren wie jeden anderen Spieler auf dem Feld. Man ist halb dabei, halb integriert, halb betroffen.

Lassen Sie uns dies an einem Beispiel festmachen: Noch vor einigen Jahren standen steuerliche Positionen in Unternehmen, sogenannte Inhouse-Positionen, ganz hoch im Kurs bei Steuerexperten, die in Beratungen arbeiteten. Inhouse-Positionen versprachen mehr Gehalt und bessere Work-Life-Balance. Götz Kümmerle hat dies als Headhunter und Personalberater live erlebt und begleitet. Was er gerne erzählt: Wenn er KandidatInnen und Kandidaten an ihrem Arbeitsplatz in den großen und kleinen Beratungen der Republik angerufen hat, um sie für einen Job Inhouse zu gewinnen, kam eine Frage nie: ‚Was macht eigentlich das Unternehmen, zu dem ich wechseln soll?' – Gefragt wurde allenfalls nach Konzern oder Mittelstand; aber nie nach Geschäftsmodell, Markt oder Branche. Schon gar nicht nach Produkten oder Technologie. Vielleicht war noch interessant, ob Finance oder Nicht-Finance, weil für die Finanzbranche andere steuerliche Regeln gerade im Reporting gelten. Aber ob ein Industrieunternehmen nun Halbleitertechnologie anbietet oder im µ-Bereich genaue Fertigung von Maschinenteilen mittels Zerspanung, war völlig egal für die Kandidaten. ‚Denn Steuern sind schließlich überall gleich'.

Es ist diese Indifferenz gegenüber den Geschäftsmodellen und Geschäftszwecken von Mandanten, die sich nach wie vor durch die Branche zieht und die häufig mit dem Verweis auf ‚hoheitliche' Aufgaben, die es als Berufsträger zu erfüllen gilt, gerechtfertigt wird.

Diese Zwitterrolle des „unabhängigen Organs der Steuerrechtspflege", ausgestattet mit exklusiven Kompetenzen im Bereich der Steuerfestsetzung und dem Status als „freier" Unternehmer – also ohne Beamtenstatus – war bisher flächendeckend v. a im deutschen Mittelstand wenig hinterfragt worden.

Das Aufkommen neuer Geschäftsmodelle wie der Onlinehandel, der demografische Wandel, der sog. Fachkräftemangel und eine neue Unternehmergeneration mit Hang zu Disruption und stark unternehmerisch und Self-Service-orientierten Akteuren jedoch stellt dieses Geschäftsmodell und den althergebrachten Protektionismus der Branche in Frage. Das Argument des hoheitlichen Schutzes geht dort fehl, wo es einzig und allein um erstellende Tätigkeiten geht, die mehr mit Sortieren als mit Beraten gemein haben.

Auch Digitalisierung, Automatisierung und KI bringt genau diese Arbeitsteilung zwischen Unternehmen, Steuerberater und Finanzamt ins Wanken. Der Steuerberater als semi-neutrales, semi-involviertes Irgendwas, das weder ganz zum Unternehmen noch ganz zur Finanzverwaltung gehört (wie etwa der Betriebsprüfer), ist eine Rolle, die mit den neuen Möglichkeiten von KI und Digitalisierung nicht mehr vereinbar ist. Denn diese bringen den Steuerberater endlich richtig hinein ins Unternehmen. Datenanalyse, Machine Learning, KI-gestützte Simulationen – Technologie liefert dem Steuerberater von heute Handwerkszeug in die Hand, um mehr zu tun als nur dafür Sorge zu tragen, eine korrekte und richtig erstellte Steuererklärung beim Finanzamt abzugeben. Moderne Technologie gibt dem Steuerberater die Chance, etwas zu sein, was er noch nie war: ein echter Berater für Unternehmen, ein ‚Unternehmens'-Berater mit Schwerpunkt Steuern.

Das ist ein Rollenwechsel, in dem mehr steckt als man zunächst vermutet. Es ist für die verkrustete und an Wandel nicht gewöhnte Steuerwelt eine Revolution. Denn ein Unternehmensberater kommt nicht zum Zuge, wenn schon alles gelaufen ist. Ein Unternehmensberater wird engagiert, bevor etwas passiert. Ein Unternehmensberater wird direkt mit einbezogen in strategische Planungen und Entscheidungen. Ein Unternehmensberater ist integraler Teil bereits der Aufstellung und des Designs von Wertschöpfungsketten und bleibt bei deren Ausgestaltung und Umsetzung mit an Bord. Genauer gesagt: auf der Brücke in der Beratung der C-Level.

Der klassische Semi-Steuerberater, der halb zwischen Finanzverwaltung und Unternehmen stand, hatte nie einen Platz auf der Brücke.

Er hatte mehr die Rolle eines Boten – allenfalls eines Verkäufers: nämlich der Finanzverwaltung zu verklickern, warum alles steuerlich richtig ist, was das Unternehmen denn da so gemacht hat.

Der Ruf auf die Brücke, den KI und Digitalisierung dem Steuerberater einbringt, zwingt diesen aber, sich endlich mit dem Schiff und seiner Funktion zu beschäftigen, dessen Papiere und Manifest er bisher nur mit den Hafenbehörden verhandelt hat. Um Navigation, Treibstoffverbrauch, Mannschaftsstärke und Eignerstruktur musste er sich wenig bis gar nicht kümmern bisher. Als Teil der Brückencrew muss er aber ganz genau verstehen, was für eine Art Schiff er da unter seinen Füßen hat.

Damit bedeutet Digitalisierung und KI auch ein Ende der Indifferenz gegenüber den Geschäftszwecken der Mandanten für den Steuerberater von heute.

Dieser Shift hin zum Teil der Brückencrew erfordert aber nicht nur eine genaue Kenntnis des Schiffes ‚Unternehmen'. Es stellt sich auch die Frage neu, ob als Seemann taugt, wer selbst gar nicht schwimmen kann: Denn Unternehmen müssen sich auf der rauen See des freien Marktes jeden Tag beweisen und über Wasser halten. Steuerberater müssen dies nicht. Sie befinden sich in einer geschützten und abgekapselten Welt der Vorbehaltsaufgaben und des Fremdbesitzverbotes.

Niemand anderes darf tun, was sie tun und auch kein Finanzinvestor Anteile an ihnen erwerben. Während also Mandanten die raue Gischt des Marktes mit Konkurrenz und Übernahmen Tag ein, Tag aus ins Gesicht weht, dümpelt der Steuerberater auf einer gelben und gemütlichen Luftmatratze im heimischen Pool dahin.

Wer Mandanten als Teil der Brückencrew helfen will, durch die Untiefen des Marktes zu navigieren, kann dies nur glaubhaft tun, wenn er sich nicht genau gegen die Kräfte dieses Marktes selbst abschottet.

Das deutsche Fremdbesitzverbot an Steuerberatungsgesellschaften ist daher ein antiquiertes Relikt eines überkommenen Selbstverständnisses einer Branche, die sich wandeln muss, um Mandanten modern und zukunftsfähig beraten zu können. Dass nicht nur Player wie das Private-Equity-Haus KKR bei ETL einsteigen, die viele kleinere Kanzleien in einem Verbund haben, sondern auch Player wie der schwedische PE-Investor EQT bei der WTS, der Nummer 5 im deutschen Steuerberatungsmarkt nach den Big Four, zeigt, dass eine Entwicklung im Gange ist, die man weder stoppen noch zurückdrehen kann – auch wenn Bundessteuerberaterkammer und Verbände dies nach Kräften versuchen. Mehr dazu ist in einem eigenen Kapitel in diesem Buch zu finden.

Nur wer den Wandel in all seinen Facetten – fachlich und menschlich – versteht, kann die Steuerberatung von morgen gestalten. Willkommen in der Zukunft der Steuerberatung – ehrlich, authentisch und voller Möglichkeiten. Wir möchten Sie dazu einladen, gemeinsam in diese neue Ära einzutauchen, in der die Steuerberatung nicht mehr nur als Dienstleistung betrachtet wird, sondern vielmehr als dynamisches Feld, in dem Innovation und strategische Bedeutung eine tragende Rolle spielen. Wir laden Sie dazu ein, uns auf einer Reise durch die Vergangenheit, Gegenwart und in die aufregende Zukunft der Steuerberatung zu folgen. Wir stehen erst am Anfang einer Revolution, deren Auswirkungen unser Verständnis von Zahlen, Daten und deren Bedeutung nachhaltig verändern wird.

Michel Menk, Martin Grau und Götz Kümmerle

1 Zwischen Tradition und Innovation – Eine Klausurfahrt in die Zukunft

Am 21. März, pünktlich zum Frühjahrsanfang, stand die jährliche Klausurtagung der Steuerkanzlei „Berger & Berger" an. Die Kölner Kanzlei mit Sitz in der Südstadt gehörte seit Generationen zum Inventar der Stadt am Rhein, der Feiern und Leben mindestens gleich wichtig erscheint wie die Arbeit, mittels derer man ersteres finanziert. Jedenfalls war dies das Motto von Berger Senior, der vor einigen Jahren die Kanzlei an seinen Sohn Max übertragen hat, der selbst schon im mittleren Alter nun der eigentliche Chef der Kanzlei ist. ‚Eigentlich', weil Berger Senior, trotz fortgeschrittenen Rentenalters, jeden Tag um 7:35 Uhr – wie seit 40 Jahren – in ‚seine' Kanzlei kam, wie er stets zu sagen pflegte. Homburger, Schirm und Trenchcoat über die Garderobe im Eingangsbereich warf, die niemand mehr außer ihm benutzte und immer noch in ‚sein' Bürozimmer ging, das Max eigentlich schon längst mit dem angrenzenden Großraumbüro zusammenlegen wollte. So jedenfalls steht es seit zwei Jahren in den Jahresplänen, die jeder in der Kanzlei im April zugeschickt bekommt. Dem Monat, in dem für die Kanzlei „Berger & Berger" das Jahr so richtig los geht, wenn man den Detox nach Karneval hinter sich hat.

Zumindest habe ich in meinen zwei Jahren Werkstudententätigkeit die Kanzlei bisher so erlebt. Ich bin Michi Schröder – oder kurz „der Prakti", wie mich alle in der Kanzlei nennen. Teils liebevoll, teils weniger. Aber ich will nicht meckern. Zumindest halte ich nicht „Kaffee!" für meinen zweiten Vornamen – wie es mir bei meinem letzten Praktikum in einer Anwaltskanzlei in Frankfurt passiert ist. Steuerberater sind entspannter – so zumindest mein Eindruck. Deshalb willigte ich auch ein, mein unbezahltes Praktikum in eine gar nicht so schlecht bezahlte Werkstudententätigkeit zu überführen. Einerseits, weil man chillen kann und andererseits, weil mein Studium der BWL damals in Stocken geriet und ich Geld brauchte, um daraus nicht zu früh Konsequenzen ziehen zu müssen.

Geld brauchte ich schon deshalb, weil BWL mein zweites Studium war. Ich war das, was man wohl am ehesten als Studenten des zweiten Bildungsweges bezeichnet, nur dass ich denselben Bildungsweg tatsächlich zweimal genommen habe. Wir sprechen gewöhnlich vom ersten Bildungsweg, wenn die schulische Ausbildung (Grundschule – Gymnasium, auch mit Umweg über andere Schultypen) direkt in ein Studium mündet. Der zweite Bildungsweg verläuft dagegen meist über eine berufliche Ausbildung und Besuch eines Abendgymnasiums/Kollegs mit der Möglichkeit eines Schulabschlusses, der zum Studium berechtigt. Eigentlich ist das aber gar nicht die Frage erster oder zweiter Bildungsweg. Denn die Person, um die es geht, durchläuft nur einmal den Bildungsweg, den sie wählt oder in den sie, frei nach Sartre, hineingeworfen wird, der das in *L'Être et le Néant* (Gallimard, 1943) so formuliert: „L'homme est jeté dans le monde.").

Philosophisch betrachtet ist das, was wir ‚erster' und ‚zweiter' Bildungsweg nennen, nämlich keine temporäre Nummerierung, die eine zeitliche Abfolge markiert. ‚Erster' und ‚zweiter' Bildungsweg sind in Wirklichkeit im Deutschen hierarchische Nummerierungen, die eine sozial-stratigrafische Abfolge markieren. Denn Ordinalzahlen können verschiedene Dinge bedeuten. Im Sport würde man etwa von einem ersten oder zweiten Versuch sprechen, in dem ein Hochspringer versucht, eine Stange in einer bestimmten Höhe zu überspringen. Drei Versuche hat er. Für den Erfolg, also für sein Weiterkommen, ist dabei weniger relevant, ob er die Stange im ersten oder dritten Versuch nimmt. Aber Ausbildung, insbesondere wenn es um eine juristische oder steuerjuristische geht, ist in Deutschland kein Sport. Dieser Ausbildungsweg ist in Deutschland keine Disziplin, bei der es darum geht, sich immer wieder aufs Neue zu verbessern. Ausbildung ist in Deutschland etwas, bei dem es nicht um das besser werden geht, sondern um das besser sein.

Es geht nicht darum, iterativ wieder und wieder, immer aufs Neue und jedes Mal die Sache ein bisschen anders anzugehen oder in anderer Art und Weise zu tun, bis man den Dreh raus hat und die 2 m 37 überspringt. Bei den Olympischen Spielen 2020 in Tokio übersprangen die Hochspringer Mutaz Essa Barshim aus Katar und Gianmarco Tamberi aus Italien beide diese Höhe. Da sie auch nach mehreren Versuchen 2,39 Meter nicht meisterten und nach der Anzahl Fehlversuchen gleichauf lagen, entschieden sie sich, auf das vorgesehene Stechen zu verzichten und die Goldmedaille zu teilen: Das ständige Streben nach Verbesserung durch Wiederholung schafft Gemeinsamkeit und Teamgeist. Der meliorative Ansatz, sich durch Wiederholung zu verbessern, begeistert auch andere – und reißt sie mit.

Aber wenn es um den ‚ersten' oder ‚zweiten' Bildungsweg in Deutschland geht, dann geht es nicht darum, besser zu werden durch mehrmaliges Versuchen. Bei den Formulierungen ‚erster' oder ‚zweiter' Bildungsweg geht es um die Frage, wer zu denen gehört, die sich als ‚Primus' ansehen können. Nicht als ‚Primus inter Pares', also nicht unter Gleichgeordneten, sondern als Erster gegenüber Nachgeordneten. Wenn man dieses Prinzip in Reinkultur erleben will, dann muss man nur in die Welt der Juristen und Steuerjuristen eintauchen.

Denn die Ordinalzahlen ‚erster' und ‚zweiter' weisen im Deutschen Ausbildungswegen keine konsekutive zeitliche Reihenfolge zu. Sie weisen Menschen eine Reihenfolge zu. Oben steht, wer den ‚ersten' Bildungsweg absolviert – alle anderen müssen sich beständig beweisen; und unterordnen. Im Jurastudium genügt noch nicht einmal ein erster Bildungsweg, um als gleichrangig akzeptiert zu werden: 2022 haben 8.765 Studierende nach durchschnittlich 10,6 Semestern erfolgreich die Erste Juristische Prüfung absolviert. Die bundesweite Bestehensquote beim staatlichen Prüfungsteil beträgt 73,8 % und ist damit im Vergleich zum Vorjahr (75,3 %) gesunken. Die Note „vollbefriedigend" oder besser erzielten 38,3 % der Kandidatinnen und Kandidaten. Ein „sehr gut" wurde von 0,4 % aller Geprüften erzielt. Anders gesprochen: 61,7 % der Juraabsolventen des Jahres 2022 zählen nicht. Denn in renommierten Anwaltskanzleien, auch bei Berger & Berger, werden nur mindestens vollbefriedigende Juristen eingestellt. Als ich das zuerst gehört habe, dachte ich, das sei ein Code für Sex – und habe spontan bedauert, immer einen großen Bogen um die Juristenparties an der Uni Tübingen, meiner Alma Mater, gemacht zu haben. Vielleicht ging da doch mehr, als Barbour-Jacken und Van-Laack-Hemden vermuten ließen?

Entsprechend enttäuscht war ich, als ich erfuhr, dass ‚vollbefriedigend' nur der Terminus ist, mit dem Juristen die Reihenfolge unter sich ausmachen – oder besser die Rangfolge. Eine Stratigrafie, an der sich niemals etwas ändert. Denn egal wie erfahren oder versiert man als Jurist sein mag. Der 9-Punkte-und-mehr-Club ist hermetischer abgeschlossen als Londoner Herrenclubs.

Wer jetzt denkt, ich ginge mit der Jura-Bubble, die auch die Steuerbranche noch in weiten Teilen prägt, zu hart ins Gericht und würde überkommene hierarchische Klischees und autoritäre Stereotype bedienen, der darf sich gerne anhand der Debatte um den juristischen „integrierten Bachelor" in Deutschland eine eigene Meinung darüber bilden, wie sozial selektiv Juristen untereinander vorgehen: „Loser-Bachelor", „Abschluss light", „Abschluss zweiter Klasse", „Trostpreis" und „Jodeldiplom" stammen als Begriffe nicht etwa aus der Hate Speech auf Facebook; nein: So spricht die Jura-Elite selbst über einen Abschluss (LL.B.), den Universitäten parallel zum Staatsexamensstudium vergeben dürfen.

Die Juristin und damalige Vorsitzende des Deutschen Juristen-Fakultätentages, Tiziana Chiusi, bezeichnete den LL.B. in einem FAZ-Kommentar 2022 als „Loser-Abschluss". Sie sprach davon, der Bachelor sei ein Abschluss, der denjenigen zustehe, „die durchs Examen fallen", und reduziere keineswegs Prüfungsangst. In derselben FAZ-Streitschrift nannte sie den Abschluss auch ein „Jodel-Diplom", ein Begriff aus einem Loriot-Sketch, der einen wertlosen oder erkauften Titel karikiert.

Tatsächlich wurde der Abschluss jedoch geschaffen, weil viele Studierende trotz jahrelangen Lernens nach dem Nichtbestehen der staatlichen Pflichtfachprüfung ohne Abschluss dastehen: Laut einer Studie brechen knapp 24 % der Jura-Studierenden ihr Studium ab, häufig erst im siebten Semester, und rund 3–5 % bestehen die erste Prüfung endgültig nicht. Befürworter sehen im LL.B. deshalb ein Auffangnetz: Er würde die bereits im Studium erbrachten Leistungen anerkennen und somit den „Alles-oder-Nichts-Druck" des Staatsexamens mindern.

Der Bachelor eröffne Studierenden, die das Staatsexamen nicht absolvieren oder nicht bestehen, neue berufliche und akademische Perspektiven (z. B. Master-Programme oder juristische Aufgaben in

Wirtschaft und Verwaltung). 2023/24 hat die Justizministerkonferenz die Reform erstmals als politisches Thema aufgenommen. Mehrere Bundesländer folgten: Sachsen und Nordrhein-Westfalen beschlossen 2024, ab Januar bzw. Mai 2025 einen integrierten LL.B. zu verleihen; Hessen beschloss im März 2025 ein Gesetz, das ab dem 1. Oktober 2025 Studierenden, die nach dem 1. Januar 2020 zur staatlichen Prüfung zugelassen wurden und eine Bachelorarbeit bzw. die wissenschaftliche Hausarbeit im Schwerpunkt absolviert haben, einen LL.B. verleiht. Nordrhein-Westfalen sieht vor, dass Studierende, die die universitäre Schwerpunktprüfung bestanden haben und alle Voraussetzungen für die Zulassung zur staatlichen Pflichtfachprüfung erfüllen, rückwirkend ab dem 31. März 2017 einen Bachelorgrad beantragen können. Einzelne Universitäten wie die Europa-Universität Viadrina oder die private Bucerius Law School bieten bereits seit Jahren entsprechende Abschlüsse an. Befürworter argumentieren zudem, dass der LL.B. das Jurastudium international anschlussfähiger mache, den Fachkräftemangel in Justiz und Verwaltung mildere und mehr Menschen für ein Jurastudium begeistere.

Kritiker wie Chiusi warnen dagegen vor einer „Bolognaisierung" der deutschen Juristenausbildung: Sie befürchten, dass durch die Einführung eines Bachelors die auf Qualitätssicherung beruhende Examensstruktur verwässert werde. Sie betrachten den LL.B. daher als „Loser-Bachelor", weil er keinen Zugang zu den klassischen juristischen Berufen verschaffe und Studierenden, die das Examen nicht bestehen, dennoch einen juristischen Abschluss gewähre.

Aber auch die Steuerbranche kennt diese Rangfolge. Die Steuerberaterprüfung gilt als eine der anspruchsvollsten Prüfungen in Deutschland, was sich in den hohen Durchfallquoten widerspiegelt. Im Prüfungsjahr 2022/2023 betrug die bundesweite Bestehensquote 45,1 %, was bedeutet, dass 54,9 % der Prüflinge die Prüfung nicht bestanden haben. Im Vergleich dazu lag die Bestehensquote im Vorjahr bei 58,4 %.

Dabei ist das Steuerberaterexamen kein Examen, das am Ende eines Studiums steht. Anders als das die zweiten Staatsexamen in Jura oder bei Lehrkräften, die nach einem Referendariat abgelegt werden und damit praktisch den Einstieg in den Beruf markieren, wird das

Steuerberaterexamen mitten in der Berufstätigkeit als Steuerexperte abgelegt; oft nach langen Jahren praktischer Tätigkeit.

Damit ist das Steuerberaterexamen im Grunde eher einer Facharztprüfung vergleichbar. Die Durchfallquoten in der Facharztausbildung in Deutschland sind im Vergleich zum Steuerberaterexamen extrem niedrig. Laut Daten der Ärztekammer Nordrhein lag die durchschnittliche Nichtbestehensquote im Jahr 2023 bei etwa 5,0 % über alle Fachgebiete hinweg. Besonders niedrig war die Durchfallquote in der Allgemeinmedizin mit rund 2,6 %, während sie in der Inneren Medizin bei etwa 7,1 % und in der Neurologie bei rund 9,9 % lag (Daten von 2020).

Besonders der Vergleich zur Facharztprüfung in Allgemeinmedizin verwundert. Denn nach dem Steuerberatungsgesetz (StBerG) dient die Steuerberaterprüfung genau dazu: ein Steuerberater für alle möglichen steuerlichen Fälle zu sein. Das Steuerberaterexamen ist gerade kein Spezialistenexamen; es ist ein Allgemeinexamen. Aber die Durchfallquote beim Facharztexamen Allgemeinmedizin liegt bei 2,6 %; die beim Steuerberaterexamen bei 54,9 %.

Böse Zungen sagen, dass dies nicht den Grund hat, weil Steuern einfach viel schwieriger und komplizierter sind als Medizin. Böse Zungen sagen, dass die extreme Ausgestaltung des Steuerberaterexamens vor allem einem Zweck dient: den Zugang zum Berufsstand zu beschränken. Oder um es mit Verweis auf unsere Ordinalzahlen auszudrücken: festzulegen, wer als erster an die Fleischtöpfe darf.

Denn das Steuerberatungsgesetz regelt neben dem rigiden Steuerberatungsexamen noch etwas anderes: die sogenannten Vorbehaltsaufgaben. Vorbehaltsaufgaben sind Tätigkeiten, die nach dem Steuerberatungsgesetz ausschließlich von zur unbeschränkten Hilfe in Steuersachen befugten Personen ausgeübt werden dürfen – in erster Linie also von Steuerberatern, Rechtsanwälten sowie in bestimmten Fällen von Wirtschaftsprüfern. Zu diesen Vorbehaltsaufgaben zählen insbesondere die Erstellung von Steuererklärungen für Dritte, die steuerliche Gestaltungsberatung, die Anfertigung von Jahresabschlüssen mit steuerlicher Relevanz sowie die Vertretung gegenüber Finanzbehörden und vor Finanzgerichten. Der Gesetzgeber schütze damit die Qualität und Rechtssicherheit in steuerlichen Angelegenheiten, denn eine fehlerhafte Beratung kann erhebliche finanzielle und rechtliche Folgen für Mandanten haben. Andere Personen oder Dienstleister dürfen solche Tätigkeiten nur in engen Ausnahmen übernehmen, etwa im Rahmen der eingeschränkten Befugnisse von Lohnsteuerhilfevereinen oder bei der bloßen Durchführung technischer Tätigkeiten wie der laufenden Buchführung – solange diese nicht mit steuerlicher Beurteilung verbunden sind.

Böse Zungen sagen, dass sich die Zunft der Berufsträger damit die Lizenz zum Gelddrucken praktisch selbst ausgestellt hat. Denn etwa im letzten Deutschen Bundestag haben rund 26 % der Abgeordneten ein juristisches oder staatswissenschaftliches Studium absolviert, wobei allein 109 als Rechtsanwälte tätig waren. In der Gesamtbevölkerung hingegen liegt der Anteil der Rechtsanwälte bei nur etwa 0,2 %. Juristisch ausgebildete Personen sind damit im Parlament deutlich überrepräsentiert – ihr Anteil ist mehr als hundertmal so hoch wie in der Bevölkerung. Diese Dominanz erklärt sich durch die Nähe des Jurastudiums zu politischen Prozessen, die häufige Tätigkeit von Juristen in politischen Netzwerken sowie durch rhetorische und analytische Fähigkeiten, die im politischen Betrieb von Vorteil sind.

Diese Überrepräsentation hat in Deutschland Tradition. Und böse Zungen sagen, dass dies den Nebeneffekt von Gesetzen hat, welche den Berufsständen gerade von Rechtsanwälten und Steuerberatern ein mehr als sicheres geregeltes Einkommen bescheren.

Das ist in Europa keineswegs überall so: In Großbritannien, Irland und den Niederlanden unterscheiden sich die Regulierungen der Steuerberater deutlich vom streng reglementierten deutschen Modell. Im Vereinigten Königreich ist die Steuerberatung kein gesetzlich geschützter Beruf. Die Aufsicht erfolgt ausschließlich durch Selbstregulierung durch Berufsverbände wie das Chartered Institute of Taxation (CIOT), das eigene Verhaltenskodizes pflegt. Eine verpflichtende Mitgliedschaft gibt es jedoch nicht, sodass grundsätzlich jeder Steuerberatungsleistungen anbieten darf. Ähnlich ist die Situation in Irland: Steuerberater unterliegen nur wenigen gesetzlichen Vorschriften, etwa zur Geldwäschebekämpfung und zum Melden von Steuervergehen. Auch hier übernehmen Berufsverbände wie das Irish Tax Institute (ITI) primär die Aufgabe der Selbstregulierung und geben Verhaltenskodizes vor. Die Niederlande verfolgen einen vergleichbaren liberalen Ansatz ohne gesetzliche Regulierung. Steuerberater unterliegen ebenfalls nur freiwilligen Kodizes, vorgegeben durch Verbände wie die Nederlandse Orde van Belastingadviseurs (NOB). Eine gesetzliche Absicherung des Berufes existiert nicht, allerdings genießen Steuerberater gewisse informelle Privilegien wie ein informelles Zeugnisverweigerungsrecht, was ihnen eine gewisse Autonomie verschafft. Insgesamt ist die Regulierung der Steuerberater in diesen Ländern weit weniger strikt als in Deutschland, was eine stärkere Dynamik und Vielfalt auf dem Markt ermöglicht.

Während sich also der deutsche Gesetzgeber angeblich besonders besorgt zeigt um die monetären Schäden, die Menschen und Unternehmen entstehen könnten, wenn das Anbieten steuerlicher Dienstleistungen weniger reguliert wäre, scheint die deutsche Legislative bei gesundheitlichen Schäden deutlich weniger furchtsam: In Deutschland ist die Tätigkeit als Heilpraktiker gesetzlich geregelt und erfordert eine staatliche Erlaubnis gemäß dem Heilpraktikergesetz (HeilprG). Dieses Gesetz definiert die Heilkunde als jede berufs- oder gewerbsmäßige Tätigkeit zur Feststellung, Heilung oder Linderung von Krankheiten, Leiden oder Körperschäden bei Menschen. Im Gegensatz zu Ärzten, die eine Approbation benötigen, müssen Heilpraktiker keine standardisierte Ausbildung durchlaufen. Stattdessen müssen sie eine amtsärztliche Überprüfung bestehen, die sicherstellt, dass von ihrer Tätigkeit keine Gefahr für die Volksgesundheit ausgeht.

Die Idee, dass jeder Steuerberatungsdienstleistungen anbieten können soll, solange er das Volksvermögen nicht gefährde, ist dagegen in Deutschland undenkbar.

Es gibt also in Deutschland sehr viele Regeln, die einfach so sind wie sie sind.

Irgendwie zieht sich dieses traditionell-statische Element durch alles, was mir in Deutschland begegnet. Man durchläuft einmal einen bestimmten Ausbildungsweg, der seinerseits das gesamte weitere Berufsleben bestimmt. Man erzielt einmal ein bestimmtes Ergebnis in der Abschlussprüfung, das seinerseits bestimmt, welchen Karriereweg man einnimmt und welche Karrierestufen man erklimmt. Alles ist so festgefügt und geordnet. Ich denke mir dann immer, dass sich so das Leben in einem Feudalstaat angefühlt haben muss, wo es vor allem darum ging, eine gute Stellung bei irgendwem irgendwo zu ergattern.

Irgendwie klingt das alles noch nach der Welt von Diederich Heßling[1] – zumindest für mich.

Irgendwie fühlt sich dann für mich alles so an, als hätte Wilhelm II. den ersten Weltkrieg nicht verloren. Irgendwie fühlt es sich für mich so an, als hätte es am 11. November 1918 kein denkwürdiges Zusammentreffen in einem Eisenbahnwaggon im Wald von Compiègne nahe der Stadt Rethondes in Nordfrankreich gegeben. Als hätten nicht der französische Marschall Ferdinand Foch und Matthias Erzberger als Vertreter des Deutschen Reiches einen Waffenstillstand unterzeichnet. Jener Erzberger, dessen spätere Finanzreform erst die Grundlage für das schuf, was wir heute als Steuerberatungsbranche in Deutschland kennen, wie ich durch Berger Senior erfuhr. Irgendwie fühlt es sich für mich so an als sei der Versailler Vertrag nie geschlossen worden und das Kaiserreich mit seiner starren sozialen Stratigraphie hätte immer noch Bestand. Jedenfalls in meiner Welt, der ‚Michi'-Welt, wie sie manche meiner Freunde spöttisch nannten.

Denn ich, Michi, bin kein ‚Primus' des ersten Bildungsweges. Ich gehöre nicht zu der Schicht, die oben aufliegt auf allen anderen und sich sicher sein kann, dass kein tektonisches Unglück diese strikte soziale Schichtung jemals verschieben oder umkrempeln wird. Dabei hätte ich es schlechter treffen können. Ich bin nicht arm geboren. Ich komme nicht von ganz unten. Aber das, was ich hatte, habe ich zu keinem sozialen Aufstieg genutzt. Die wenigen Treppenaufgänge, die es nach meiner Wahrnehmung in der starren sozialen Stratigraphie in Deutschland gibt, habe ich konsequent umgangen – und wenn, bin ich diese Aufgänge eher heruntergerutscht und die soziale Treppe heruntergescheitert, denn hinaufgestiegen.

So habe ich den zweiten Bildungsweg denn auch so durchlaufen, wie man diesen Begriff nach semantischem Verständnis zwingend verstehen muss: Dass jemand den klassischen Bildungsweg nochmals durchläuft, ein zweites Mal absolviert – weil man sich später entschließt, trotz bereits erfolgter Ausbildung einen weiteren, formellen Bildungsabschluss zu erlangen.

Aber genau dieses zweimal Machen hat in Deutschland keine Tradition. Man tut einmal etwas und nimmt den Platz an, den dann

[1] Hauptfigur in Heinrich Manns Roman „Der Untertan"

das Universum für einen bereitet hat. Man macht nicht einmal eine Sache, schaut sich um und beginnt erneut von vorne, wenn einem das Ergebnis nicht gefällt. Eine der wohl wichtigsten Szenen der Filmgeschichte macht in der deutschen Version gar keinen Sinn: Die Pinguine Skipper, Kowalski, Rico und Private legen im Film „Madagascar" (2005) eine militärische Präzision an den Tag, um aus dem New Yorker Zoo zurück in eine Heimat zu gelangen, die keiner von ihnen vorher kannte: den Südpol. Nachdem es den Pinguinen gelang, ein Schiff zu kapern und zu entführen, kommen sie in einer eiskalten, sturmgepeitschten Landschaft an. „Well, this sucks" – ist ihre Reaktion auf den Südpol und sie drehen um.

Diese Szene macht in Deutschland gar keinen Sinn. Wären die Pinguine Deutsche, wäre ihr gekapertes Schiff zu einem Teil der antarktischen Landmasse festgefroren. Die Pinguine wären als Deutsche niemals umgedreht, wären niemals zum Schluss gekommen, dass das, was sie sich bisher immer vorstellten oder erdachten, eben nicht zu ihnen passt, eben nicht das ist, was sie sich erträumt hatten. Die antarktische Wirklichkeit wäre niemals zur deutschen Wahrnehmung durchgedrungen.

Als guter Deutscher bleibt man da, wo man dann eben ist und fügt sich in sein Schicksal. Natürlich nicht ohne Meckern und irgendjemand außer einem selbst die Schuld dafür zu geben. Aber nochmal auf „Los" geht man trotzdem nicht.

Das sich selbst immer und immer wieder Neuerfinden hat keine Tradition in Deutschland – oder besser keine Tradition im deutschen Bewusstsein. Obwohl Deutschland gerade im 20. Jahrhundert in der Realität im Grunde nichts anderes gemacht hat, als immer und immer wieder über „Los" zu gehen und sich beständig neu zu erfinden – vor allem, weil man sich selbst und andere beständig in den Untergang getrieben hat. Nach dem Untergang des Kaiserreichs begann die Weimarer Republik mit Nichts, nach der Befreiung von der Nazidiktatur war überall in Deutschland die Stunde Null und mit der Wende ging zumindest für den Osten Deutschlands erneut wieder alles über „Los". De facto sind wir also ein Volk der Sich-immer-wieder-Neuerfinder. Nur dieses „De facto" kommt in unseren Köpfen genauso gut und nachhaltig an wie Fakten heute in X, dem ehemaligen Twitter. Es ist uns schlicht egal, dass unsere Wirklichkeit beständig von Neuanfang, von Adaption und vor allem vom vorhergehenden Scheitern bestimmt ist. Vor unseren inneren Augen sehen wir immer noch die stratigraphische Beständigkeit des kaiserzeitlichen Ständestaats – auch wenn dieser nur noch virtuell besteht. Und vielleicht real noch in Berufsordnungen und Rang- bzw. Reihenfolge wie bei Steuerberatern und Juristen.

Zumindest, was das Meckern anbelangt, mache ich, ‚Michi' hier keine Ausnahme. Nach dem Abitur und einem schier endlosen Zivildienst an der Pforte eines Krankenhauses hatte ich zuerst einen anderen Studienweg eingeschlagen. Warum erwähne ich die Pforte? Nun, weil das vielleicht etwas über den Michi mit Anfang 20 aussagt. Damals, 2009, gehörte ich zu den letzten, die überhaupt noch Zivi machten. Aber anstatt mich weiter zu drücken wie meine Klassenkameraden hörte ich auf meine Mutter und riss den Zivildienst einfach ab. 10 Monate – gerade so, dass ich damit fertig war und alle, die nur noch sechs Monate und dann gar nicht mehr mussten, hinter meinem Rücken über mich lachen hörte. Und auch dann besorgte ich mir auch nicht einen der coolen Zivijobs, wo man mit Vorsatz etwa die Fahrzeuge der AWO schrottetet, in dem man ohne zu kuppeln schaltete. Nein, ich ging an die Pforte eines Krankenhauses, „Weil wir dort jemand mit Grips brauchen". Selbst dem schmierigen Personalleiter unseres Kreiskrankenhauses war es mit diesen Worten ein leichtes gewesen, mich einzulullen. Denn zu meinen Aufgaben gehörte es auch, den Notarzt für das immer noch praktizierte Rendevouz-System der deutschen Notrettung aus seinem Krankenhausschichtdienst herauszuklingen. So hatte ich Stress, saß 8 Stunden in einem 2×4 Meter langen schlauchartigen Raum ohne Lüftung fest und musste zusehen wie die Zivis, die Jobs in der Pflege hatten, nichts taten außer zu versuchen, bei den Schwesternschülerinnen zu landen.

Dieser Michi studierte im Anschluss Romanistik und Germanistik, um Lehrer zu werden. Und ließ sich sehr lange Zeit dafür. Nach einem Schulpraktikum in meinem 16. Semester war damit Schluss. Ich war noch nie ein echter Menschenfreund. Aber sich vor junge Menschen hinzustellen, die inmitten all der Schwierigkeiten stehen, die ich, obwohl 15 Jahre älter, noch nicht einmal für mich gelöst hatte, schien mir anmaßend. Ein BWL-Bachelor sollte dann alles richten – und ein Praktikum in der Kanzlei Berger & Berger sollte dabei helfen.

So wurde ich Ende 30 zum „Prakti“. Das war für die Steuerkanzlei kein Problem. Denn bei einem Altersdurchschnitt in der Branche mit weit über 50 war ich auch mit Ende 30 noch „jung“. Ein schönes, und vor allem seltenes Gefühl, wenn man in der Disko von den Frauen, die man gerne abschleppen möchte, nur noch gesiezt und mit einem abschätzigen ‚creepy‘ Blick traktiert wird, wenn klar wird, dass man nicht seinen Gehstock verloren hat, sondern sein weibliches Gegenüber auf ein Getränk einladen möchte.

Daher fand ich es super, dass die Kanzlei, wie jedes Jahr kurz vor April, in eine Klausur gehen wollte – „um die kommenden Themen für das Jahr zu besprechen“, wie Max und Berger Senior es betonten. Obwohl Max nun die Kanzlei gehört, erscheinen beide bei Ansprachen vor der Belegschaft immer als Duett; oder als zweiköpfige Schlange; je nachdem ob es mal wieder einen Einlauf gibt – für irgendwas. Normalerweise geht es in solchen Klausuren, ich hatte bereits zwei erlebt, dann darum, wer ergonomische Stühle und Kirschkern-Nackenkissen bekommt. Entsprechend stellte ich meinen Energieverbrauch schon einmal auf Chillstufe für den 21. Aber dieses Jahr sollte es anderes sein: „Wir machen eine Klausurfahrt“ – tönte Max mit kräftiger Stimme vor den rund 20 Angestellten der Kanzlei. Diesmal schwieg Berger Senior neben ihm und schaute mit einem Blick in die Runde, von dem man nicht wusste, ob er nur gleichgültig war oder ob er einem gleich an die Kehle wollte. Es machte dies manchmal, diesen Blick schweifen zu lassen. Niemand wagte dann mehr ein Wort zu sagen. Ich glaube mich zu erinnern, dass Berger Senior dies immer dann tat, wenn seine Ausführungen davor zunehmend wirr und widersprüchlich auf mich wirkten – aber vielleicht täusche ich mich auch. Schließlich hatte ich von Steuern keine Ahnung und ein Bachelorstudium sei schließlich nur eine Art gymnasiale Oberstufe; beides ließ mich Berger Senior jedes Mal wissen, wenn wir aufeinander trafen. Entsprechend niedrig waren meine eigenen Erwartungen an mich. Denn ich hatte schon früh gelernt, dass ich besser durchs Leben komme, wenn ich die Erwartungen und Anforderungen anderer an mich einfach spiegele und mir zu eigen mache.

„Die Klausurfahrt geht nach Paris“ – schrie Max fast und seine Stimme wurde am Ende schon beinahe ein wenig schrill. Jetzt war ich hellwach und der Chill-Modus war off. Alle applaudierten. ‚Paris

– wie geil', dachte ich. Ich hatte es nie dorthin geschafft. Einerseits, weil dort alles so verdammt teuer ist und andererseits, weil ich noch nie eine Freundin hatte, mit der sich ein solcher Tripp in die Stadt der Liebe gelohnt hätte. Das klingt jetzt ganz schön chauvinistisch und sexistisch; so ist das aber nicht gemeint. Natürlich hatte ich wunderbare Freundinnen und nichts wäre reizvoller als eine Liebesnacht in Paris. Aber eine Liebe, die sich in Paris findet, ist nicht nur eine Liebelei – es ist die echte Liebe. Vielleicht bin ich da zu romantisch oder habe ‚Midnight in Paris' einmal zu häufig gesehen. Aber ich wollte mich einfach nicht binden und bin deshalb immer nach Ibiza mit meinen Freundinnen; was meiner durchschnittlichen Beziehungsdauer nicht gerade zuträglich war. Egal – die Kanzlei bezahlt alles und bei einem Betriebsausflug kann ich Paris genießen, ohne mich gleich auf ewig binden oder jemanden heiraten zu müssen.

„Wir werden einen Bus chartern und auf der Fahrt unser neues Zukunftskonzept erarbeiten: „Wir 2030!" – sagte Max nun mit deutlich festerer Stimme. ‚Wusste doch, dass die Sache einen Haken hat', dachte ich mir. Nun ja, ‚there is nothing as a free lunch', aber dieser Lunch kommt als Déjeuner mit Entrée, Plat du jour und Dessert in der Rue Montorgueil daher! (Ich habe einen Mitbewohner der einmal in Paris Jura studiert hat und mir den letzten Nerv mit seinen Geschichten raubt.) – ‚Ich bin sowas von dabei, egal, was ich dafür tun muss', dachte ich und ging schon einmal gedanklich die Vorzüge einer Quiche Lorraine gegen ein Croque-Monsieur durch. Die anderen um mich herum schienen weniger begeistert – oder weniger verfressen zu sein als ich. ‚Michi ist ein Mann einfacher Freuden', wie neun von 10 Exfreundinnen in einer Blitzumfrage wahrscheinlich ankreuzen würden.

Max hatte nach „Wir 2030!" eine kurze Pause gemacht und schien die Zeit für einen Blick in die Runde der versammelten Mitarbeiter zu nutzen. Ich blickte mich auch um und sah in manchen Gesichtern so etwas wie den sanften Übergang von Überraschung zu Angst. Zukunftsplanung war in der Kanzlei bisher eher ein Thema gewesen, das vor allem dann auftauchte, wenn jemand den Begriff nicht schnell genug aus entsprechenden PowerPoint-Templates zur Unternehmensplanung heraus gelöscht hatte. Über mehr als inhaltsleere Worthülsen hinausgehend war das Thema ‚Zukunft' in der Kanzlei nie thematisiert worden. Jedenfalls nicht, so lange ich dabei war. Im Gegenteil, bei Berger Senior hatte ich immer das Gefühl, Morpheus zuzuhören, der in der Versammlungshöhle von Zion tönt: „Ich stehe heute hier vor Euch völlig angstfrei – nicht wegen des Weges, der vor mir liegt, sondern wegen des Weges, der hinter mir liegt." Nicht dass ich damit sagen will, dass Berger Senior die physisch-kraftvolle Erscheinung von Laurence Fishburne hätte; ganz im Gegenteil. Und bei Berger Senior wäre schon altersbedingt die umgekehrte Aussage eher fragwürdig. Aber immer, wenn er sprach, hatte ich das Gefühl, dass ich in der Steuerberatung das Thema Zukunftssorgen getrost vergessen könnte.

Berger Senior schilderte die Steuerberatung immer wie ein unverrückbares, ewig beständiges, unbezwingbares und Ehrfurcht gebietendes Bergmassiv aus einem Luis Trenker-Film – jedenfalls hatte ich dann immer so ein diffuses Bild von drei riesigen schneebedeckten Felsungetümen vor mir, die mir klar sagen: „Du kommst hier nicht vorbei!" – Nimm den Weg durch die Höhlen von Khazad-dûm. „Steuern gab es immer und wird es immer geben", pflegte Berger Senior zu sagen, wenn man das Pech hatte, ihm ab 15 Uhr an der Kaffee-Maschine zu begegnen. Der Berger Senior jedes Mal vorwarf, dass sie keinen anständigen, gebrühten Kaffee hinbekäme trotz der 12.300 Euro, die er auf Anraten von Max dafür ausgegeben hätte. Berger Senior war ein Morgenmensch – trotz seines betagten Alters stets als erster im Büro und für jeden im Team einen geringschätzenden Blick in petto, der nach Punkt 7:45 Uhr die Kanzlei betrat. Dass seine Vorstellung von fixen Arbeitszeiten nicht mehr zeitgemäß seien, war ein Vorwurf von Max, der seinerzeit fast die Kanzlei hat auseinander brechen lassen – so wurde mir es jedenfalls an just jener Kaffemaschine erzählt, wenn Berger Senior nicht in der Nähe war. Ohne Corona und Homeoffice als Lösung wäre es wahrscheinlich nie zu einer Liberalisierung der Arbeitszeiten in der Kanzlei gekommen, so die einhellige Meinung aller im Team. Jetzt aber schien diese Freizügigkeit erneut in Gefahr – wenn man dem neuesten Flurfunk glauben wollte.

Jedenfalls hatte der frühe Arbeitsbeginn für Berger Senior seinen Preis. Das Alter forderte seinen Tribut. Ab 15 Uhr nahm seine Konzentration derart ab, dass selbst ihm auffiel, dass es eine gute Idee wäre, nicht mehr an Mandantenakten zu arbeiten. Stattdessen lauerte er rund um die Kaffeemaschine wie ein Raubtier an der Wasserstelle auf seine Beute – um jeden, der vom Nachmittagstief geschwächt, einen Koffeinschub brauchte, gnadenlos in Beschlag zu nehmen mit seinen Geschichten vom Sinn und Zweck von Steuerberatung und vor allem mit seiner Erfolgsgeschichte in der Gründung „der besten familiengeführten Mittelstandskanzlei Kölns", wie er es ausdrückte.

„Der Beruf des Steuerberaters war einer der ersten Berufe, die Bismarck nach der Reichsgründung 1871 persönlich eingeführt hat", sagte Berger dann und nippte an seinem schwarzen Kaffee, an dessen mangelnder Qualität er in jedem zweiten Satz Anstoß nahm. „Denn nichts war für das aufstrebende deutsche Reich im Zeitalter der industriellen Revolution so wichtig, wie denjenigen, die den Reichtum Deutschlands erwirtschafteten, den Unternehmern der Gründerzeit, einen Steueranwalt zur Seite zu stellen!" – Wehe demjenigen, der bei diesen Worten nicht andächtig mit zu Boden gesenktem Blick nickte oder gar versuchte, sich mit seinem Cappuccino aus dem Staub zu machen. Undenkbar gar, Berger Senior darauf hinzuweisen, dass es wenig Sinn macht, wenn der Junker und Aristokrat Bismarck einen Berufsstand einführt, mittels derer sich andere gegen seine Steuerpläne zu Wehr setzen können. Das soll einmal ein Praktikant vor mir gewagt haben, so gingen die Gerüchte. Berger Senior habe ihm dann ein sonores „*Virtus fidesque bonorum corona!*"[2] entgegengeschleudert. Dem Wahlspruch seiner alten schlagenden Verbindung in Bonn, in der sich bereits Wilhelm II. Mensuren gestellt hätte und er sich deshalb in Sachen deutscher Geschichte keine Frechheiten von Menschen gefallen lassen müsse, die nicht einmal mehr Adenauer als Kanzler erlebt hätten.

„Wer als Unternehmer Reichtum schafft, damit Menschen und Staat sicher und gut leben können, der hat das Recht auf den optimalen und bestmöglichen Beistand in Sachen Steuern", so Berger Senior. „Nur hervorragend ausgebildete Steuerjuristen und Steuerberater wie wir vermögen dieser Rolle gerecht zu werden" – Ich habe es jetzt nicht so mit der deutschen Geschichte, weshalb ich mich nie in eine Debatte mit Berger Senior einließ. Aber irgendwas von Akira Koruza-

[2] Tugend und Treue sind die Krone der Guten!

wa und Samurai-Filmen wie Shogun auf Netflix hat seine Rede schon, dachte ich. Ich male mir dann parallel aus, wie Berger Senior wohl mit Haarknoten, Kimono und Katana aussehen würde, während er seinen Daimon gegenüber den Steuereintreibern des Tenno verteidigt. Und wenn Berger Senior gar nicht aufhören wollte, mich mit seinen Geschichten an der Kaffeemaschine festzuhalten, malte ich mir aus, wie Berger Senior Seppuku begehen muss, weil er versagt hat und ein Steuersamurai die Schande der Niederlage nicht ertragen kann – und es mir eine Ehre wäre, ihm bei seiner letzten Pflicht zu helfen.

Die ritualisierte Form des Selbstmordes unter Samurai, um die eigene Ehre wieder herzustellen, beginnt typischerweise damit, dass der Samurai rituell gebadet, in einen weißen Kimono gekleidet und kniend auf einer vorbereiteten Tatami-Matte positioniert wird. Vor ihm liegt auf einem Tablett ein Tantō, ein kurzes Schwert oder Messer, das speziell für diesen Zweck bestimmt ist. Der Samurai führt anschließend das Tantō in den linken unteren Bauchbereich und vollzieht einen tiefen horizontalen Schnitt nach rechts, gefolgt von einem Schnitt nach oben, der traditionell eine L-Form ergibt. Dies verursacht schwerste innere Verletzungen und extreme Schmerzen. Durch den tiefen Bauchschnitt werden in erster Linie der Dünn- und Dickdarm durchtrennt oder stark verletzt. Je nach Tiefe und genauer Positionierung des Schnittes können zudem weitere Organe wie der Magen, die Bauchspeicheldrüse und Teile der Leber erheblich verletzt oder durchschnitten werden. Um unnötiges Leiden zu vermeiden, steht hinter dem ausführenden Samurai meist ein Helfer („Kaishakunin"). Sobald der Bauch aufgeschlitzt ist, enthauptet der Kaishakunin den Samurai mit einem einzigen, präzisen Schwerthieb von hinten. Das Ziel ist dabei, dass der Kopf nicht vollständig abgetrennt wird, sondern am Hals hängen bleibt, um die Würde des Samurai zu wahren. – Ein sanftes Lächeln huschte mir stets bei dem Gedanken über die Lippen, ich könnte Berger Seniors Kaishakunin sein. Meine Hände versuchten dann instinktiv im Doppelgriff ein Katana zu greifen, das Schwert eines japanischen Samurai, und so präzise eine horizontale Bewegung mit dem Schwert auszuführen, dass Berger Seniors Kopf zwar abgeschlagen wurde, aber hängen blieb. „Was machst du da mit deinen Händen?", flüsterte mir einmal eine Kollegin bei so einer Szene an der Kaffeemaschine verwundert zu – als ich einmal mehr bei Berger Seniors Ausführungen lächelnd horizontale Bewegungen mit meinen Händen machte. „Nichts, gar nichts", flüsterte ich zurück.

„Wir 2030!" echote noch in den Gesichtern im Raum, als Max Berger seine Pause beendete und fortfuhr: „Wir 2030! – das bedeutet, dass wir uns nicht nur überlegen, wie wir mehr Mandanten gewinnen und auf den Fachkräftemangel reagieren. ‚Wir 2030!' – das bedeutet, dass wir uns den Herausforderungen stellen, die neue Technologien wie KI und Digitalisierung an uns stellen. ‚Wir 2030!' bedeutet, dass wir ein Konzept erarbeiten, wie wir diese Technologien zum Wohle unserer Mandanten in unserer Kanzlei umsetzen und inwiefern wir uns dieser Entwicklung anpassen und uns vielleicht auch selbst verändern müssen." Die Gesichter in der Runde wurden immer versteinerter und alle Blicke richteten sich sorgenvoll auf Berger Senior, der immer noch, ohne ein Wort oder Räuspern, schweigend neben Max vor der Gruppe stand. „Damit wir Paris und besonders die Sehenswürdigkeiten des Louvre genießen können – vielen Dank an Dich, Papa, für deine Initiative, den Louvre zu besuchen …", sagte Max Berger, während er sich seinem Vater zuwandte, dessen linker Mundwinkel leicht nach oben zuckte, was man, wenn man ihn nicht besser kannte, als eine Art Zustimmung hätte deuten können. „… werden wir unser Zukunftskonzept auf der sechsstündigen Hinfahrt im Bus erarbeiten." Die Gesichter um mich herum entspannten sich kein bisschen. „Luisa …" – die 23-jährige Assistentin der Geschäftsführung, die zugleich für HR und Social Media zuständig war, „… hat uns dafür sechs I-Pads besorgt, mit denen wir während der Fahrt unsere Ideen sammeln und aufbereiten können. Wir werden drei Gruppen bilden: ‚KI und wie wir sie einsetzen können', ‚Technologien, die wir nutzen müssen' und ‚Wie wird sich unser Geschäftsmodell' verändern". Auf der Rückfahrt präsentieren die drei Gruppen ihre Ergebnisse im Bus. Und dazwischen genießen wir Paris!"

Max Stimme ging bei dem Satz nach oben, als wolle er die Decke öffnen für eine Woge tosenden Applaus. Ich klatschte als erster, immer noch überlegend, ob ich mir zum Abendessen in Paris lieber einen Corbières, einen Bordeaux oder einen Pinot Noir bestellen sollte – falls es aber eine Vorspeise gibt, dann muss ich eine Foie gras nehmen und unbedingt einen Chablis dazu.

Berger Senior war schon gegangen, als ich mich wieder nach ihm umblickte. Wahrscheinlich war für ihn die einzige, erstrebenswerte Technologie der Zukunft eine Zeitmaschine, mit der man in die Vergangenheit reisen konnte.

1.1 Vom Fortschritt überholt: Wie exponentielle Technologie die Steuerberatung transformiert

Die Disziplin der Steuerberatung schreibt sich selbst gerne eine lange historische Tradition zu. Auch wenn der Begriff „Steuerberatung" erstmals im 19. Jahrhundert verwendet wurde, ist der Beruf relativ jung. Mit der Einführung moderner Steuersysteme, wie der Einkommensteuer in Preußen 1851, stieg der Bedarf an fachlicher Unterstützung für Bürger und Unternehmen. Aber erst Anfang des 20. Jahrhunderts entstanden die ersten professionellen Steuerberaterkanzleien. In der Regel wurden steuerliche Angelegenheiten zuvor von Buchhaltern, Rechtsanwälten oder Wirtschaftsprüfern betreut, da der Beruf des Steuerberaters noch nicht als eigenständige Profession existierte. Das hatte seinen Grund – denn im kaiserzeitlichen Obrigkeitsstaat des 19. Jahrhunderts gab es in Sachen Steuern wenig Spielraum für Verhandlungen. Ein feudaler Nachtwächterstaat, der auf Rentenkapitalismus und Großgrundbesitz beruhte, setzt Steuern einfach fest – genauer gesagt, verlegte er sich eher auf Abgaben wie Zölle, da diese leichter zu berechnen waren. Diskussionen mit Finanzbehörden wie wir sie heute führen, setzen dagegen einen demokratischen Rechtsstaat voraus, in dem der einzelne Steuerpflichtige Rechte hat und dafür eintreten kann. Das war im Deutschland der Kaiserzeit nur bedingt der Fall. Erst im Zuge der rechtlichen Kodifizierung und der Entstehung des Bürgerlichen Gesetzbuches um 1900 entwickelte sich nach und nach das Fundament dessen, was wir heute als Rechtsstaat bezeichnen.

Um es Bürgern und Unternehmen zu ermöglichen, wirklich gegenüber der staatlichen Obrigkeit in Sachen Steuern aufstehen zu können, musste der Obrigkeitsgedanke und damit auch der Untertanengedanke fallen. Somit legte die erste Demokratie auf deutschem Boden, die Weimarer Republik, den Grundstein für den Beruf des Steuerberaters wie wir ihn heute verstehen. Aber es war ein Weltkrieg, der erst die Notwendigkeit dazu lieferte: Nach dem Ersten Weltkrieg befand sich das Deutsche Reich in einer finanziellen Krise, die durch Reparationszahlungen, Kriegsanleihen und die wirtschaftlichen Folgen des Krieges verursacht worden war. Die Staatsschulden hatten sich im Vergleich zum Vorkriegsniveau vervielfacht. Zudem gab es Probleme durch die Zerstückelung des Steuerrechts und Steuerflucht. Der neu ernannte Finanzminister Matthias Erzberger sah sich der Herausforderung gegenüber, eine moderne Finanzverwaltung und ein effektives Steuersystem zu etablieren. Hierfür sollte die Erzbergersche Finanzreform von 1919/1920) den Grundstein legen. Matthias Erzberger (1875–1921) war ein prominenter Politiker der Deutschen Zentrumspartei und hatte verschiedene politische Ämter inne, darunter das des Reichsfinanzministers von Juni 1919 bis März 1920.

Er war maßgeblich an der Reform der Finanzverwaltung beteiligt, die eine Zentralisierung und die Einführung eines einheitlichen Steuerrechts umfasste. Diese Reformen hatten weitreichende Auswirkungen auf das deutsche Steuerrecht, die bis heute fortwirken.

Vor 1918 finanzierte sich das Deutsche Reich hauptsächlich durch Zölle. Nach dem Krieg wurden die Zölle reduziert, was zu einem Einnahmendefizit führte, welches dringend beseitigt werden musste. Die Erzbergersche Reform umfasste dabei 16 Einzelgesetze, die tiefgreifende Veränderungen in drei Bereichen bewirkten: ein neues Steuersystem, die Zentralisierung der Finanzverwaltung und die Neuordnung der Finanzbeziehungen zwischen Reich und Ländern. Die neu geschaffene Reichsabgabenordnung führte somit zum ersten Mal zu einer einheitlichen Besteuerung in Deutschland. Die Reform der Einkommensteuer war dabei das zentrale Element und führte zu einer drastischen Aufwertung dieser Steuerart. Zudem wurden die Umsatzsteuer, die Kapitalertragsteuer und der direkte Lohnsteuerabzug eingeführt. Der progressive Einkommensteuertarif, der bereits 1891 eingeführt worden war, wurde weiterentwickelt. Der neue Tarif sah ein steuerfreies Existenzminimum und einen progressiven Verlauf vor, bei dem der Steuersatz mit steigendem Einkommen zunahm. Das Einkommensteuergesetz von 1920 führte eine Haushaltsbesteuerung ein, die nicht nur die Einkommen der Eheleute, sondern auch die der minderjährigen Kinder erfasste. Der Steuertarif war als Stufensatz mit progressivem Verlauf gestaltet. Der Spitzensteuersatz von 60 % galt für Einkommen über 500.000 Mark. Diese Struktur ist bis heute im Einkommensteuertarif erhalten, auch wenn der Höchststeuersatz gesenkt wurde. Die Weimarer Reichsverfassung stärkte die Rolle des Reichs in der Steuergesetzgebung und gewährte ihm weitreichende Gestaltungsfreiheit. Die Verfassung regelte damals die Gesetzgebung über Abgaben und schützte die Interessen der Länder nur allgemein. Das Reich erhielt die ausschließliche Gesetzgebungs- und Ertragskompetenz in bestimmten wesentlichen Bereichen.

Ebenfalls baute Erzberger eine zentralisierte Finanzverwaltung auf, die direkt dem Reichsfinanzministerium unterstellt war. Diese neue Verwaltung ersetzte das vorherige System der kommunalen Finanzverwaltung und umfasste 30.000 spezialisierte Beamte. Erzberger bezeichnete dies als einen entscheidenden Schritt zur Bildung eines starken Deutschen Reichs. Die Reform führte zu einem vertikalen Finanzausgleich zwischen dem Reich und den Ländern. Das Reich übernahm die Steuerkompetenzen und -einnahmen und beteiligte die Länder an den neuen Reichssteuern. Die Regelungen waren jedoch wenig verbindlich und boten den Ländern wenig Schutz vor finanziellen Lasten. Obwohl die Erzbergersche Finanzreform die Hyperinflation von 1922/1923 nicht verhindern konnte, trug sie zur Stabilisierung der Weimarer Demokratie bei. Die Reform von 1919/1920 gilt als Jahrhundertreform des deutschen Steuerrechts, da sie grundlegende Veränderungen in den Bund-Länder-Beziehungen und ein einheitliches System von Besitzsteuern einleitete. Das Grundgesetz von 1949 brachte dann eine höhere Regelungsdichte in Bezug auf die Finanzbeziehungen zwischen Bund und Ländern mit sich.

In der Weimarer Republik entstanden daher erste Bemühungen, den Berufsstand der Steuerberater klarer zu definieren und zu organisieren. Es entwickelten sich erste Steuerberatervereinigungen, die sich für die Interessenvertretung und Weiterbildung der Mitglieder einsetzten. Dennoch blieb der Beruf rechtlich wenig geregelt, und es fehlte an verbindlichen Standards für die Berufsausübung.

Der Berufsstand des Steuerberaters wurde rechtlich erst im dunkelsten Kapitel der deutschen Geschichte kodifiziert: Das „Gesetz über die Zulassung von Steuerberatern" wurde 1933 von den Nazis als Teil ihrer umfassenden Gleichschaltungspolitik eingeführt. Es sollte nicht nur den Berufsstand regulieren und standardisieren, sondern diente auch dazu, unerwünschte Bevölkerungsgruppen und politische Gegner aus der steuerlichen Beratung auszuschließen. Die vergleichsweise liberale und unregulierte Situation vor 1933 wurde durch ein restriktives, staatlich kontrolliertes System abgelöst, das den Berufsstand eng an die Ideologie des NS-Regimes band.

Unmittelbar nach der Machtübernahme Hitlers im Januar 1933 begann das NS-Regime mit einer Gleichschaltung aller Berufsstände. Ziel war die „Arisierung" und politische Säuberung der Berufe – das heißt, jüdische und politisch missliebige Personen systematisch aus verantwortlichen Positionen zu drängen. Als erstes traf es den öffentlichen Dienst: Mit dem Gesetz zur Wiederherstellung des Berufsbeamtentums vom 7. April 1933 führte die Regierung den berüchtigten Arierparagraphen ein. § 3 dieses Gesetzes verlangte die Zwangspensionierung aller Beamten „die nicht arischer Abstammung sind", wobei anfangs Frontkämpfer des Ersten Weltkriegs und ihre engsten Angehörigen noch ausgenommen wurden. Gleichzeitig ermöglichte § 4 die Entlassung von Beamten, „die nach ihrer bisherigen politischen Betätigung nicht die Gewähr dafür bieten, daß sie jederzeit rückhaltlos für den nationalen Staat eintreten". Mit anderen Worten: Beamte, die Juden waren oder als politisch „unzuverlässig" galten (z. B. Demokraten, Sozialisten oder Kommunisten), verloren auf Grundlage dieses Gesetzes ihre Stellung. Innerhalb weniger Monate wurden tausende jüdische und oppositionelle Staatsbedienstete entlassen.

Parallel dazu erließen die Nationalsozialisten für zahlreiche freie Berufe eigene Berufsverbote. So trat ebenfalls am 7. April 1933 das Gesetz über die Zulassung zur Rechtsanwaltschaft in Kraft, das jüdische Juristen betraf. Dieses Anwaltsgesetz bestimmte, dass die Zulassung von Rechtsanwälten „nichtarischer Abstammung" bis spätestens zum 30. September 1933 widerrufen werden konnte. Die Ausnahmen für Frontkämpfer aus dem Beamtengesetz galten hier zwar entsprechend, doch faktisch verloren die meisten jüdischen

Rechtsanwälte noch 1933 ihre Zulassung. Darüber hinaus sah das Gesetz vor, dass alle Anwälte aus der Anwaltschaft entfernt werden, „die sich im kommunistischen Sinn betätigt haben". Auch im Justizwesen zielte man also ausdrücklich sowohl auf Juden als auch auf politisch missliebige Personen. Gleichschaltungsmaßnahmen erfassten zudem die Justizorgane: Jüdische Richter wurden in den Ruhestand geschickt, und per Gesetz vom 7. April 1933 über die Neubesetzung von Schöffen- und Richterstellen wurde die Amtszeit aller Laienrichter beendet, um sie durch politisch genehme Personen zu ersetzen. Offiziell diente dies der „Entfernung der Juden und der politisch ‚Unzuverlässigen'" aus der Rechtspflege.

Ähnliche Vorschriften ergingen für andere akademische Berufe. So erließ man am 22. April 1933 eine Verordnung über die Zulassung von Ärzten zur Tätigkeit bei den Krankenkassen, die jüdische und kommunistische Ärzte vom vertragsärztlichen System ausschloss. Diese Verordnung erklärte: „Die Tätigkeit von Kassenärzten nicht arischer Abstammung und von Kassenärzten, die sich im kommunistischen Sinne betätigt haben, wird [...] beendet. Neuzulassungen solcher Ärzte [...] finden nicht mehr statt". Zwar galten für jüdische Ärzte hier noch analoge Weltkriegs-Ausnahmen wie im Beamtengesetz, doch politisch linke Ärzte wurden ohne Ausnahme ausgeschlossen. Entsprechend verloren hunderte jüdische Ärzte bis Mitte 1933 ihre Kassenpraxis (viele waren zuvor bereits aus Kliniken und dem öffentlichen Gesundheitsdienst entlassen worden). In ähnlichem Geist folgten weitere Berufsverordnungen: Zum Beispiel wurde im April 1933 die Zulassung von Patentanwälten „nichtarischer Abstammung" widerrufbar gemacht, und Berufsverbände – etwa der Apothekerverein – änderten ihre Satzungen, um nur noch „deutsche Volksgenossen" als Mitglieder zu akzeptieren. Diese koordinierte Welle von Gesetzgebungen diente der Gleichschaltung der Berufswelt: Alle wichtigen Positionen sollten mit „arischen" Nazis besetzt werden, während Juden und Regimegegner systematisch aus dem Berufsleben gedrängt wurden.

Im Nachkriegsdeutschland wurde der Beruf des Steuerberaters dann durch das noch heute geltende Steuerberatungsgesetz (StBerG) von 1961 gesetzlich geregelt und geschützt. Gegenwärtig sind in

Deutschland etwa 100.000 Steuerberater und rund 55.000 Steuerberatungskanzleien tätig, die Unternehmen und Privatpersonen durch das Labyrinth der Steuervorschriften leiten. Laut der Bundessteuerberaterkammer (BStBK) gab es zum 1. Januar 2024 in Deutschland insgesamt 105.896 Mitglieder in den Steuerberaterkammern. Davon waren 88.969 Steuerberaterinnen und Steuerberater sowie 2.716 Steuerbevollmächtigte und Sonstige. Die restlichen Mitglieder entfielen auf anerkannte Berufsausübungsgesellschaften. Zum 1. Januar 2024 gab es in Deutschland insgesamt 53.124 Steuerberaterpraxen ohne weitere Beratungsstellen. Davon waren 36.032 Einzelpraxen, was etwa 67,8 % entspricht. Die restlichen Praxen verteilen sich auf 14.211 anerkannte Berufsausübungsgesellschaften (26,8 %) und 2.881 nicht anerkennungspflichtige Berufsausübungsgesellschaften (5,4 %).[3]

Wir verfolgen in diesem Buch die These, dass der Aufstieg der Steuerberatung parallel zum Problem der richtigen Steuerfindung in einem modernen demokratischen Staat erfolgte. Wenn das Kaiserreich sich vor allem durch Zölle und indirekte Steuern finanzierte und direkte Steuern nur in den Gliedstaaten des deutschen Reiches existierten, dann wagten sich die Finanzbehörden gerade nicht wirklich an die Wertschöpfungsquelle heran, die mit der Industrialisierung den Rentenkapitalismus der Feudalzeit ablöste: die Wertschöpfung durch unternehmerische Tätigkeit. Denn im Unterschied zu anderen Einnahmequellen ist der unternehmerische Ertrag schwer zu berechnen. Je nach Branche und Wirtschaftsweise variiert er erheblich. Wer also die Quelle des neuen industriellen Reichtums zur Finanzierung des Staates heranziehen wollte, musste sich mit der Wirtschaftsweise dieses Unternehmertums auseinandersetzen – und Widerspruch seitens der Betroffenen genauso zulassen, wie er auf deren Mitarbeit setzen musste; denn ohne Kooperation der Unternehmer ist eine richtige Steuerfindung für diese nicht möglich. Daraus resultiert auch der hohe Stellenwert der Mitwirkungspflichten in unserem heutigen Steuerrecht, den man bei einem Blick auf die Abgabenordnung ersehen kann:

[3] Quelle: Bundessteuerberaterkammer `https://www.bstbk.de/mediapool/bstbk/ebooks/Berufsstatistik-2023/2/#zoom=true`

Die Mitwirkungspflichten in den heutigen deutschen Steuergesetzen sind in der Abgabenordnung (AO) sowie in spezialgesetzlichen Regelungen festgelegt und dienen dazu, eine korrekte und vollständige Festsetzung der Steuern sicherzustellen. Steuerpflichtige sind verpflichtet, Steuererklärungen fristgerecht und vollständig abzugeben (§ 149 AO), sofern sie durch Gesetz oder Aufforderung dazu verpflichtet werden. Dabei müssen sie sämtliche steuerlich relevanten Tatsachen wahrheitsgemäß und vollständig offenlegen (§ 90 Abs. 1 AO) und die notwendigen Belege und Nachweise bereithalten (§ 97 AO). Diese Belege, wie Buchführungen oder Rechnungen, sind in der Regel zehn Jahre lang aufzubewahren (§ 147 AO). Bei Auslandssachverhalten gelten erweiterte Mitwirkungspflichten (§ 90 Abs. 2 AO), da Steuerpflichtige verpflichtet sind, Informationen über ausländische Einkünfte, Vermögensgegenstände oder Geschäftsbeziehungen umfassend zu dokumentieren und nachzuweisen. Zusätzlich besteht eine allgemeine Auskunftspflicht gegenüber den Finanzbehörden (§§ 93–95 AO), die sowohl Steuerpflichtige selbst als auch Dritte wie Banken oder Geschäftspartner betreffen kann. Diese Pflicht ist insbesondere bei Betriebsprüfungen relevant, bei denen Steuerpflichtige verpflichtet sind, die Prüfer zu unterstützen, Einsicht in Unterlagen zu gewähren und erforderliche Informationen bereitzustellen (§ 200 AO).

Wesentlich für die Ermittlung des steuerlich relevanten Ertrags aus der unternehmerischen Tätigkeit sind die §§ 140ff AO. Hier sind die Buchführungs- und Aufzeichnungspflichten für steuerliche Zwecke geregelt. Diese interagieren zum Teil mit anderen Buchführungsvorschriften wie z. B. aus dem Handelsgesetzbuch. Die Erfüllung dieser Anforderungen als Grundlage der Besteuerung für unternehmerischen Gewinn stellt seit jeher einen wesentlichen Aufgabenteil der Steuerberater dar.

Die Bedeutung dieser Aufgabe für Staat und Gesellschaft liegt darin, dass der unternehmerische Gewinn eine dynamische Größe ist. Steuersystem in anderen geschichtlichen Epochen bestanden aus reinen Abgaben: also festen Gebühren, die jeder entrichten musste unabhängig von seinem Gewinn – also dem, was er am Ende aus seinem unternehmerischen Wirtschaften herauszog. Auch der berühmte Kirchenzehnte, also der Anteil, den man früher als Bauer etwa der

Kirche zukommen lassen musste als es noch keine Kirchensteuer gab, war der zehnte Teil des Ertrages eines Feldes; nicht der Gewinn, der übrig bleibt, wenn man alle Kosten abzieht. Bei der Ermittlung des Gewinns von Unternehmen (Gewinn = Ertrag — Aufwand) kommt es ganz genau darauf an, wie jemand dabei vorgeht. Die Kontrolle, dass dieses Vorgehen korrekt ist, ist die originäre Aufgabe des Steuerberaters.

Darüber hinaus gibt es spezifische Anzeigepflichten (§§ 137 ff. AO), etwa bei der Gründung eines Unternehmens, der Eröffnung eines Betriebs oder dem Erwerb von ausländischen Vermögenswerten. Falls steuerliche Unregelmäßigkeiten vorliegen, ermöglicht eine strafbefreiende Selbstanzeige (§ 371 AO) Steuerpflichtigen, bestehende Versäumnisse zu korrigieren. Voraussetzung hierfür ist, dass alle betroffenen Steuerarten und Zeiträume vollständig offengelegt werden. Bei Verstößen gegen die Mitwirkungspflichten drohen verschiedene Konsequenzen, darunter die Schätzung der Besteuerungsgrundlagen (§ 162 AO), Verspätungszuschläge (§ 152 AO), Zwangsgelder (§ 328 AO) oder sogar Steuerstrafverfahren (§ 370 AO). Diese Regelungen gewährleisten die Gleichmäßigkeit der Besteuerung und eine effiziente Steuererhebung. Steuerpflichtige, die ihren Mitwirkungspflichten nachkommen, vermeiden rechtliche oder finanzielle Nachteile und tragen wesentlich zu einem geregelten Steuerverfahren bei.

Aber Steuerfindung erfolgt jedoch nicht nur durch Anzeigen und Reporting. Sie ist vielmehr vielfach einem Ringkampf vergleichbar, bei dem Steuerberatung und Finanzverwaltung um das ‚richtige' Maß und den ‚richtigen' Betrag miteinander kämpfen. Und wenn sich beide gegenseitig hochrüsten, dann kann das auch mal einem Sumō-Ringkampf ähneln, bei dem der Boden bebt – ein Kampf, den manche auch als eine gigantische Ressourcenverschwendung beschreiben würden:

Die Unternehmer beschäftigen interne oder externe Buchhalter, um die mannigfaltigen Arten von Geschäftsvorfällen, welche immer Leistung und Gegenleistung zum Inhalt haben, via standardisierter Buchungssätze in einem standardisierten Kontenrahmen zu erfassen. Die so erfassten Geschäftsvorfälle werden dann mittels einer standardisierten Gliederung – genauer genommen zweier standardisierter Gliederungen – nach § 4 Abs. 1 oder § 4 Abs. 3 EStG so sortiert, dass unter dem Strich vor der Berechnung der Steuer ein unternehmerischer Gewinn oder ein Verlust ermittelt worden ist.

Die Finanzverwaltung selbst setzt dann eine Vielzahl von Maßnahmen ein, um die Richtigkeit von Steuerdeklarationen zu überprüfen und die ordnungsgemäße Festsetzung und Erhebung von Steuern sicherzustellen. Bereits beim Einreichen von Steuererklärungen greifen automatisierte Prüfverfahren, die Auffälligkeiten durch Abgleich mit branchenspezifischen Durchschnittswerten und anderen Parametern identifizieren. Diese Systeme ergänzen manuelle Prüfungen, bei denen Finanzbeamte im Zweifelsfall zusätzliche Nachweise anfordern, wie beispielsweise Belege oder Bescheinigungen. Falls Unklarheiten bestehen, kann die Steuer vorläufig festgesetzt werden, bis alle offenen Punkte geklärt sind. Innerhalb des Finanzamts sorgen risikobasierte Kontrollmechanismen und interne Prozesse, wie das Vier-Augen-Prinzip, für zusätzliche Sicherheit. Dabei kommen Datenabgleiche mit Drittmeldungen, etwa von Banken oder Arbeitgebern, zum Einsatz, um die Angaben der Steuerpflichtigen zu validieren.

Ein zentrales Element der Überprüfung sind Außenprüfungen, die bei Unternehmen und Selbstständigen durchgeführt werden, um die Buchführung und steuerliche Praxis zu kontrollieren. Hierbei nutzen Prüfer modernste Technologien, wie spezialisierte Software zur Analyse digitaler Datenbestände. Neben der regulären Betriebsprüfung gibt es Sonderprüfungen, die sich auf spezifische Bereiche konzentrieren, etwa die Einhaltung von Vorschriften im Umsatzsteuerrecht oder die korrekte Abführung von Lohnsteuern durch Arbeitgeber. Bei Verdacht auf schwerwiegende Verstöße, wie z. B. Steuerhinterziehung, übernimmt die Steuerfahndung die Ermittlungen. Diese Behörde geht gezielt gegen Verdächtige vor und ist befugt, Hausdurchsuchungen durchzuführen, Unterlagen sicherzustellen und Bankkonten zu überprüfen. Die Steuerfahndung arbeitet eng mit Polizei, Zoll und internationalen Behörden zusammen, um komplexe Fälle, etwa im Zusammenhang mit Offshore-Konten oder Datenleaks wie den Panama Papers, zu untersuchen.

Die Digitalisierung spielt eine immer größere Rolle in der Steuerprüfung. Künstliche Intelligenz und Big-Data-Analysen ermöglichen es der Finanzverwaltung, Risikoprofile zu erstellen und potenzielle Unregelmäßigkeiten frühzeitig zu erkennen. Predictive Analytics wird eingesetzt, um Trends vorherzusagen und gezielte Prüfungen durchzuführen. In Zukunft könnte die Blockchain-Technologie die Nachverfolgung von Transaktionen noch transparenter und manipulationssicherer machen. Zusätzlich zur Prüfung setzt die Finanzverwaltung auf präventive Maßnahmen, um Steuerpflichtige aufzuklären und Regelverstöße zu minimieren. Leitfäden, Schulungen und Online-Plattformen bieten Unterstützung, während bei Verstößen Sanktionen wie Bußgelder, Zinsen oder strafrechtliche Maßnahmen greifen. Bei unsicherer Sachlage können Sicherheitsleistungen oder Nachzahlungen gefordert werden. Diese umfassenden Maßnahmen stellen sicher, dass die Steuerpflichtigen ihren Verpflichtungen nachkommen und der Staat seine Einnahmen effizient und gerecht einzieht.

Stellen Sie sich vor, eine Seite bringt eine neue Regel oder ein kompliziertes Kontrollsystem heraus – und kurz darauf findet die andere Seite einen kreativen Kniff, um genau diese Regel zu umgehen. Dieses Hin und Her wirkt manchmal wie ein Duell, bei dem beide Kontrahenten immer bessere „Waffen" entwickeln, um ihre Ziele zu erreichen. Genau diesen Effekt bezeichnet man in der Biologie als „Koevolution" oder „Rüstungswettlauf". So ähnlich wie sich in der Natur Giftschlangen und hochtoxische Molche gegenseitig in Schach halten, liefern sich auch Finanzverwaltungen und Steuerberatungen ein fortwährendes Hase-Igel-Rennen.

Ein klassisches Naturbeispiel dafür sind die Rauhäutigen Newts (Taricha granulosa, zur Gattung der Molche gehörend) in Nordamerika und Strumpfbandnattern (Thamnophis sirtalis). Diese Newts produzieren ein starkes Nervengift (Tetrodotoxin), das für viele Fressfeinde sofort tödlich ist. Einige Populationen der Nattern haben jedoch eine beachtliche Resistenz gegen das Gift entwickelt – und zwar genau in jenen Regionen, in denen die Newts besonders giftig sind. Während die Molche also immer kräftigere Gifte bilden, arbeiten die Schlangen an noch wirksameren Gegenstrategien. Es ist eine faszinierende Spirale wechselseitiger Anpassung[4].

Übertragen wir dieses Prinzip auf den Finanzsektor, sehen wir Parallelen: Einerseits schaffen Gesetzgeber und Finanzverwaltung

[4] Brodie et al., 2002; Geffeney et al., 2002; Hanifin et al., 2008

ständig neue Vorschriften, Meldepflichten oder digitale Prüfverfahren, um Steuertricks und -lücken aufzudecken. Andererseits suchen Steuerberater und Unternehmen nach raffinierteren Konstruktionen oder gestalten Modelle, die genau jene Lücken nutzen, an die zuvor niemand dachte. Sobald eine Lücke geschlossen wird, taucht irgendwo anders ein Schlupfloch auf. Das Resultat ist ein sich stetig beschleunigender Ideenwettlauf: Ähnlich wie die in Australien eingeführte Agakröte (Rhinella marina), die für einheimische Schlangen zunächst eine tödliche Gefahr darstellte, nur um nach kurzer Zeit die evolutionäre Gegenwehr der Schlangen zu „provozieren“[5].

In beiden Fällen – bei den Molchen und Schlangen ebenso wie bei der Finanzverwaltung und den Steuerberatern – treibt das Kräftemessen den Erfindungsreichtum beider Seiten in immer neue Höhen. Das Spiel aus „Regulierung“ und „Umgehungsstrategie“ lässt sich also als natürlicher Prozess verstehen, bei dem jede Neuerung in kürzester Zeit ein Gegenkonzept hervorruft. Wer die Mechanismen dieses Rüstungswettlaufs begreifen will, kann viel von den Beispielen aus der Natur lernen: Ob im Reich der Amphibien und Reptilien oder in der Welt der Steuergesetze – die Prinzipien sind erstaunlich ähnlich.

Was ist aber, wenn die richtige Steuerfindung auch ohne Steuerberater stattfinden kann? Wenn das Wettrüsten und das Spiel aus „Regulierung“ und „Umgehungsstrategie“ in Mikrosekunden sein Ende findet? Was ist wenn die gigantische Ressourcenverschwendung rein um die richtige Steuerfindung und -berechnung ein Ende finden könnte? Was ist, wenn KI und Digitalisierung Wege ermöglichen, zu einer richtigen Steuerfindung zu kommen ohne auf einen menschlichen Steuerberater zurückgreifen zu müssen? Was ist wenn Steuerberatung im Sinne der richtigen Steuerberechnung in Zukunft einfacher, schneller und richtiger ohne uns Steuerberater erfolgt?

Die grundlegende Arbeitsweise von uns Steuerberaterinnen und Steuerberatern blieb über einen langen Zeitraum unverändert. Die Tätigkeit von Steuerberaterinnen und Steuerberatern umfasste die Führung von Buchhaltung, die Einreichung von Steuererklärungen sowie die Einhaltung gesetzlicher Vorgaben. Der Wandel setzte erst mit

[5] Phillips & Shine, 2004; Phillips & Shine, 2006; Shine, 2010

der fortschreitenden Digitalisierung und den damit einhergehenden technischen Innovationen ein.

Die Steuerberatung im Jahr 2030 ist das Resultat einer langjährigen, jedoch kontinuierlichen technologischen Entwicklung. Sie ist das Resultat einer digitalen Revolution, die in den vergangenen zehn Jahren eine exponentielle Entwicklung durchlaufen hat. Technologien wie Automatisierung, Künstliche Intelligenz (KI), Blockchain und Cloud-Lösungen haben zu einer grundlegenden Veränderung der Arbeitsweise von Steuerkanzleien geführt, wobei sich dieser Prozess noch in vollem Gange befindet.

Die Steuerberatung steht vor einem tiefgreifenden Wandel, der sich in einem klar definierten Stufenmodell zeigt. Dieses beschreibt den schrittweisen Übergang von traditionellen Arbeitsweisen hin zu einer modernen, technologiebasierten Branche.

Den Ausgangspunkt bildet die Digitalisierung der Infrastruktur, bei der klassische On-Premise-Systeme durch Cloud-basierte Lösungen ersetzt werden. Hierdurch entsteht eine hybride IT-Umgebung, die sowohl Mandantensysteme als auch komplette Lieferketten in den Beratungsprozess einbindet. Dieser Schritt ermöglicht nicht nur eine verbesserte Datenintegration, sondern bildet die Grundlage für eine automatisierte und effizientere Arbeitsweise.

Aufbauend darauf folgt die Automatisierung der Prozesse, bei der Künstliche Intelligenz (KI) eine zentrale Rolle einnimmt. KI-Systeme übernehmen zunehmend Routineaufgaben wie die Finanzbuchhaltung, die Anpassung von Vorauszahlungen oder die Erstellung von Steueranalysen. Auch komplexe Analysen, wie Predictive Analytics für strategische Steuerplanung, werden so automatisiert. Dies entlastet Steuerberater von repetitiven Tätigkeiten und schafft Raum für anspruchsvollere Beratungsleistungen.

Parallel dazu verändert sich die Kommunikation grundlegend. Neue Technologien ermöglichen den Einsatz von Bots und AI-Voice-Agents, die die laufende Kommunikation mit Mandanten übernehmen. Das Konzept der „on-demand"-Beratung etabliert sich: KI-basierte Analysen bereiten datengetriebene Handlungsempfehlungen vor, während menschliche Berater für komplexe und kreative Entscheidungen weiterhin unverzichtbar bleiben.

Ein weiterer Meilenstein ist die Einführung von Blockchain-Technologien, die eine transparentere und sicherere Verwaltung von Finanztransaktionen ermöglichen. Blockchain revolutioniert nicht nur die steuerliche Deklaration, sondern erlaubt auch eine Echtzeitprüfung von Daten entlang ganzer Lieferketten. Dies verbessert nicht nur die Compliance, sondern stärkt auch das Vertrauen zwischen Steuerberatern, Mandanten und der Finanzverwaltung.

Mit diesen technologischen Fortschritten wandelt sich die Steuerberatung zunehmend von einer rein operativen zu einer strategischen Funktion. Steuerberater übernehmen künftig die Rolle von Business-Intelligence-Partnern, die neben internen Daten auch externe Faktoren wie Markt- und Branchenentwicklungen in ihre Analysen einbeziehen. Diese neue Beratungsdimension stärkt die Entscheidungsfähigkeit von Unternehmen und hebt die Steuerberatung auf eine strategische Ebene.

Doch nicht nur die Arbeitsweise, auch das Geschäftsmodell der Branche befindet sich im Wandel. Die Öffnung der Steuerberatung für Nicht-Berufsträger und Investoren schafft dynamischere Marktstrukturen und erhöht den Wettbewerb. Gleichzeitig entstehen neue Dienstleistungsmodelle, die stärker auf individuelle Kundenbedürfnisse ausgerichtet sind und klassische Betreuungsmodelle zunehmend ablösen.

Abgerundet wird dieser Transformationsprozess durch eine kulturelle und organisatorische Erneuerung. Digitale Führung, hybride Teamstrukturen und flexible Arbeitsmodelle prägen die Kanzleien der Zukunft. Weiterbildung im Bereich Technologie und Datenkompetenz wird essenziell, um mit den stetig wachsenden Anforderungen Schritt zu halten. Eine neue Führungskultur, die Innovation und digitale Denkweisen fördert, wird die Branche nachhaltig prägen.

Quellen (Auswahl)

Reichsgesetzblatt 1933 I, S. 175–177: Gesetz zur Wiederherstellung des Berufsbeamtentums (7. April 1933).
– S. 188: Gesetz über die Zulassung zur Rechtsanwaltschaft (7. April 1933).
– S. 222–223: Verordnung über die Zulassung von Ärzten zur Tätigkeit bei den Krankenkassen (22. April 1933).
– S. 257f: Gesetz über die Zulassung von Steuerberatern (6. Mai 1933).

Mellenthin, Knut (Hrsg.): Chronologie des Holocaust, Online-Archiv, Abschnitt April–Mai 1933.
Voß, Reimer: Steuern im Dritten Reich. Vom Recht zum Unrecht unter der Herrschaft des Nationalsozialismus, München 1995, S. 70.
Rothe, Ingeborg: Die Wirtschaftsverbände von 1933 bis 1945, Diss., 1963, S. 48–49.
Barkai, Avraham: Vom Boykott zur „Entjudung“: Der wirtschaftliche Existenzkampf der Juden im Dritten Reich 1933–1938, in: Das Sonderrecht für die Juden im NS-Staat, hrsg. von J. Walk, Heidelberg 1981, S. 36–40.
Bundesarchiv (Deutsche Digitale Bibliothek): Eingabe des Leopold Mayer-Dinkel an den Reichspräsidenten wegen der Nichtarier-Bestimmung im Steuerberatergesetz (Archivalie, Dez. 1933).
Brodie, E. D. III, Ridenhour, B. J., & Brodie, E. D. Jr. (2002). The evolutionary response of predators to dangerous prey: Hotspots and coldspots in the geographic mosaic of coevolution between garter snakes and newts. Evolution, 56(10), 2067–2082.
Geffeney, S., Brodie, E. D. Jr., Ruben, P. C., & Brodie, E. D. III (2002). Mechanisms of adaptation in a predator–prey arms race: TTX-resistant sodium channels. Science, 297(5585), 1336–1339.
Hanifin, C. T., Brodie, E. D. III, & Brodie, E. D. Jr. (2008). Phenotypic mismatches reveal escape from arms-race coevolution. PLOS Biology, 6(3), e60.
Phillips, B. L. & Shine, R. (2004). Adapting to an invasive species: Toxic cane toads induce morphological change in Australian snakes. PNAS, 101(49), 17150–17155.
Phillips, B. L. & Shine, R. (2006). An invasive species induces rapid adaptive change in a native predator: cane toads and black snakes in Australia. Proceedings of the Royal Society B: Biological Sciences, 273(1593), 1545–1550.
Shine, R. (2010). The ecological impact of invasive cane toads (Bufo marinus) in Australia. The Quarterly Review of Biology, 85(3), 253–291.

2 Klausurfahrten sind kein Spaß

Klausurfahrten sind Studienfahrten – und die sind kein Spaß, wenn sie jemand wie Berger Senior organisiert, der, wie immer, für den Kulturteil zuständig ist. Ich erinnere mich noch gut an die letzte Klausurfahrt nach Berlin. Wenn es einen Award dafür gäbe, in möglichst kurzer Zeit möglichst viele Museen und Ausstellungen in möglichst weit auseinander gelegenen Stadtvierteln einer möglichst großen Stadt im Akkord abzuspulen während eines einzigen Nachmittags, dann würde Berger Senior den Rekord halten und für sein Lebenswerk geehrt. Ich weiß noch, wie die Museumswächter im Pergamonmuseum auf der Museumshalbinsel in Berlin kurz davor waren, die Terrorwarnstufe auszurufen, weil sie unsere Kölner Touristengruppe für religiöse Fanatiker hielten, die einem Erklärungen schreienden graumelierten älteren Mann im Laufschritt durch die Ausstellung hinterherrannte, während dieser Gosch's blauen Kommentar zum Körperschaftsteuergesetz als Erkennungs- und Orientierungszeichen unserer Gruppe hochhielt.

Eine enorme körperliche Leistung! Ich weiß noch wie ich damals dachte: ‚Wie schafft Berger Senior das?' Der Schinken mit 2000 Seiten wog locker 3 Kilo und Berger Senior hielt ihn nahezu ständig in perfekter Compound Exercice zum gleichzeitigen Training von Triceps, Delta- und Trapezmuskel. Dann fiel mir ein, dass Berger Senior einmal erzählt hatte, wie sie zu seiner Studienzeit in seiner Bonner schlagenden Verbindung extra Arme, Nacken und Schultern auf Ausdauer und Kraft trainiert hätten, damit der Gegner in der Mensur den Waffenarm, also den Arm, der die Mensurwaffe hält und gleichzeitig Kopf und Gesicht schützt, nicht einfach wegschlagen konnte durch einen mächtigen Hieb. Ich dachte bei der Erzählung damals schon an Highlander; aber nach der Nummer in Berlin war mir dann wirklich klar: es kann nur einen geben.

Man muss sich das mal vorstellen – ein Mann in seinen 70ern hielt nahezu die ganzen 48 Minuten, die wir zum Spurt durch das Museum brauchten – inklusive des Passierens der Sicherheitsschleuse und anschließender Diskussion mit dem Sicherheitspersonal – den Gosch wie ein Leuchtfeuer der Steuerberatung empor und sein Arm zitterte kein Stück zu keiner Sekunde. Ich habe das im Anschluss einmal ausprobiert. In korrekter Ausführung von Berger Seniors Übung brachte ich es maximal auf 70 Sekunden Time Under Tension – im Stehen und ohne dass ich dabei noch einen Pace durchgezogen hätte, mit dem man auch an einem Halbmarathon teilnehmen könnte.

Ich hatte mir im Anschluss tatsächlich überlegt, ob ich nicht auf Instagram eine „Steuerberatungs-Calisthenics-Challenge" aufmache mit eigenem Channel und speziellen Übungen für das Steuerbüro. In denen zeige ich dann, wie man die verschiedenen Standardbände der Steuerberatung als Gewicht und zur Unterstützung von Kraftübungen verwendet. Mit zunehmender Digitalisierung und KI-Modulen wie NWB KIRA oder Otto-Schmidt-Answers schaute sowie niemand mehr in die alten Schinken, sondern ging schnell an den Rechner, wenn er oder sie etwas wissen musste. So hätten die Wissensklötze wenigstens noch einen Nutzen. Der ganze Umgang mit Literatur und Wissen hatte sich ja doch stark verändert – auch im Studium. Wenn Berger Senior von seiner Studienzeit erzählte, in der er in 12 Semestern ganze sechs Scheine machte, fragte ich mich, wie Deutschland je zu einer führenden Industrienation werden konnte. So viele Scheine musste ich in einem einzigen Semester machen. „Drei große und drei kleine Scheine brauchten wir", sagte Berger Senior mit einem Nippen an seinem Kaffee. „Aber das reichte uns, denn wir haben gelernt, wie man wirklich lernt und versteht, was in Büchern steht."

Ich kam mir dann immer vor wie ein Analphabet, der verzweifelt versucht, Lesen und Schreiben zu lernen, dabei aber nicht bemerkt, dass er alles auf den Kopf gedreht versucht zu lesen. „Es geht nicht um Auswendiglernen, sondern um Verstehen!", sagte Berger Senior. „Deshalb gibt es nur so wenige hervorragende Steuerjuristen". Irgendwie war klar, dass er sich selbst dazu zählt. Und genauso klar war, dass diese Ehre keinem anderen im Raum zuteil wurde.

In meinem Studium zogen wir uns aber nicht mehr nur ein oder zwei Standardwerke und Kommentare rein, sondern wir arbeiteten mit ausgefeilten Textbooks. Diese Textbooks dienten, anders als Fachbücher, konkreten didaktischen Zwecken. Sie waren inhaltlich meist genau auf den jeweiligen Kurs abgestimmt, gut strukturiert und enthielten neben Fachinformationen auch Lernhilfen wie Übungsaufgaben, Zusammenfassungen, Glossare, grafische Darstellungen und Kontrollfragen. Typischerweise wurden wir Studierende zu Beginn eines Semesters aufgefordert, ein oder mehrere solcher Textbooks zu erwerben, da der Kurs stark auf deren Inhalte abgestimmt sei und sie Grundlage für Hausaufgaben, Diskussionen, Tests und Klausuren darstellten.

Alles war zwar verschulter als das, was Berger Senior beschrieb, aber dafür auch deutlich machbarer. Und wenn wir etwas wissen und nachschlagen wollten, dann gingen wir eben nicht mehr an eine Bücherwand.

Bei Berger & Berger gab es jedoch noch Unmengen an Gesetzen, Handbüchern und Kommentaren aus den letzten 40 Jahren, weil nie jemand jemals etwas wegwarf und die roten, gelben und blauen Bände schließlich eine sehr gebildete und belesene Kulisse für Videocalls abgaben. „Das kann hilfreich sein, wenn ich mal wieder einen einschüchternden und Einhalt gebietenden Verweis auf meine Expertise brauche", hat Sarah Meier mir einmal vor ein paar Wochen erzählt, als ich mich im Rahmen meines Praktikums einen Tag lang neben sie setzen durfte. „Weißt Du, Michael...", Sarah war die einzige in der Kanzlei, die mich weder ‚Michi' noch ‚Prakti' rief, sondern mich immer mit meinem richtigen und vollständigen Vornamen ansprach: „...im Grunde geht es in unserem Job nur um Menschen". Ich war verwirrt, denn bis dato dachte ich immer, dass Steuerberater ein Beruf sei, bei dem man sich hinter Zahlenbergen verstecken konnte.

Und genau das empfand ich als chillig – du bist der einzige mit einem Plan und keiner macht dich blöd an, weil du der einzige bist, der die anderen vor dem großen bösen Monster Finanzamt retten kann. Irgendwie so wie bei den nicht ganz jugendfreien Mangas, die ich in meiner Jugend immer geguckt hatte, wo der coolste in der Gruppe irgendeine abgefahrene Superkraft hat, den Bösen besiegt und dann am Ende der Folge das oder die Mädchen bekommt. Auf den pubertierenden Michi, der sich in der Schule eher schwertat mit anderen, denn als cooler Checker rüberzukommen, machte das ziemlich Eindruck. Und weil Jura zu lahm und langatmig war, blieb für mich nur BWL. Ich hatte mit meinem Jugendtraum des Checkertums schon abgeschlossen, bis ich von Steuerberatern hörte und dachte, da könnte ich mich genauso unangreifbar machen wie in Jura, müsste aber dafür nicht ganz so elitär, geschwollen und hochnäsig daherkommen. Das letzte, was ich aber wollte, war, mich wieder Face-to-Face mit Menschen auseinanderzusetzen. Das könnte so enden wie damals in der Raucherecke im Gymnasium, als ich zuletzt zu den coolen Kids gehören wollte – die haben mich einfach mit ihren selbstgedrehten Schwarzer-Krauser-Stummeln beworfen. Einer hatte sogar eine der ersten damals noch neuen E-Zigaretten nach mir geworfen – einen Move, den er sehr schnell und unter lautem Wehklagen bereute als das Ding mit einem scheppernden Krach auf dem Asphalt des Friedrich-Schiller-Gymnasiums in Fellbach zerschellte. Die Dinger kosteten damals ein Vermögen. Eine von vielen Schulstationen, die ich durchlaufen habe.

Nun aber mal zu Sarah Meier, die mich als einzige mit „Michael" ansprach. Sarah Meier war Anfang Dreißig und so etwas wie die „Mandantenversteherin" in der Kanzlei, wie sie unser fast gleichaltriger Technik-Nerd, Dr. Tobias Klein, nannte. Klein war zwar Steuerberater, spielte aber eine zentrale Rolle in der Digitalisierung der Kanzlei, insbesondere durch die Entwicklung und Integration moderner Technologien für steuerliche Analysen und Prozesse. Dadurch wirkte er immer ein wenig entrückt.

Klein erklärte Michi einmal, dass er eigentlich im Bereich M & A Tax tätig sei, also bei steuerlichen Fragestellungen rund um Unternehmensübernahmen. Immer dann, wenn ein Unternehmen gekauft oder verkauft werde, komme er ins Spiel – meist lange bevor die Öffentlichkeit überhaupt davon erfahre. Seine Aufgabe sei es, das Unternehmen, das zum Verkauf stehe, steuerlich genau zu durchleuchten. Er sprach von einer Art forensischer Untersuchung: Man müsse herausfinden, ob steuerlich alles korrekt gelaufen sei, ob Risiken verborgen lägen oder ob es Spielräume gäbe, die in der Verhandlung einen Unterschied machten. Klein betonte, dass das Ganze unter dem Begriff „Tax Due Diligence" laufe – eine Sorgfaltsprüfung aus steuerlicher Perspektive. Dabei gehe es nicht nur darum, die Vergangenheit zu bewerten, sondern auch die Zukunft im Blick zu haben. Denn viele steuerliche Effekte wirkten sich nicht sofort, sondern über Jahre hinweg aus.

Besonders spezialisiert habe er sich, so Klein, auf den Datenabgleich. Er sagte, dass ein Unternehmen letztlich nicht nur aus Menschen, Maschinen und Marken bestehe – sondern auch aus Daten. Steuererklärungen, Bilanzen, interne Reports, Umsatzlisten, Verträge – all das müsse miteinander verknüpft werden, um ein vollständiges Bild zu bekommen. Dabei gleiche er Informationen aus unterschiedlichen Quellen ab, prüfe, ob Zahlen stimmten, ob etwas auffällig sei oder ob steuerliche Fallstricke übersehen worden seien.

Er erklärte, dass es in seiner Arbeit oft darum gehe, Widersprüche zu erkennen oder Potenziale zu entdecken: Eine Ungenauigkeit in der Lohnbuchhaltung, eine unerkannte Steuerverpflichtung aus einem alten Vertrag oder ein nicht ausgeschöpfter Verlustvortrag – all das könne großen Einfluss auf den Deal haben. Manchmal, so sagte er, sei es eine einzige Zahl, die den Preis drücke oder den Käufer zögern lasse.

Klein wies auch darauf hin, dass seine Analysen nicht im luftleeren Raum stattfänden: Sie flössen direkt in die Verhandlungen ein, beeinflussten den Kaufvertrag und seien manchmal sogar entscheidend dafür, ob ein Abschluss überhaupt zustande komme. Steuerliche Risiken seien nichts, was man auf den letzten Drücker entdecke wolle. Klein sagte, dass es in seiner Arbeit um Millionen gehe – und es am Ende die Details seien, die zählten. Und die müsse man nicht nur finden, sondern auch deuten können. Daher sei er einer der wichtigsten Personen bei Berger und Berger.

Genauso führte er sich auch auf: als jemand, der allen anderen drei Schritte voraus war und jedem dadurch klar machte, wie wichtig er selbst und wie unwichtig der Rest war: Als würden alle anderen ihm nur in einer Art Verschiebung des Raum-Zeit-Kontinuums auf einer Zeitschiene folgen, die immer ein wenig nachging im Vergleich zu seiner, auf der er sich gerade vorwärts bewegte. Als hätten alle anderen noch schwere silberne Taschenuhren mit handtellergroßen Handaufzugswerken aus allenfalls rostfreiem Edelstahl und einer Gangabweichung von ± 30–60 Sekunden pro Tag. Er dagegen bevorzugt einen Superlative Chronometer mit einer zertifizierten Gangabweichung von −2/+2 Sekunden pro Tag mit einer Parachromspirale, die aus einer speziellen paramagnetischen Niobium-Zirkonium-Sauerstoff-Legierung gefertigt wurde und einer Chronergy-Hemmung aus Nickel-Phosphor. Ganz zu schweigen von seiner Affinität für digitale Zeitmesser, da scheint er dem Rest der Kanzlei nahezu entrückt zu sein.

Den anderen blieb nichts anderes übrig, als andächtig Dr. Klein dabei zuschauen, wie er schon Zukunft gestaltete, wo sie noch Vergangenheit verwalteten. Diesen Satz hatte Dr. Klein tatsächlich einmal zum Besten gegeben, als ihm Helena Baum, unsere hyperakurate Compliance- und Latente-Steuern-Spezialistin, ganz besonders auf die Nerven ging mit ihren detaillierten Rückfragen zu möglichen Problemen und Gefahren. Dr. Klein brauchte eine ganze Woche und einen selbstgebackenen Käse-Kirsch-Kuchen, bis Helena wieder mit ihm sprach. Diese Aura, seiner Umgebung immer einen Schritt voraus zu sein, ließ ihn schnippisch bis zuweilen arrogant wirken – weshalb er häufig allein dastand, selbst mit E-Zigarette in der Raucherecke der Kanzlei, obwohl er ein begnadeter Bäcker ist.

Jetzt aber zurück zu Sarah Meier. Sie war da ganz anders. Sie liebte es, mit Menschen direkten Kontakt zu haben und hätte während Corona, als dies nur noch via „Videoschalte" – ich liebe dieses anachronistische Wort in der politischen Berichterstattung – möglich war, fast den Job geschmissen, wie sie mir im Vertrauen gesagt hat. „Aber ich habe nun meinen Frieden damit gemacht", sagte sie. Dabei hob sie hervor, dass man gerade die bibliophilen Schrankwände mit Fachliteratur aus vier Jahrzehnten sehr zielgerichtet als Bildschirmhintergrund bei Videokonferenzen zur Verdeutlichung absoluter Wissenshoheit und maximaler Kompetenz einsetzen könne. Das ermögliche, Mandanten nach der Morgenlektüre der Steuertipps in der Bildzeitung davon abzuhalten, eine Zahnarztpraxis in Dubai anzumelden, um durch Entsendungsregeln, das Verkaufen und Zurückmieten der eigenen Praxisräume und Hotelübernachtungen in Deutschland statt eines festen Wohnsitzes dort, so viel Steuern zu sparen, dass sie sich ‚wie die ganzen Selbständigen in Dubai auch' einen Ferrari F80 und eine Patek Philippe Nautilus 5711/1A kaufen können. Den letzten Satz hatte Sarah Meier mit den Fingern in Anführungszeichen gesetzt und dabei die empörte Mandantenstimme nachgemacht, in der mitschwang, dass er, wie die anderen in Dubai, schließlich auch ein Anrecht hätte auf ein kleines Stück vom Luxuskuchen dieser Welt.

Nur Sarah Meier konnte einen solchen Mandanten durch die ihr ureigene Mischung aus Empathie und natürlicher Autorität wieder zur Besinnung bringen. Weshalb jeder außer Dr. Klein, der keine eigenen Mandanten betreute, nur in höchsten Tönen von Sarah sprach – denn man wusste nie, ob und wann man ihre Fähigkeit als „Mensch-Mandanten-Kontakter" nicht auch mal für die eigenen Mandanten oder deren Nachfolgegeneration brauchte, die mitunter mit so abgedrehten Sachen wie Kryptoassets oder NFTs daherkamen. „Michi, Du musst Dir immer sagen, jeder Mandant ist so menschlich wie der nächste Mann" – ich verstand nicht. Sarah grinste und setzte erneut an. „Nur weil jemand zig Millionen auf dem Konto hat oder ein Unternehmen in zweiter Generation führt oder als Arzt oder Selbständiger super erfolgreich ist, macht ihn dies nicht zu einer Art Hypergenie in allen Lebensfragen". Ich schien immer noch unverständig zu glotzen wie ein Schwein ins Uhrwerk.

„Schau Michi", sagte Sarah, „ich will Dir jetzt keine Illusionen rauben; aber als eine junge Frau, die sich nicht als Nonne definiert, habe ich so meinen Teil an Männern kennengelernt. Ob reich oder arm, gebildet oder schlicht – alle Männer, die ich jemals gedatet habe, hatten eine Sache gemeinsam: Sie sahen sich stets als in ihrer Art vollständig einzigartig an. Und je mehr sie in das investierten, von dem sie glaubten, es würde andere beeindrucken – ob das Pumpen im Fitnessstudio, den ersten Porsche 911 Targa, das erste eigene Unternehmen, den ersten Iron-Man – umso mehr dachten sie, dass das Mittel, das sie wählten, um sich besonders attraktiv zu machen, ein Teil von Ihnen selbst wäre. Das Mittel, um ihre Attraktivität zu steigern, wurde nach und nach zur Quelle ihres Selbstwertes. So lange, bis ich dann keinen Mann mehr datete, sondern ein paar besonders konturierte Bizeps, eine roten Sportwagen, ein Fintech oder eine völlig kranke Kombination aus Laufen und in nassen Klamotten Radfahren. Je profilierter jemand Dir entgegentritt, umso höher ist die Wahrscheinlichkeit, dass er an irgendeinem Punkt, sich selbst, seinen

Selbstwert, gar seine Identität verwechseln wird mit der Legende, in deren Aufbau er so viel Zeit, Geld und Energie gesteckt hat."

„Wenn Du es also mit so einem Typus zu tun hast", fuhr Sarah fort, „dann konzentriere Dich nicht auf die Legende. Sprich nicht mit dem Bizeps, nicht mit dem Sportwagen oder dem FinTech. – Sprich mit dem kleinen Jungen, der sich entschieden hat, sich selbst zu ersetzen, weil er dachte, dass er so in der Welt besser ankommt und mehr gewertschätzt wird."

Sie fixierte mich und schaute mir mit ihren braunen Augen und den darin exakt mittig positionierten schwarzen Pupillen direkt in meine, sodass ich nicht zu blinzeln wagte: „Menschen sind und bleiben Menschen. Gerade diejenigen, die Jahrzehnte ihres Lebens nur einer Sache gewidmet haben und darin krass erfolgreich sind. Deshalb wirst Du auch von einem plastischen Schönheitschirurgen mit eigener Praxis auf der Kö in Düsseldorf mitunter Ideen hören, die Du Deiner Tante Erna zugetraut hättest." – Meine Verwirrung wurde immer größer, denn erstens waren meine Eltern Einzelkinder und zweitens war ich so erzogen, dass akademische Bildung stets mit einer höheren Allgemeinbildung einhergeht. „Bürgertum ist Anspruch und Verantwortung", sagte mein Vater immer, der als leitender Beamter im städtischen Bauamt meine Verwaltungskarriere schon durchgeplant und sich selbstredend ebenfalls zum Bürgertum gerechnet hatte. Wer zum Bürgertum und erst recht zum Unternehmertum gehörte, dachte ich, der muss doch in allen Lebenslagen eine reflektierte und tiefere Einsicht haben als andere – meine Augen begannen zu tränen, ich hatte den unwiderstehlichen Drang zu blinzeln.

Und schon wieder musste ich feststellen, dass ich der Time Under Tension bei Berger & Berger nicht gewachsen war. Ich dachte schon, der Druck durch Berger Senior sei einmalig und alle anderen würden viel entspannter sein. Aber selbst die nach außen hin Entspannten wie Sarah sind in einer Art und Weise abgebrüht und das Arbeiten und Überleben unter Druck gewohnt, dass ich mir wie ein Weichei vorkam. Ein Warmduscher, der sich nach seiner Linusdecke sehnt. Linus van Pelt hat im Comicstrip „Die Peanuts" seine blaue Kuscheldecke stets bei sich. Er trägt sie, weil er aus ihr Trost und Sicherheit schöpft. Dieses Verhalten führte zur Prägung des Begriffs „Sicherheitsdecke" (englisch: "security blanket"), der heute allgemein für Gegenstände steht, die Individuen emotionalen Halt bieten. Wie gerne hätte ich eine Sicherheitsdecke bei Berger & Berger: Weder konnte ich einen drei Kilo Steuerschinken länger als 90 Sekunden in die Höhe halten, ohne dass mein Arm zu flattern begann, noch keine zwei Minuten Sarah Meiers Blick standhalten, ohne dass sich meine Augen mit Flüssigkeit füllten und meine Augenlider nur noch ein Ziel kannten: sich zu schließen und mich in jenes wohlige und mollige Dunkel einzuhüllen, in das ich mich als Kind immer unter meiner Bettdecke zurückzog, wenn mir die Streitereien meiner Eltern zu viel wurden. Vielleicht bin ich einfach nicht hart genug für Berger & Berger.

2.1 Das Missverständnis linearer Prognose und induktiver Schlüsse

Unsere menschliche Natur neigt dazu, Zukunft auf Basis vergangener Erfahrungen linear zu projizieren. David Hume (1711–1776) war ein schottischer Philosoph, der sich genau mit dieser Frage beschäftigte: Als Induktionsproblem formulierte Hume seine These und stellte damit die Grundlagen menschlicher Erkenntnis nachhaltig infrage. Unter dem Induktionsproblem versteht Hume die Schwierigkeit, aus einzelnen Beobachtungen allgemeingültige Regeln abzuleiten und mit Sicherheit zu begründen.

Induktives Denken bildet die Grundlage unseres Alltagswissens. Wenn wir etwa beobachten, dass die Sonne jeden Morgen aufgeht, schließen wir daraus, dass sie auch morgen wieder aufgehen wird. Genau diese scheinbar selbstverständliche Schlussfolgerung hinterfragt Hume radikal: Nur weil etwas in der Vergangenheit stets auf eine bestimmte Weise geschah, folgt daraus nicht zwangsläufig, dass es immer so geschehen wird. Induktive Schlüsse liefern somit keine absolute Gewissheit, sondern lediglich Wahrscheinlichkeiten und Annahmen.

Die zentrale These Humes lautet: Jede induktive Schlussfolgerung basiert letztlich auf dem Glauben an die Gleichförmigkeit der Natur, der jedoch nicht rational oder logisch gerechtfertigt werden kann. Wir erwarten zwar intuitiv, dass zukünftige Ereignisse ähnlich ablaufen wie vergangene, aber diese Erwartung lässt sich nicht aus rein logischen Gründen beweisen. Hume verdeutlicht, dass unser Vertrauen in die Kontinuität der Erfahrung auf Gewohnheit und Gewöhnung beruht, nicht auf zwingender Vernunft oder Logik.

Das Induktionsproblem berührt nicht nur philosophische, sondern auch wissenschaftliche Kernfragen. Naturwissenschaften wie Physik oder Biologie basieren fundamental auf induktiven Methoden: Aus wiederholten Beobachtungen und Experimenten werden allgemeine Gesetze und Theorien abgeleitet, die reproduzierbar sein müssen. Das Dilemma besteht darin, dass keine noch so große Anzahl bestätigter Beobachtungen logisch garantieren kann, dass eine Theorie immer gilt. Schon eine einzige zukünftige Beobachtung könnte ausreichen, um eine etablierte Theorie zu widerlegen – ganz gleich, wie häufig sie zuvor bestätigt wurde.

Populär ausgedrückt formuliert Hume damit eine grundlegende Skepsis gegenüber menschlicher Erkenntnisfähigkeit: Wissen ist begrenzt, und Gewissheit ist letztlich unerreichbar. Dies hat weitreichende Implikationen: Es macht Wissenschaft nicht wertlos, sondern sensibilisiert für ihre vorläufige und korrigierbare Natur.

Im 20. Jahrhundert wurde Humes Induktionsproblem prominent durch den Wissenschaftsphilosophen Karl Popper aufgegriffen und weiterentwickelt. Popper argumentierte, dass Wissenschaft gerade deshalb vorankommt, weil ihre Aussagen grundsätzlich falsifizierbar, also widerlegbar sind. Eine Theorie gilt in diesem Sinne nie als endgültig wahr, sondern als vorläufig bestätigt, solange sie erfolgreich empirischen Prüfungen widersteht.

Das Hume'sche Induktionsproblem erinnert uns heute daran, dass jede scheinbar gesicherte Erkenntnis kritisch hinterfragt werden sollte. Wissenschaftliches Wissen bleibt stets offen für Revision und Korrektur und absolute Gewissheit ist nicht erreichbar. Diese Einsicht fordert Bescheidenheit im Umgang mit Wissen und Offenheit für neue Erkenntnisse. Das brauchen wir nun in der Steuerbranche.

Wandel entsteht dann, wenn Menschen in ihre eigene Gestaltungskraft kommen. Bisher haben auch diese „Gestalter" ihre Entscheidungen aufgrund gelebter Erfahrungen getroffen. Zu Gestaltern werden sie dann, wenn sie ihre eigene Vorstellungskraft von gemachten Erfahrungen lösen und ihre eigenen zukunftsgerichteten Vorstellungen zur Basis Ihres Handelns machen! John Strelecki ist aktuell ein promi-

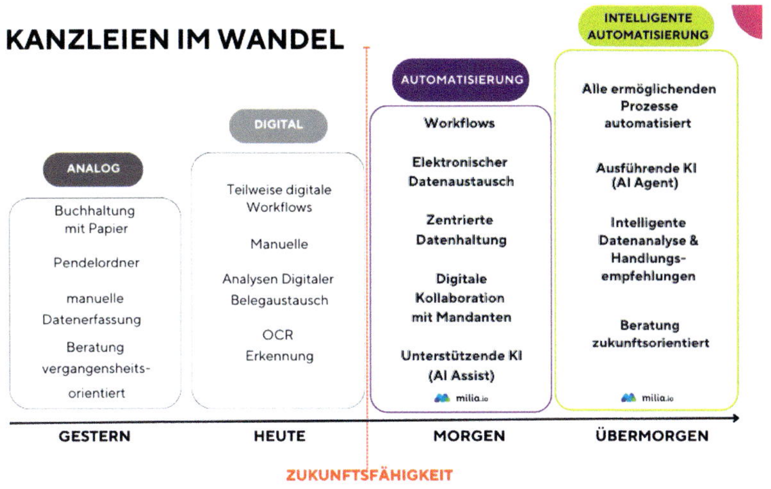

nenter Vertreter dieser Idee. Auch Simon Sinek und seine Theorie des Golden Circle übernehmen diese Grundidee und machen sie umsetzbarer. Die Ausrichtung unternehmerischen Handelns nach Vision und Mission trifft ebenfalls diesen Kerngedanken. Unter Berücksichtigung der vergangenen zehn Jahre, in denen die Digitalisierung der Belegschaft im Mittelpunkt stand, lässt sich nicht ableiten, dass ähnliche Zeitspannen für die weitere Transformation angenommen werden sollten. In einer Ära exponentiellen technologischen Fortschritts erweist sich die lineare Prognose als unzureichend.

Digitalisierung und die beschleunigte Innovationsfrequenz (2014–2024)

In den letzten zehn Jahren hat die Digitalisierung nachweislich das Tempo technologischer Neuerungen deutlich erhöht. Zahlreiche Studien und Berichte zeigen, dass digitale Technologien – von künstlicher Intelligenz (KI) über Automatisierung und Cloud-Computing bis zur Plattformökonomie – als Beschleuniger für Innovationsprozesse wirken. Beispielsweise führt der Einsatz solcher Technologien dazu, dass Produktentwicklungszyklen erheblich verkürzt werden und Innovationen schneller auf den Markt gelangen. Ein OECD-Bericht fasst zusammen: „Innovationszyklen sind auf dem Vormarsch – digitale Innovationen (z. B. virtuelle Simulation, 3D-Druck) ermöglichen neue, schnelle Innovationsrunden, indem sie Design, Prototyping, Tests und Kommerzialisierung beschleunigen". Insgesamt lässt sich beobachten, dass Digitalisierung in nahezu allen Branchen zu einer höheren Frequenz technologischer Neuerungen geführt hat.

Digitalisierung beschleunigt den Innovationszyklus

Digitale Technologien verändern den Prozess, wie Innovation entsteht und umgesetzt wird, was zu einem schnelleren Innovationszyklus führt:

- Agilere Entwicklung: Durch Simulationen, Big Data-Analysen und cloudbasierte Tools können Produkte heute in kürzeren Iterationen entworfen und getestet werden. Unternehmen können dank digitaler Tools kontinuierlich experimentieren und Prototypen schneller validieren. Die Möglichkeit, Beta-Versionen eines Produkts früh an Kunden zu geben und laufend Feedback einzuarbeiten, verkürzt die Zeit bis zur Marktreife dramatisch. So „beschleunigen digitale Technologien den Produktentwicklungszyklus deutlich und ermöglichen es Unternehmen, Innovationen schneller auf den Markt zu bringen".
- Automatisierung und KI: Künstliche Intelligenz und Automatisierung steigern die Effizienz von Forschung und Entwicklung. KI kann z. B. große Datenmengen auswerten, um Innovationschancen zu identifizieren oder Produktdesigns zu optimieren, während automatisierte Fertigung (Industrie 4.0) die Umsetzung neuer Ideen beschleunigt. Studien betonen, dass Industrie 4.0-Technologien Produktlebenszyklen erheblich verkürzen und ein schnelleres Innovationstempo erzwingen. In der Praxis bedeutet dies, dass Firmen dank IoT, Robotik und KI neue Produkte schneller entwickeln und produzieren können als noch vor einem Jahrzehnt.
- Plattformökonomie und Vernetzung: Digitale Plattformen und Ökosysteme erleichtern die Zusammenarbeit über Unternehmensgrenzen hinweg. Innovatoren können auf offenen Plattformen (etwa Open-Source-Software oder Entwickler-Markt-

plätzen) schneller auf bestehenden Lösungen aufbauen. Wissen verbreitet sich in Echtzeit weltweit, wodurch sich Innovationszyklen verkürzen. Die Vernetzung von Akteuren führt auch dazu, dass Innovation zunehmend kollaborativ wird – Unternehmen, Start-ups, Hochschulen und Nutzer entwickeln gemeinsam neue Lösungen, was den Durchsatz an Neuerungen erhöht. Insgesamt schaffen digitale Technologien eine Umgebung, in der kontinuierliche Innovation zum Normalfall wird.

Bereiche mit besonders schneller Innovation

Die Beschleunigung der Innovationsfrequenz durch Digitalisierung ist in verschiedenen Branchen besonders sichtbar:

- Informations- und Softwarebranche: In der IT und Softwareentwicklung sind die Innovationszyklen am schnellsten. Dank agiler Methoden, DevOps und cloudbasierter Infrastruktur können Updates und neue Features in Stunden- oder Minutentakt ausgerollt werden. Ein oft zitiertes Extrembeispiel ist Amazon: Das Unternehmen führte 2014 etwa 50 Millionen Code-Deployments pro Jahr durch – das entspricht durchschnittlich 136.000 Deployments pro Tag bzw. $\approx$ 1,6 pro Sekunde. Diese unglaubliche Frequenz verdeutlicht, wie kontinuierlich und fließend Software heute weiterentwickelt wird. Auch andere Tech-Unternehmen liefern fortlaufend Verbesserungen aus, anstatt im Jahrestakt neue Versionen zu veröffentlichen. Die Plattformökonomie (App-Stores, Cloud-Dienste) begünstigt zudem schnelle Innovationsschübe, da neue digitale Produkte sofort global verteilt und skaliert werden können.
- Industrie und Automotive: Im verarbeitenden Gewerbe führt die digitale Transformation (Stichwort Industrie 4.0) zu deutlich verkürzten Produktentwicklungs- und Modellzyklen. Moderne Automobilhersteller etwa setzen auf durchgängig digitale Entwicklungsprozesse. So hat Mercedes-Benz massiv in die Digitalisierung der Fahrzeugentwicklung investiert – mit dem Ergebnis, dass sich die Innovationszyklen deutlich verkürzt haben. Ein Branchenvergleich zeigt, dass heute ein

typischer Automobil-Designzyklus nur noch ca. 24–36 Monate dauert, verglichen mit 60 Monaten noch vor einigen Jahren. Ähnliches gilt in anderen Industrien: Digitale Entwurfstools, Simulation und 3D-Druck ermöglichen es z. B. Maschinenbauern, Prototypen in Tagen statt Wochen zu fertigen. Produktionsautomatisierung und vernetzte Lieferketten verkürzen die Zeit von der Idee bis zum fertigen Produkt erheblich. Die Folge: Produktmodelle wechseln schneller, und Variantenvielfalt nimmt zu. Industrie 4.0 beschleunigt damit spürbar den Innovationszyklus der Industriegüter.

- Gesundheitswesen und Pharma: Auch in Medizin und Biotechnologie hat Digitalisierung das Innovationstempo erhöht. Digital Health-Lösungen wie Telemedizin, digitale Diagnoseverfahren oder Gesundheits-Apps verbreiten sich rasant. So haben sich z. B. im Zuge der COVID-19-Pandemie digitale Angebote explosionsartig verbreitet – Telemedizin-Nutzungsraten stiegen innerhalb weniger Monate um ein Vielfaches.Bei der Entwicklung neuer Medikamente und Impfstoffe verkürzen digitale Technologien ebenfalls die Prozesse: Moderne mRNA-Impfstoffe konnten durch computergestützte Forschung, globale Datenvernetzung und KI-gestützte Analysen in Rekordzeit entwickelt werden. Tatsächlich war der COVID-19-Impfstoff der schnellste Impfstoff der Geschichte, entwickelt in unter 12 Monaten (zum Vergleich: der bisherige Rekord – Impfstoff gegen Mumps – lag bei $\approx$ 4 Jahren). Auch KI kommt verstärkt in der Pharmaforschung zum Einsatz, um Zielmoleküle zu finden oder klinische Studien zu optimieren, was Prognosen zufolge die Entwicklungszeiten um Jahre verkürzen könnte.
- Energie und Cleantech: Im Energiesektor macht sich der schnelle technologische Fortschritt ebenfalls bemerkbar. Erneuerbare-Energien-Technologien unterliegen immer kürzeren Innovationszyklen – so kommen jährlich Verbesserungen bei Solarzellen und Windturbinen auf den Markt, die Effizienz und Kostenvorteile bringen (Repowering). Ein aussagekräftiger Indikator ist der Preisverfall bei Schlüsseltechnologien: Die Kosten für Lithium-Ionen-Batterien sanken von 2010 bis 2020 um 89 %, was die rasante Verbesserung der Batterie-Technologie in nur

einem Jahrzehnt belegt. Ähnlich drastisch fiel der Preis für die Herstellung von Solarstrom in den letzten zehn Jahren, dank steter technischer Innovation und Skaleneffekten. Zudem ermöglicht die Digitalisierung der Energienetze (Smart Grids, IoT-Sensorik) eine schnellere Integration von Innovationen – neue Komponenten oder Software zur Netzsteuerung können laufend eingespielt werden. Insgesamt erleben wir auch im Energiesektor verkürzte Technologiezyklen.

Indikatoren für höhere Innovationsfrequenz

Die beschleunigte Frequenz technologischer Neuerungen lässt sich sowohl quantitativ als auch qualitativ belegen. Wichtige Indikatoren sind:

- Verkürzte Produktzyklen: Produkte verbleiben heute kürzer im Markt, bevor sie durch Nachfolger abgelöst werden. Eine Studie ergab, dass Unternehmen mit hohem Digitalisierungsgrad deutlich kürzere Produktlebenszyklen aufweisen als weniger digitale. Beispielsweise haben die digitalen Vorreiter ("digitale Champions") bei ihren digitalen Produkten eine durchschnittliche Lebensdauer von nur 2,7 Jahren, während es bei geringer digitalisierten Firmen 3,5 Jahre sind. Auch bei klassischen (nicht-digitalen) Erzeugnissen zeigt sich dieser Trend (im Schnitt 13,1 vs. 15,6 Jahre Produktlebensdauer). In vielen Branchen gehört ein jährliches Produkt-Update inzwischen zum Standard. Die Halbwertszeit von Innovationen nimmt ab, was den Innovationsdruck erhöht.
- Anstieg von Patenten und F&E-Aktivitäten: Eine höhere Innovationsfrequenz spiegelt sich in steigenden Patentanmeldungen wider. Global ist die Zahl neuer Patente in Technologiegebieten der Digitalisierung förmlich explodiert. So wurden über die Hälfte aller KI-bezogenen Patente der letzten Jahrzehnte erst nach 2013 veröffentlicht – ein starkes Indiz für den Boom der letzten zehn Jahre. Ein Bericht des Europäischen Patentamts zeigt, dass Patentanmeldungen in Schlüsseltechnologien der Digitalisierung (z. B. IoT, KI, 5G) zwischen 2010 und 2018 um fast 20 % pro Jahr wuchsen – das ist fünfmal

schneller als das Durchschnittswachstum in anderen Technologiefeldern. Auch Ausgaben für Forschung & Entwicklung steigen kontinuierlich, insbesondere in IT und Hightech.

- Kürzere Zeit bis Markteinführung: Die Time-to-Market für neue Technologien und Produkte hat sich deutlich verkürzt. Unternehmen können Innovationen heute schneller vom Konzept zur Marktreife bringen als noch vor einem Jahrzehnt. Beispielsweise konnte ein Konsumgüterunternehmen durch digitale Innovationsmethoden fünfmal mehr neue Produktideen generieren und neue Produkte in der halben Zeit auf den Markt bringen. Im Automobilbau hat sich, wie erwähnt, der Entwicklungszyklus neuer Modelle von fünf Jahren auf teils unter drei Jahre reduziert. Besonders Software-basierte Innovationen erreichen innerhalb von Monaten ein Millionenpublikum, was früher Jahre dauerte. Neue Technologien verbreiten sich deutlich schneller, was wiederum die Rate neuer Iterationen erhöht.
- Höherer Anteil neuer Produkte am Geschäft: Unternehmen generieren einen wachsenden Teil ihres Umsatzes mit neuen Produkten und Services, was auf schnellere Innovationszyklen hindeutet. Bei den digitalen Spitzenreitern stammen bereits 24 % des Umsatzes aus Produkten, die erst in jüngster Zeit eingeführt wurden. Auch makroökonomisch lässt sich die höhere Innovationsfrequenz ablesen: Die durchschnittliche Lebensdauer von Firmen in technologielastigen Branchen nimmt ab, da ständig neue Innovatoren alte ablösen – ein Zeichen dafür, dass der Innovationszyklus der gesamten Wirtschaft an Fahrt gewonnen hat.

Stimmen aus Forschung und Institutionen

Die beschleunigte Innovationsdynamik durch Digitalisierung wird von Forschern, Analysten und internationalen Institutionen gleichermaßen beobachtet. Wissenschaftliche Studien betonen den Zusammenhang von Digitalisierung und Innovationsleistung. Think-Tanks und Beratungen kommen zu ähnlichen Ergebnissen: Ein Accenture-Bericht konstatiert, dass verstärkt digitalisierte Unternehmen nachweislich schneller innovieren und dadurch Wettbewerbsvorteile erzielen.

Internationale Organisationen wie die OECD und EU-Institutionen heben hervor, dass digitale Transformation weltweit die Innovationsgeschwindigkeit erhöht. Auch das Weltwirtschaftsforum spricht von einer „Vierten Industriellen Revolution", in der durch Konvergenz digitaler Technologien Innovationen exponentiell schneller entstehen.

Besonders eindrücklich sind Daten von Patentämtern und Forschungsinstituten, die die letzten zehn Jahre analysieren. Das Europäische Patentamt berichtet über signifikant beschleunigte Innovation weltweit in digitalen Technologien. Technologie-Analysten wie McKinsey zeigen, dass digitale Trendtechnologien (von KI über Blockchain bis Cloud) einen immer kürzeren Zyklus von Entwicklung bis breite Anwendung durchlaufen.

In Summe zeichnen diese Stimmen ein klares Bild: Digitalisierung beschleunigt den Takt der Innovation. Unternehmen, Branchen und ganze Volkswirtschaften sehen sich mit schnell aufeinanderfolgenden technologischen Neuerungen konfrontiert. Die letzten zehn Jahre haben gezeigt, dass digitale Technologien als Innovationsturbo wirken – und viele Experten sind sich einig, dass sich dieser Trend in Zukunft weiter fortsetzen wird.

Die Kraft exponentiellen Wachstums

Um die Kraft exponentiellen Wachstums zu veranschaulichen, wird im Folgenden ein einfaches finanzielles Gedankenexperiment vorgestellt. Dabei wird von einem Kassenbestand von 2 Euro ausgegangen. Der jeweilige Tagesbetrag wird folglich verdoppelt. Nach Ablauf des ersten Tages verfügen Sie folglich über einen Betrag von 4 Euro, nach Ablauf des zweiten Tages über 8 Euro und nach Ablauf des dritten Tages über 16 Euro. Wie hoch wäre der Betrag, den Sie nach 30 Tagen auf Ihrem Konto vorfinden würden? Die Antwort ist bemerkenswert: Nach 30 Tagen wäre ein Vermögen von 2^{30} Euro in der Kasse vorhanden, dies entspricht über einer Milliarde Euro.

Das „Weizenkorn-Schachbrett"-Beispiel ist ebenfalls eine bekannte mathematische Erzählung, die exponentielles Wachstum veranschaulicht. Die Legende stammt ursprünglich aus Indien und erzählt folgende Geschichte: Ein indischer König war vom Schachspiel so begeistert, dass er dem Erfinder des Spiels anbot, ihn reich zu belohnen. Der Erfinder äußerte scheinbar bescheiden nur folgenden Wunsch: „Lege auf das erste Feld des Schachbretts ein Weizenkorn, auf das zweite Feld zwei Körner, auf das dritte Feld vier Körner, und auf jedes folgende Feld immer die doppelte Anzahl an Körnern des vorigen Feldes, bis zum letzten, dem 64. Feld."

Zunächst glaubte der König, es sei ein geringer Wunsch, doch schnell zeigte sich die enorme Konsequenz des exponentiellen Wachstums:

- Auf dem ersten Feld: 1 Korn
- Auf dem zweiten Feld: 2 Körner
- Auf dem dritten Feld: 4 Körner
- Auf dem vierten Feld: 8 Körner
- und so weiter...

Berechnet man die Gesamtmenge an Weizenkörnern, ergibt sich eine gewaltige Zahl: $2^{64} - 1$. Das entspricht etwa 18 Trillionen Körnern (genau: 18.446.744.073.709.551.615), was in etwa der heutigen weltweiten Weizenernte von rund tausend Jahren entspricht. Nimmt man ein mittleres Korngewicht von 35 mg, ergibt das etwa 646 Milliarden Tonnen. Bei einer weltweiten Produktion von rund 787 Millionen Tonnen Weizen (2024) bräuchte man ungefähr 820 Jahre heutiger Ernten, eventuell bis zu 1 170 Jahre, falls man 50 mg pro Korn ansetzt.

Ein weiteres Beispiel für exponentielles Wachstum ist die Rechenleistung von Computern, welche sich alle 18 Monate verdoppelt, so Gordon E. Moore. Das sogenannte Moore's Law ist mehr als nur eine technische Faustregel – es ist ein Symbol für den beispiellosen Fortschritt, der die digitale Ära prägt. Der Begriff geht auf Gordon E. Moore zurück, Mitbegründer von Intel, der 1965 eine bahnbrechende Beobachtung machte: Die Anzahl der Transistoren, die auf einem Mikrochip Platz finden, verdoppelt sich etwa alle zwei Jahre, während die Herstellungskosten pro Transistor stetig sinken. Diese Entwicklung sorgt nicht nur für eine exponentielle Steigerung der Rechenleistung, sondern macht Technologie auch immer erschwinglicher.

Dank Moore's Law wurden Computer nicht nur schneller, sondern auch kleiner und preiswerter. Dadurch wurden technologische

Meilensteine wie der Personal Computer, das Smartphone und das Internet überhaupt erst möglich. In den Jahrzehnten nach Moores Prognose revolutionierte die immer leistungsfähigere Hardware unzählige Lebensbereiche. Komplexe Berechnungen, die einst Supercomputern vorbehalten waren, lassen sich heute auf Geräten durchführen, die bequem in die Hosentasche passen. Von künstlicher Intelligenz über Big Data bis hin zu selbstfahrenden Autos – all diese Innovationen bauen auf der Grundlage von Moore's Law auf.

In ähnlicher Weise wie Moore's Law das exponentielle Wachstum der Prozessorleistung beschreibt, erläutert Mark Kryder in „Kryder's Law" das exponentielle Wachstum der Speicherdichte auf Festplatten. Kryder's Law beschreibt die rasante Entwicklung in der Welt der Datenspeicherung. Es besagt, dass die Speicherdichte – also die Datenmenge, die auf einem bestimmten physischen Raum gespeichert werden kann – sich etwa alle zwölf Monate verdoppelt, während die Kosten pro gespeicherter Einheit kontinuierlich sinken. Diese Regel wurde von Mark Kryder formuliert, einem Pionier der Datenspeichertechnologie, der diese Entwicklung in den 1980er-Jahren erstmals beobachtete.

Die Auswirkungen dieser Fortschritte sind enorm. Früher waren Festplatten, die nur wenige Megabyte speichern konnten, groß, teuer und ineffizient. Heute sind Speichermedien mit Kapazitäten im Terabyte-Bereich kompakt, erschwinglich und allgegenwärtig. Dies hat es ermöglicht, große Datenmengen zu speichern, zu analysieren und zu nutzen – eine entscheidende Grundlage für Anwendungen wie Cloud-Computing, maschinelles Lernen und datenbasierte Entscheidungsfindung. Dank der kontinuierlichen Steigerung der Speicherdichte konnte nicht nur die Speicherung verbessert, sondern auch der Zugang zu Informationen revolutioniert werden. Ganze Bibliotheken, Archive und sogar genetische Daten können heute auf kompakten Speichermedien gesichert werden. Anwendungsbereiche reichen von hochauflösendem Video-Streaming über umfangreiche medizinische Bildgebungsdaten bis hin zu globalen sozialen Netzwerken, die riesige Datenmengen in Echtzeit verwalten.

Gemäß Nielsen's Law of Internet Bandwidth schließlich erfolgt eine jährliche Erhöhung der Bandbreite von High-End-User-Verbindungen. Nielsen's Law beschreibt die langfristige Entwicklung der Internet-Bandbreite für Endnutzer. Formuliert von Jakob Nielsen, einem Pionier der Web-Usability, besagt diese Regel, dass die verfügbare Bandbreite für Hochleistungsnutzer jährlich um etwa 50 % zunimmt. Diese stetige Verbesserung entspricht einer Verdopplung der Bandbreite alle 21 Monate. Während diese Wachstumsrate nicht ganz so rasant wie bei der Rechenleistung oder Speicherkapazität ist, hat Nielsen's Law dennoch weitreichende Auswirkungen auf die digitale Welt. Die ständige Verbesserung der Bandbreite hat in den letzten Jahrzehnten das Wachstum des Internets maßgeblich geprägt. In den frühen Tagen der Internetnutzung reichte die Geschwindigkeit von Modems gerade einmal für das Laden einfacher Webseiten oder das Herunterladen kleiner Dateien. Heute hingegen ermöglicht die enorme Bandbreite Streaming in hoher Auflösung, Videokonferenzen in Echtzeit und die Nutzung datenintensiver Anwendungen wie Cloud-Gaming oder Virtual Reality. Nielsen's Law hat nicht nur die technologische Entwicklung beeinflusst, sondern auch die Erwartungen und das Verhalten der Nutzer verändert. Mit steigender Bandbreite erwarten Anwender schnellere Ladezeiten, reibungslose Interaktionen und hochwertigen digitalen Content.

Aber exponentielles Wachstum kann in Zukunft auch durch weitere Faktoren entstehen: Studien von Statista und Berichte von Gartner prognostizieren das exponentielle Wachstum der IoT-Geräte auf über 125 Milliarden bis 2030. Das Internet of Things (IoT) ist eine der bedeutendsten technologischen Entwicklungen unserer Zeit. Es beschreibt ein Netzwerk physischer Geräte – von Haushaltsgeräten über Fahrzeuge bis hin zu industriellen Maschinen –, die durch Sensoren und Software mit dem Internet verbunden sind. Diese Technologie ermöglicht es den Geräten, miteinander zu kommunizieren, Daten auszutauschen und basierend auf diesen Informationen eigenständig zu handeln. Das IoT schafft eine vernetzte Umgebung, die Komfort, Effizienz und Innovation in nahezu allen Lebensbereichen fördert.

Die Funktionsweise von IoT ist bemerkenswert einfach, aber äußerst effektiv: Sensoren erfassen Daten wie Temperatur, Bewegung oder Standort und senden sie über drahtlose Netzwerke an Cloud-Plattformen. Dort werden die Informationen analysiert und weiterverarbeitet, um intelligente Entscheidungen zu treffen. Ein Beispiel ist ein intelligenter Thermostat, der die Raumtemperatur anpasst, sobald die Bewohner das Haus verlassen, um Energie zu sparen. Diese intelligente Vernetzung macht IoT zu einem unverzichtbaren Bestandteil moderner Technologien.

Die Einsatzbereiche des IoT sind vielfältig. Im Smart Home steuern vernetzte Geräte Beleuchtung, Sicherheitssysteme und Haushaltsgeräte, um den Alltag komfortabler zu gestalten. In der Industrie 4.0 optimieren IoT-Technologien Produktionsprozesse, indem sie Maschinen automatisch warten und die Effizienz steigern. Im Gesundheitswesen überwachen Wearables wie Fitness-Tracker oder medizinische Geräte Vitalfunktionen und informieren Ärzte in Echtzeit über den Gesundheitszustand der Patienten. Auch in der Logistik sorgt IoT für mehr Transparenz, indem es die Position von Waren in Echtzeit verfolgt und Lieferketten effizienter gestaltet. Sogar in der Landwirtschaft wird IoT genutzt, um Bodenfeuchtigkeit und Wetterbedingungen zu messen und dadurch die Bewässerung und Ernte zu optimieren. Mit der Einführung von 5G-Netzen, fortschrittlicher Künstlicher Intelligenz und Edge Computing wird das IoT noch leistungsfähiger und vielseitiger.

Diese Beispiele verdeutlichen eindrucksvoll, wie sich Werte bei exponentiellem Wachstum in kurzer Zeit vervielfachen. Diese Beispiele verdeutlichen auch, dass technologische Entwicklungen in der Steuerberatung mit einer hohen Dynamik einhergehen. Um den daraus resultierenden Herausforderungen zu begegnen, ist es erforderlich, sich auf Veränderungen einzustellen, die unsere heutigen Vorstellungen übertreffen.

Kybernetik

Das Internet of Things weist aber noch auf einen andere Wissenschaftsdisziplin hin, die wir ansonsten aufgrund ihres Namens eher der Terminator-Filmreihe assoziativ zuordnen: der **Kybernetik**. Entgegen der Assoziation hat diese Wissenschaft aber nicht damit zu tun, dass Killerroboter mit menschlichem Gewebe überzogen würden. Diese Wissenschaft untersucht viel mehr, wie Systeme sich ausbalancieren: Kybernetik ist ein Begriff, der auf den griechischen Wortstamm für „Steuermann“ zurückgeht und beschäftigt sich mit der Steuerung und Regelung von Systemen. Kybernetik findet in verschiedenen Bereichen Anwendung, darunter Technik, Biologie und Soziologie. Das zentrale Konzept ist der Informationsfluss, der es Systemen ermöglicht, auf Veränderungen zu reagieren und sich anzupassen.

Ein bekanntes Beispiel ist die Thermostatregelung. Ein Thermostat misst die Raumtemperatur und schaltet die Heizung ein oder aus, um eine gewünschte Temperatur zu halten. Ähnlich funktioniert auch die Homöostase im menschlichen Körper: Der Körper reguliert beispielsweise die Körpertemperatur oder den Blutzuckerspiegel durch Rückkopplungsmechanismen. In der Technik sind kybernetische Prinzipien in Robotern zu finden, die mithilfe von Sensoren und Aktoren ihre Umgebung wahrnehmen und darauf reagieren können. Somit trägt die Kybernetik dazu bei, komplexe Systeme zu verstehen und zu optimieren.

Kybernetik bezeichnet daher auch die nächste Stufe technologischer Entwicklungen. Eine Maschine oder ein System muss nicht mehr von außen, also vom Menschen, überwacht und gesteuert werden, sondern kann sich selbst anhand vorher definierter Parameter einregeln und justieren. Das ist der entscheidende Schritt zur Automatisierung und letzten Endes auch zu dem, was wir aktuell unter KI-Agenten diskutieren. KI-Anwendungen, die selbst Entscheidungen treffen und dazu lernen. Und das klingt – zugegeben – schon ein wenig nach der Entstehungsgeschichte von Skynet bei Cyberdyne.

Für uns ist jedoch an dieser Stelle eine Feststellung wesentlich: Technologische Fähigkeiten wachsen nicht linear. Wäre eine Schere heute ein Programm, dann könnte ich nicht sagen, dass sie auch morgen noch eine Schere ist in dem Sinne, wie ich heute die Funktion einer Schere verstehe. Eine Schere als metallenes Ding bleibt immer was es ist: Zwei einseitig geschliffene Klingen, die miteinander verbunden sind und zugeklappt werden können. Eine Schere als digitales Ding könnte morgen etwas völlig anderes tun als heute und zu etwas gänzlich anderem werden.

Daher stellt die digitale Entwicklung und gerade die der KI auch ganz andere Anforderungen an unsere Flexibilität und unser Anpassungsvermögen. Sonst werden wir in der Tat eines Tages von den Programmen und Anwendungen ersetzt, wie wir ursprünglich einmal als digitale Diktiermaschinen eingestellt hatten.

Quellen (Auswahl)

Accenture/Industrievereinigung (2022): Digitale Dividende 2022 – Studie zur Digitalisierung in der Industrie

Amazon CTO Blog (2014): Why 50 Million Deployments a Year?

BloombergNEF/RenewableEnergyWorld (2020): Battery Pack Prices Fall as Market Ramps Up

Europäisches Patentamt (EPA) (2020): Patents and the Fourth Industrial Revolution – The inventions behind digital transformation

Harvard Business Review – McGrath, Rita (2019): The Pace of Technology Adoption is Speeding Up

McKinsey (2021): Telemedicine: Scaling up during the COVID-19 crisis

McKinsey (2022): The next frontier in consumer goods: Digitally enabled innovation

Mubarak & Petraite (2020): Industry 4.0 technologies and their impact on open innovation, Technological Forecasting & Social Change

OECD (2019): Digital Innovation: Seizing Policy Opportunities

PMC/National Academy of Sciences (2022): Digital Health in the 21st Century

Plekhanov et al. (2023): Digital transformation: A review and research agenda, European Management Journal

WIPO (2019): WIPO Technology Trends – Artificial Intelligence

3 Der Morgen des Aufbruchs

Es war bitterkalt an jenem Frühlingsmorgen, als sich die Belegschaft von Berger & Berger in ihre Hiking-Jacken oder Wollmäntel kauerte und sich krampfhaft an die Pappbecher voll dampfenden Kaffees klammerte, die sie sich kurz vor der Abfahrt noch aus dem Kaffeevollautomaten der Kanzlei hatten ziehen dürfen. Um 5:30 Uhr ging es los, wir alle stiegen in den bereitgestellten Bus und das baldige Morgengrauen war schon zu erahnen, als in der Kölner Südstadt langsam Schatten und Konturen unterscheidbar wurden. Niemand sprach wirklich ein Wort, als wären Lippen und Geist noch festgefroren. Bis Berger Senior in gewohnt sonorer Stimmte tönte: „Los geht's! Bitte nehmen Sie alle Ihre Plätze im Bus ein."

Berger Senior duzte niemanden. Egal wie lange man in der Kanzlei war; das ‚Du' war tabu. In Besprechungen, in denen er und sein Sohn Max gleichzeitig anwesend waren, vermied er es, Max direkt anzusprechen. Bestimmt, weil es ihm unangenehm war, seinen Sohn mit ‚Du' anzureden und jeden anderen zu siezen, dachte ich. Berger Senior hielt viel von Umgangsformen. Es war ihm wichtig, dass alles in einem bestimmten Rahmen und einer bestimmten Art ablief. Ich hatte einmal aus Versehen, weil ich es von einem Praktikum bei einem der Big Four so gewohnt war und wir an der Uni es immer taten, einen Textentwurf für ihn gegendert. Von der folgenden Standpauke klingen mir heute noch die Ohren. ‚Einen Satz heißer Ohren könnte ich jetzt gut gebrauchen', dachte ich bei mir, als draußen kurz vor Abfahrt des Busses vor lauter Kälte jegliches Gefühl aus meinen Ohrmuscheln wich und meine Ohrläppchen taub wurden. Da kam die Aufforderung von Berger Senior gerade recht.

Sechs Stunden sollte die Fahrt nach Paris dauern, hatte Max Berger in einer Kanzleirundmail geschrieben und unsere Sitzplätze waren entsprechend unserer Gruppenzugehörigkeit namentlich markiert. Ich war mit Tobias Klein, Sarah Meier und Helena Baum in einer

Gruppe. ‚Das kann ja heiter werden' dachte ich als ich die E-Mail las. ‚Der Nerd, die Mandantenversteherin und die Perfektionistin – und ich mitten drin'. Wenn Dr. Klein einen schlechten Tag hat, dann werden Sarah und ich die ganze Hinfahrt über die Wogen glätten müssen und am Ende haben wir nichts zu Stande gebracht und blamieren uns bei der Präsentation unserer Ergebnisse auf der Rückfahrt bis auf die Knochen. Ich hatte richtig Schiss, denn die gesamte sechsstündige Rückfahrt war für Ergebnispräsentation und -diskussion der Arbeitsgruppen gedacht. Ein Horrortrip, denn so sehr sich Max von seinem Vater auch unterschied, wenn er nicht bekam, was er wollte, konnte er so richtig perfide penetrant werden. Er hatte dann so etwas Pickendes an sich; fast wie ein Vogel, der mit seinem Schnabel immer und immer wieder auf die gleiche Stelle hämmerte, bis diese frei gab, was auch immer sie vor der Welt verborgen hielt. Manche würden sagen, das sei ein Zeichen von Ausdauer und Unbeirrbarkeit. Mir machte diese Penetranz eher Angst. In jedem Fall war klar: Wenn wir nichts Brauchbares Zustande brachten, wird Max uns die gesamten sechs Stunden der Rückfahrt so lange piesacken, bis wir etwas darboten, was ihn zufrieden stellte – auch wenn alle anderen nach einem kompletten Tag Klausurfahrt schon den Schlaf der Gerechten im Bus schlummerten. Wir würden wach bleiben, weil auch Max wach bleiben würde; so lange bis wir ablieferten.

Im Grunde war Max ein sehr gutmütiger Mensch – so schien es mir jedenfalls. Aber wie jeder in sein Amt hineingeborene Juniorchef eines Unternehmens hatte er nie wirklich gelernt, mit Macht umzugehen. Vor allem hatte er nie KEINE Macht gehabt. Denn als Juniorchef oder Nachfolger in einem Familienunternehmen bist du nie wirklich ohnmächtig. Du hast immer Macht – nur halt keine eigene. Den Unterschied merkt man, wenn man in Ungnade fällt.

Macht haben Kronprinzen qua Geburt – als Sohn des König umgibt sich bei allem, was du tust, die Aura und das Charisma deines Vaters, des Königs, von dem du abstammst und dessen Königswürde eines Tages auf dich übergehen wird – als „Spross seiner Lenden", um Torsten Sträter zu zitieren. Sträter ist mein persönliches Vorbild: Nach einer Ausbildung zum Herrenschneider arbeitete er in verschiedenen Berufen, darunter als Verkäufer und in der Spedition seiner Familie, und hat sich zu einem der besten Comedians Deutschlands entwickelt – legendär wie er Dialoge mit seinem Sohn in sein Programm einbaut.

Doch das Problem ist, dass für Juniorchefs wie Kronprinzen der Tag meist noch fern ist, an dem sie selbst die Würde der Herrschaft und der Macht übertragen bekommen, an dem sie wirklich zum Nachfolger werden und in die Fußstapfen ihrer Vorgänger treten – sodass in der Zwischenzeit die schützende Aura und das sichernde Charisma des Noch-Königs, des Noch-Patriarchen, des Noch-Herrschers flüchtig und vergänglich ist. Wie ein zu locker geknüpftes Halstuch im Herbstwind könnte es einfach davonfliegen, wenn die Dinge einmal rauer werden und anders laufen als gedacht – und Kronprinz und Nachfolger in spe plötzlich in Ungnade fallen. Oder wenn du dich als Kronprinz eben ungünstig in den Wind stellst. Dann kann deine geborgte Glorie mit einem Luftzug von dir gleiten und plötzlich stehst du mitten im Meetingraum völlig nackt da. Exakt so erging es Max Berger, nur noch etwas schlimmer vor rund sechs Monaten, als er im Sommer zum ersten Mal seine Pläne zur Digitalisierung der Kanzlei unter Einsatz von KI und mit Berücksichtigung von Automatisierung und Blockchain-Technologie vortrug.

Es war unglaublich schwül-heiß an diesem Septembertag gewesen und natürlich war kein Raum bei Berger & Berger klimatisiert. „Wir sind in Mitteleuropa und nicht am Mittelmeer. Wenn Sie eine Klimaanlage wollen, dann hätten Sie Animateur im Club Med werden sollen und kein Steuerberater“, hatte Berger Senior vorletzten Sommer, da war ich noch recht frisch in der Kanzlei, einem jungen Steuerberater gesagt, als dieser sich über die überhitzten Büroräume beschwerte – zwei Monate später hatte der junge Mann gekündigt und eine Stelle in einer der Next Ten Gesellschaft angetreten. Kündigungsfristen musste er keine beachten. Berger Senior hat den jungen Mann an dem Tag, als dieser seine Kündigung bei Max abgab, sofort bis zum Ende seines Arbeitsverhältnisses freigestellt und von seiner Sekretärin aus dem Gebäude begleiten lassen. ‚Wenn man den König verärgert, können manche Dinge sehr schnell gehen‘, dachte ich damals und nahm mir fest vor, nicht irgendwann den gleichen Fehler zu begehen.

Einen Fehler in den Augen von Berger Senior schien auch Max vor sechs Monaten gemacht zu haben mit seinem Vorpreschen in

Sachen Digitalisierung. Nur dass er Max natürlich nicht vor die Tür setzen konnte, wie seinerzeit jenen unglücklichen und hitzegeplagten Steuerberater. Einerseits weil die Kanzlei ihm rechtlich nicht mehr gehörte, sondern Max auf dem Papier der Eigner war und andererseits, weil seine Macht als Senior und Spiritus Rector darauf beruhte, dass es Max war, der den Laden am Laufen hielt, verjüngte und modernisierte.

So knochentrocken und bretthart Berger Senior auch war – als Machtmensch alter Schule wusste er genau, wo seine Macht herkam und wie er sie behielt. Nicht umsonst begleitete er die Private Clients und Familienunternehmer des Rheinlands im Stillen seit Jahrzehnten. Er sagte einmal: „Wenn Dir ein milliardenschwerer Unternehmer die Chance gibt, Deinen Punkt anzubringen, dann hast Du maximal ein bis zwei Minuten Zeit klar zu machen, was Sache ist – sonst hast die nie mehr eine Chance, irgendetwas anzubringen.“ Es war eine dieser Diskussionen an der Kaffeemaschine gewesen, denen niemand in der Kanzlei ausweichen konnte, wenn Berger Senior dort auf dich lauerte.

Es fühlte sich so an, als sei man ein harmloses Kudu, das nur grasen und Wasser trinken will und von einem plötzlich auftauchenden, finster dreinblickenden und im Zweifel hyperaggressiven Nilkrododil gerissen wird, das genetisch unverändert seit dem späten Miozän vor 5 Millionen Jahren just jene Wasserstelle bejagt und auch für die nächsten 5 Millionen Jahren keine Veränderung an Ablauf und Ausgang der Szenerie dulden werde. Das Miozän war die geologische Epoche des Wandels, die etwa vor 23 Millionen Jahren begann und vor rund 5,3 Millionen Jahren endete. Sie gehört zur Ära des Känozoikums und ist die mittlere Epoche des Neogens. Diese Zeit war geprägt von bedeutenden klimatischen, geologischen und biologischen Veränderungen, die die Welt, wie wir sie heute kennen, nachhaltig formten – überlebt von lebenden Fossilien wie Berger Senior.

Wenn man es durch Glück, Zufall oder Vorhersehung geschafft hatte, die Kaffeemaschinen-Wasserstelle lebend wieder zu verlassen, hatte man als Mitarbeiter oder Kudu auf jeden Fall etwas gelernt.

Und als Machtmensch des Miozäns, für den Macht wichtiger als Sauerstoff war, wusste Berger Senior wohl, dass er den Wandel nicht aufhalten kann ohne gleichzeitig seine Macht zu verlieren.

Das war keine Wahl, die ihm schmeckte und auch keine, die er dem anderen – in diesem Falle Max – einfach machte. Einfach klein beigeben schied deshalb für Berger Senior aus.

Als Max ansetzte, um seine Pläne zur Digitalisierung der Kanzlei unter Einsatz von KI und mit Berücksichtigung von Automatisierung und Blockchain vorzutragen, blieb Berger Senior merkwürdig still.

In klassischer Lauer-Taktik, wie ein Nilkrokodil auf Jagd, nur Augen und Nasenlöcher sichtbar, Beute und Umgebung fest im Blick, wartete Berger Senior auf den richtigen Moment zum Zuschlagen. So finster schauen die Nilkrokodile dann eben doch gar nicht immer drein, das ist ja das perfide. Diese großen Augen, knapp über dem Wasser und diese lange Schnauze werden erst dann unausweichlich gefährlich, wenn sie aus dem Wasser schnellen, zuschnappen, eine blitzartige Drehbewegung machen, es kurz knackt und das Opfer dann gar nicht mehr merkt, das es verschlungen wird.

„Wir können die Digitalisierung nicht aufhalten", begann Max seinen Vortrag im Grunde schon mit einer Verteidigungsparade gegen den lauernden Urzeitpatriarchen. Im Miozän kam es zu einer starken Ausbreitung und Diversifizierung vieler Säugetiere und Vögel. Gegen Ende dieser Epoche traten mit Formen wie Sahelanthropus tchadensis möglicherweise bereits die ersten unmittelbaren Vorfahren des Menschen auf. Aber dennoch wusste bei dem Steuerfossil Berger Senior niemand so genau, ob er die Phase gedeihenden und blühenden Lebens nicht einfach mit einem einzigen Schnapp beenden würde – nur weil ihm einfach danach war. Rechtsreptilien sind manchmal schwer einzuschätzen. Meinen Arm oder meine Hand hätte ich jedenfalls nicht darauf verwettet und stattdessen beide lieber ins sprichwörtliche Feuer gelegt als unvorsichtig in Gegenwart des lauernden Berger Seniors mit ausschweifenden Gesten die Notwendigkeit von etwas zu betonen, das offensichtlich dem Panzerechsen-Patriarchen zu missfallen schien. Ich presste meine Arme eng an meinen Körper und vergrub meine Hände unter dem Tisch des Meetingraums.

Max schien sich bei seinem Vortrag ebenfalls nicht sicher, ob Berger Senior nicht zu einem kannibalischen Kraftakt ansetzen und seinen

Kronprinzen einfach verschlingen würde – egal, was dann aus der Kanzlei würde. Jedenfalls sprach Max bei seinem Vortrag immer schneller und schien immer nervöser zu werden. Es schien, als würde er schon ahnen, was kommt; konnte aber dennoch nicht einfach wegrennen und flüchten. Er hatte etwas zu sagen und das musste raus. Auch wenn das sein Verhängnis bedeuten konnte.

„Wir können nicht so tun, als ginge uns die Welt da draußen nichts an. Generative KI ermöglicht den Einsatz von Tax Technology auf einem völlig anderen Level und unter völlig anderen Bedingungen. Das beginnt schon bei so simplen Dingen wie Grundsteuertools. Jedes Grundsteuerformular ist von Gemeinde zu Gemeinde anders. Früher wäre es unmöglich gewesen, das zu automatisieren und zu digitalisieren. Durch KI und Machine Learning kann die Tax Technologie aber auch mit heterogenen Daten umgehen und Muster erkennen, die Programme zuvor nicht erkennen konnten. Diese Entwicklung zeigt uns, wohin die Reise geht“, hämmerte Max in einem fast blechernen Stakkato in die Runde, die ihm gar nicht mehr zuhörte. Alle Augen, inklusive der beiden von Max, waren nur auf eine Person gerichtet: Berger Senior. Aber Max machte weiter: „Sicher wird sie damit enden, dass am Ende die Deklaration und die Compliance weitgehend automatisiert stattfinden wird. Das sind Bereiche, die heute für uns noch zu unseren wirtschaftlichen Eckpfeilern gehören. Deshalb müssen wir rechtzeitig, nämlich jetzt, Vorsorge treffen und uns auch für neue Technologien wie Blockchain öffnen, denn …“

Jetzt wurde das Kudu zur Beute des Krokodils.

„Ist es Ihnen auch so heiß wie mir?“, fragte Berger Senior plötzlich und unvermittelt in stechendem Ton, als Max zum ersten Mal seit 5 Sätzen wieder Luft holen musste. Denn schnell sprechen konnte Max; aber irgendwann geht eben die Puste aus. Das war der Augenblick, indem das Miozän-Fossil vorschnellte und seine konischen Fangzähne in Max bohrte.

Der Schutz der Aura und das Charisma des Königs hatten sich schon gleich zu Beginn der Rede von Kronprinz Max verflüchtigt. Das hatte jeder im Raum bemerkt und sich instinktiv ein wenig tiefer in die Kunstledersessel des Meetingraums eingegraben.

Max hatte seine Rede völlig nackt und schutzlos gehalten und jeder, einschließlich Max, wusste, dass Berger Senior irgendwann zuschnappen würde. Alle warteten darauf. Nur das Wie und Wann war offen und ließ die schwül-heiße Luft im Meetingraum vor Spannung beinahe flimmern und flackern.

„Dann machen Sie, Dr. Klein, doch einmal das Fenster auf, sodass wir uns alle ein wenig abkühlen können“, dehnte Berger Senior die Pause, die er gerade in Max Vortrag gestochen hatte, weiter aus, um sein Werk zu beenden.

Als Klein das Fenster geöffnet hatte, setzte das Steuerreptil an: „Wir müssen überhaupt nichts. Schon gar nicht, weil irgendwelche dubiosen amerikanischen Firmen, deren CEOs vorgestern noch auf dem College herumlungerten und mehr Zeit beim Springbreak als mit dem Lernen von Stoff verbracht haben, eine Software auf den Markt werfen, ohne die angeblich niemand mehr existieren kann“.

Mein innerer Monk wollte sagen, dass ChatGPT und GenAI genau genommen keine Software sind, sondern KI-gestützte Sprachmodelle, die auf einem GPT, einem Generative Pre-trained Transformer, beruhen, also einer Architektur für maschinelles Lernen, die ihrerseits auf Deep Learning beruht. Mein innerer Monk schien weder Arm noch Hände zu brauchen und spekulierte wahrscheinlich schon auf KI gesteuerte Prothesen, die viel leistungsfähiger wären als meine natürlichen Gliedmaßen.

Zum Glück war meine Amygdala schneller als das Broca-Areal meines Gehirns: Die mandelförmige Region meines Gehirns, die Emotionen verarbeitet und entscheidend ist für schnelle, instinktive Entscheidungen, insbesondere in bedrohlichen oder stressigen Situationen, stach das Sprachzentrum in meinem linken Frontallappen einfach aus – mein innerer Monk hatte keine Chance, die Gliedmaßen meines Oberkörpers in Gefahr zu bringen, indem er ein Reptil auf Raubzug auch noch mit klugen Sprüchen reizt. Meine Amygdala befahl meinem Oberkiefer so hart und fest meine vorderen Schneidezähne in meine Unterlippe zu rammen, dass, egal welchen Inhalts, kein hörbarer Satz meinen Mund verlassen konnte.

Ich wimmerte leise vor Schmerzen und in meinem Mund schmeckte es plötzlich metallisch und leicht salzig – jene eigentümliche Mischung aus Eisen und Elektrolyten, die mir sagte, dass ich meine Lippe blutig gebissen hatte. ‚Hoffentlich kann Berger Senior das Blut nicht riechen‘, dachte ich und presste meine Arme noch enger an meinen Körper.

„Wir sind Berufsträger und keine Ingenieure. Wir sind Berater und keine Techniker. Menschen vertrauen uns ihre Unternehmen und ihre Steuererklärungen nicht an, weil wir Tasten auf einer Tastatur drücken oder Programme programmieren wie Menschen, die nichts Anständiges studiert haben. Wir sind der Schutzwall des Mandanten gegen den Zugriff des Staates auf das, was jedem am wichtigsten ist …“

Berger Senior machte eine Kunstpause und ließ den Blick seiner grüngelben Augen durch den Raum gleiten; jeden einzeln musternd. Es reichte ihm nicht, das Kudu nur zu reißen. Er musste sichergehen, dass die Herde genau zusah, was passiert, wenn man einem Reptil in seinen Jagdgefilden nicht den genügenden Respekt erwies.

„Denn das, was jedem am wichtigsten ist, was für jeden die Möglichkeit bedeutet, ein freies und selbstbestimmtes Leben zu leben, ist …“

Mein innerer Monk meldete sich wieder. Und wollte unbedingt etwas in Richtung Berger Senior sagen. Mein innerer Monk wusste um das Verderben, das eine solche Handlung nach sich ziehen würde und dennoch konnte er nicht davon lassen. Ich musste alle meine Kräfte aufbringen, um meinem inneren Monk nicht nachzugeben.

Seit frühester Jugend hatte ich in besonders stressigen Situationen mit Zwangshandlungen zu kämpfen – die ich später ‚meinen inneren Monk‘ nannte. Einmal bin ich sogar deswegen von der Schule geflogen und ein Kinderpsychologe hatte ein beginnendes Tourettesyndrom bei mir diagnostiziert, das meine Eltern nicht behandeln ließen. Normalerweise würde ich jetzt ruhig durch den Mund tief ein- und ausatmen und an den Steingarten in dem Zen-Dojo denken, das ich einmal besucht hatte. Das ging aber nicht, weil meine Amygdala meinem Sprachzentrum nicht vertraute und es mir nicht einmal erlaubte, die Lippen zur Mundatmung zu öffnen. Stattdessen bohrten sich meine Zähne noch tiefer in meine Unterlippe. Ich fragte mich, wie viel Blut ich wohl schlucken könnte, bevor mir schlecht würde.

„Das, was jedem Menschen am wichtigsten ist, und was die Quelle aller unserer Möglichkeiten beinhaltet, ist unser Geld. Wir sind die Wächter des Geldes unserer Mandanten und deswegen sind wir

die Wächter der Chancen und Möglichkeiten unserer Mandanten."
Berger Senior senkte die Stimme und allen im Raum war klar, dass jetzt der Schlussakt kommen würde.

Alle rechneten damit, dass das Krokodil Max nun nach unten ins Wasserloch ziehen würde und das Kudu ein für alle mal ertränkt.

„Deshalb sind wir als Personen gefragt und als Berufsträger gefragt und deshalb brauchen wir uns mit Programmen und Bytes nicht näher zu beschäftigen. Das ist etwas für unseren IT-Dienstleister. Nächster Tagesordnungspunkt!"

Alle schauten sich verdutzt an. Das Krokodil hatte nicht zum kapitalen Todesstoß angesetzt. Es hatte einfach wieder losgelassen. Damit spuckte Berger Senior den nackten Max wieder aus – nicht ohne ihm ein ordentliches Stück Fleisch herausgerissen zu haben. Aber tödliche Verletzung hatte der Patriarch seinem Kronprinzen nicht zugefügt. Nur eine schmerzende Wunde mit der Erfahrung hinterlassen, dass man ein Fossil niemals unterschätzen und niemals herausfordern sollte.

Max sagte für den Rest dieses Meetings kein Wort mehr. Ich sah in Max Augen den Schmerz. Aber ich sah auch, dass ihn die klaffende Wunde, die Berger Senior ihm gerade vor aller Augen zugefügt hat, nicht abhalten würde, es erneut zu versuchen.

Da war sie wieder: dieser perfide pickende Anflug von Defiance in seinem Blick. Max würde es wieder versuchen, sobald seine Wunde halbwegs verheilt war. Er würde nicht aufgeben und sich erneut an das Wasserloch wagen – ganz egal, wie blutig ich mir meine Unterlippe auch beim Zuschauen beißen würde.

3.1 Schlüsseltechnologien bis 2030

Die Geschichte der Technologie ist eine Geschichte der Überwindung menschlicher Grenzen. Seit den frühesten Anfängen haben Maschinen und Innovationen uns geholfen, schneller, stärker und effizienter zu werden. Von der Erfindung des Rads bis hin zu den neuesten Entwicklungen in der Künstlichen Intelligenz (KI) ist eines klar: Technologie verändert nicht nur, wie wir arbeiten – sie verändert, wie wir denken und leben.

Dies gilt in besonderem Maße für die Steuerberatung. Während sie historisch immer als eine Disziplin galt, die tief in Gesetzen und Vorschriften verwurzelt ist, hat sie in den letzten Jahren eine beispiellose Transformation durchlaufen. Die Art und Weise, wie Steuerberater heute arbeiten, unterscheidet sich bereits stark von der traditionellen Papierarbeit der 1990er-Jahre. Doch was in den nächsten Jahren bis 2030 passiert, wird diese Veränderungen noch weiter beschleunigen – und tiefgreifend beeinflussen.

Schauen wir uns diese Technologien einmal genauer an und wagen einen Blick in die Zukunft: Wie wird sich die Steuerberatung bis 2030 verändern? Welche Technologien sind es, die diesen Wandel vorantreiben? Und was bedeutet das für Steuerberater, ihre Mandanten und die gesamte Branche?

Künstliche Intelligenz

Die Vorstellung, dass Maschinen lernen, denken und Entscheidungen treffen könnten, war lange Zeit Stoff von Science-Fiction-Romanen und futuristischen Filmen. Doch was einst als ferne Utopie galt, ist heute Realität. Die Rede ist von *Künstlicher Intelligenz* (KI), einer Technologie, die nicht nur unsere alltäglichen Lebensbereiche durchdringt, sondern auch die Art und Weise revolutioniert, wie wir arbeiten – und insbesondere, wie wir *Steuerberatung* betreiben.

Aber was genau verbirgt sich hinter dem Begriff „Künstliche Intelligenz“? Die einfache Antwort lautet: KI ist der Versuch, Maschinen mit einer Art „Verstand“ auszustatten. Das bedeutet, Maschinen und Computerprogramme werden in die Lage versetzt, menschliche Denkprozesse nachzuahmen. Sie lernen aus Erfahrungen, passen sich neuen Informationen an und treffen Entscheidungen – oft schneller und präziser, als es ein Mensch je könnte. Dabei geht es längst nicht mehr nur um das Ausführen vorgegebener Befehle, wie es klassische Computerprogramme tun. Moderne KI-Systeme nutzen komplexe Algorithmen und riesige Datenmengen, um eigenständig Muster zu erkennen und Lösungen zu entwickeln, die über das hinausgehen, was ihnen explizit beigebracht wurde.

In der Steuerberatung hat diese Technologie das Potenzial, die Arbeit in einer Weise zu verändern, die wir uns vor wenigen Jahren noch kaum vorstellen konnten. Stellen Sie sich eine Zukunft vor, in der Steuererklärungen in wenigen Sekunden erstellt, komplexe Steuerszenarien in Echtzeit simuliert und Steuerprüfungen innerhalb von Minuten abgeschlossen werden. In einer Welt, in der Daten explosionsartig anwachsen und steuerliche Regelungen immer komplexer werden, stellt KI eine Möglichkeit dar, dieser Herausforderung zu begegnen.

Doch bei all den Vorteilen, die KI bietet, bleibt eine Frage zentral: Was bedeutet diese Entwicklung für Sie als Steuerberater? Müssen Sie befürchten, dass Ihre Rolle zunehmend von Maschinen übernommen wird? Die Antwort ist *nein* – aber sie erfordert ein Umdenken. KI wird nicht den Steuerberater ersetzen, sondern ihn unterstützen. Sie wird Ihnen ermöglichen, sich von zeitaufwändigen Routinetätigkeiten zu befreien und sich stattdessen auf das zu konzentrieren, was wirklich zählt: die persönliche und strategische Beratung Ihrer Mandanten.

Um zu verstehen, wie Künstliche Intelligenz dies möglich macht, sollten wir uns kurz damit befassen, was KI ausmacht und wie sie funktioniert. KI kann verschiedene Formen annehmen. Eine der bekanntesten ist das sogenannte „maschinelle Lernen". Hierbei wird Software so programmiert, dass sie aus Daten lernen und Muster erkennen kann, ohne dass sie explizit darauf programmiert werden musste, nach exakt diesen Mustern zu suchen. Das bedeutet, KI-Systeme können komplexe Steuerdaten analysieren, Fehler oder Unregelmäßigkeiten aufspüren und Vorschläge für Optimierungen unterbreiten. Mit jedem neuen Datensatz, den sie verarbeiten, lernen diese Systeme dazu, werden genauer und verlässlicher.

Ein bekanntes Beispiel für eine frühe KI-Anwendung ist der Schachcomputer „Deep Blue", der 1997 den Weltmeister Garry Kasparow besiegte. *Deep Blue* arbeitete vor allem mit fest einprogrammierten Algorithmen (Brute-Force-Suche und von Menschen entwickelten Bewertungsfunktionen) und noch nicht mit Machine-Learning-Algorithmen. Es handelte sich daher weder um ein klassisches, regelbasiertes Expertensystem, noch um ein selbstlernendes, neuronales Netz. Ein passenderes Beispiel für modernen KI-Fortschritt wäre AlphaGo (2016) von DeepMind, das durch maschinelles Lernen (inkl. selbstständigem Lernen, indem DeepMind gegen sich selber spielte) menschliche Go-Meister schlug. Seitdem haben sich KI-Systeme kontinuierlich weiterentwickelt und sind heute in der Lage, wesentlich komplexere Aufgaben zu bewältigen als das Schachspiel. Was auf dem Schachbrett populär wurde, findet heute seinen Weg in die Steuerberatung, und das mit beeindruckender Geschwindigkeit und Präzision.

Der Einsatz Künstlicher Intelligenz (KI) in der Steuerberatung ist seit Jahrzehnten Gegenstand wissenschaftlicher und öffentlicher Debatten. Die Leistungsfähigkeit von Maschinen, die ehemals ausschließlich dem Menschen vorbehaltene Aufgaben übernehmen, hat im letzten Jahrzehnt einen erheblichen Aufschwung erlebt. Was vor einigen Jahren noch als Zukunftsmusik bezeichnet werden konnte, ist gegenwärtig Realität. KI-Systeme, die auf Automatisierung und maschinellem Lernen basieren, revolutionieren die Arbeitsweise von Steuerkanzleien auf fundamentale Weise.

Der Status quo ist durch die Automatisierung und Effizienzsteigerung gekennzeichnet. Der aktuelle Einsatz von KI beschränkt sich vorwiegend auf die Automatisierung wiederkehrender, einfacher Tätigkeiten. So werden beispielsweise die Verarbeitung von Belegen, die Überprüfung von Compliance-Vorschriften sowie standardisierte steuerliche Abrechnungen zunehmend durch KI-Systeme übernommen. Die bereits erfolgte Automatisierung führt zu signifikanten Effizienzgewinnen in der Steuerberatung. Eine Untersuchung von Thomson Reuters belegt, dass in großen Unternehmen bereits bis zu 50 % der steuerlichen Arbeitsprozesse durch KI automatisiert sind. Dies betrifft insbesondere Routineaufgaben wie die Datenerfassung, aber auch die Datenanalyse, die in der Vergangenheit mit einem beträchtlichen manuellen Aufwand verbunden waren.

Ein Blick in die Zukunft zeigt jedoch, dass KI ein weitaus größeres Potenzial birgt als die bloße Automatisierung einfacher Prozesse.

Die Zukunftsperspektive liegt im strategischen Einsatz von KI. KI wird in den kommenden Jahren in der intelligenten Analyse und strategischen Entscheidungsfindung einen wahren Durchbruch erleben. Es ist zu erwarten, dass KI-Systeme in naher Zukunft in der Lage sein werden, komplexe Steuerszenarien in Echtzeit zu simulieren und Steueroptimierungsvorschläge zu generieren, die individuell auf den Mandanten zugeschnitten sind. So wäre es beispielsweise denkbar, dass KI-Assistenten künftig Finanzdaten automatisch analysieren, versteckte steuerliche Risiken identifizieren und proaktive Handlungsempfehlungen zur Risikominimierung unterbreiten.

Der Einsatzbereich in der Steuerprüfung ist bereits evident. Während früher eine manuelle Durchsicht von hunderten Dokumenten erforderlich war, ermöglicht die Analyse großer Datenmengen durch KI-Systeme in Zukunft eine Identifizierung von Unregelmäßigkeiten, die steuerliche Risiken bergen, innerhalb von Sekunden. Dies könnte zu einer signifikanten Reduktion der Prüfungsdauer führen, die bislang Wochen oder Monate betrug.

Die jüngste Vergangenheit hat einen deutlichen Anstieg des Einsatzes lernfähiger Systeme in der Steuerberatung mit sich gebracht. Hierbei finden insbesondere selbstlernende KI-Systeme Anwendung, die auf neuronalen Netzen und Deep Learning basieren. Diese Technologien sind in der Lage, eigenständig komplexe Zusammenhänge in Steuerdaten zu erkennen, ähnlich wie das AlphaGo-System von DeepMind, welches sich durch kontinuierliches Selbstlernen zur Meisterschaft im Go-Spiel entwickelte. In der Steuerberatung wird erwartet, dass KI-Systeme zunehmend unabhängig von vorprogrammierten Regeln operieren und stattdessen eigenständig Muster in Finanz- und Steuerdaten erkennen. Dies impliziert, dass sie nicht nur Hinweise auf Optimierungspotenziale geben, sondern auch auf sich verändernde steuerrechtliche Rahmenbedingungen reagieren können.

KI-Avatare – Virtuelle Steuerberater der Zukunft

Im Jahr 2024 wurden in den USA erste KI-basierte Steuerberater in Form von Avataren eingeführt. Diese als „Avatare“ bezeichneten Systeme wurden entwickelt, um Mandanten rund um die Uhr mit steuerlichen Auskünften zu versorgen. Beispielsweise hat der große Steuerdienstleister H&R Block Ende 2023 einen generativen KI-Assistenten („AI Tax Assist“) eingeführt, der Steuerzahlern online Fragen beantwortet.

H&R Block (2023): New H&R Block AI Tax Assist Provides DIY Tax Filers Instant, Unlimited Help with No Extra Fees or Upgrade Required for Live Tax Pro Assistance. H&R Block News Center, 14. Dezember 2023. Online verfügbar (abgerufen am 1. August 2025)

Der Einsatz von Natural Language Processing (NLP) ermöglicht die Beantwortung von Anfragen in einer für den Menschen nachvollziehbaren Art und Weise sowie die Bereitstellung von Lösungen zu spezifischen steuerlichen Fragestellungen. Bis zum Jahr 2030 könnten derartige Systeme in der Lage sein, Steuerstrategien nicht nur zu analysieren, sondern auch individuell anzupassen und rechtliche Änderungen in Echtzeit zu integrieren.

Diese Entwicklungen implizieren jedoch keineswegs das Ende der menschlichen Steuerberatung. Die Integration solcher Technologien ermöglicht eine Entlastung von zeitintensiven Routineaufgaben, sodass sich Steuerberater stärker auf wertschöpfende, strategische Beratungsaufgaben konzentrieren können. Die Effizienzgewinne sind bereits gegenwärtig evident und mit der fortschreitenden Entwicklung dieser Systeme wird sich ihr Nutzen weiter steigern.

Die Herausforderung: Intelligenz ist nicht gleich Vernunft

Obgleich künstliche Intelligenz (KI) beeindruckende Fortschritte in der Analyse und Optimierung von Daten macht, bleibt die menschliche Komponente in der Steuerberatung unverzichtbar. Denn Intelligenz allein ist nicht ausreichend, vielmehr ist auch die Fähigkeit zur Vernunft sowie ein ethisches Urteilsvermögen erforderlich, was Maschinen bisher nicht leisten können. Diesbezüglich ist insbesondere bei komplexen steuerrechtlichen Fragen sowie der strategischen Unternehmensberatung ein Bedarf an menschlicher Beratung zu konstatieren. Diese sollte sich nicht allein auf die Analyse von Fakten beschränken, sondern darüber hinaus das Gesamtbild sowie die individuellen Bedürfnisse des Mandanten erfassen und berücksichtigen.

Die Frage, ob in den kommenden Jahrzehnten die menschliche Intelligenz von künstlicher Intelligenz übertroffen wird, kann heute noch nicht abschließend beantwortet werden. Allerdings ist gegenwärtig noch nicht absehbar, ob eine KI in der Lage sein wird, komplexe Steuerfragen nach Maßstäben menschlicher Vernunft und Ethik zu analysieren.

Zusammenfassend lässt sich feststellen, dass die Steuerberatung im Jahr 2030 maßgeblich durch die Zusammenarbeit von Mensch und

Maschine geprägt sein wird. Es lässt sich prognostizieren, dass Steuerberater zunehmend die Rolle von strategischen Beratern einnehmen werden, welche KI als Instrument nutzen, um ihre Arbeitsprozesse zu optimieren und präziser zu gestalten. Dennoch bleibt der Mensch auch in Zukunft unersetzlich, insbesondere bei der Interpretation komplexer Sachverhalte und der persönlichen Beratung. Für Steuerberater und Kanzleien bedeutet dies, dass sie sich aktiv mit den technologischen Möglichkeiten auseinandersetzen müssen, um auch in Zukunft wettbewerbsfähig zu bleiben. Kanzleien, die auf diese Technologien setzen und sie in ihre Arbeitsprozesse integrieren, werden nicht nur effizienter arbeiten, sondern auch ihre Beratungsqualität auf ein neues Niveau heben.

Die nächsten Schritte

Der rasante Fortschritt der KI wird die Steuerberatung weiterhin maßgeblich beeinflussen. In der näheren Zukunft wird von Steuerberatern erwartet, dass sie vermehrt die Rolle von strategischen Beratern einnehmen und dabei Technologie nutzen, um ihre Arbeitsprozesse zu beschleunigen, zu präzisieren und effizienter zu gestalten. Es ist jedoch nicht das Ziel, den Menschen aus der Steuerberatung zu verdrängen, sondern die KI als ergänzendes Werkzeug zu betrachten. Der Mensch bleibt insofern von entscheidender Bedeutung, als dass er über die ethische Interpretation komplexer Sachverhalte zu entscheiden hat. Insgesamt wird KI in den nächsten Jahren unbestritten einen festen Platz in den Steuerkanzleien einnehmen. Für die Unternehmen und Steuerberater bedeutet dies, dass sie sich aktiv mit den technologischen Möglichkeiten auseinandersetzen müssen, um auch in Zukunft wettbewerbsfähig zu bleiben.

Autonome Agenten

Eine weitere digitale Revolution in die Steuerbranche sind sogenannte autonome Agenten – intelligente, eigenständig agierende KI-Systeme, die Prozesse beschleunigen, optimieren und zunehmend komplexe Aufgaben selbstständig erledigen. Doch was genau versteht man unter autonomen Agenten und wie beeinflussen sie konkret die Zukunft der Steuerberatung und -prüfung?

Unter einem autonomen Agenten versteht man in der Künstlichen Intelligenz (KI) ein System, das ohne unmittelbare menschliche Eingriffe eigenständig Entscheidungen treffen und Handlungen ausführen kann. Anders als klassische Softwareprogramme, die strikt vordefinierte Abläufe befolgen, verfügen autonome Agenten über die Fähigkeit, ihre Umgebung wahrzunehmen, Informationen selbstständig auszuwerten und darauf basierend flexibel zu handeln.

Die Idee autonomer Agenten ist dabei nicht neu. Bereits in den 1990er-Jahren entwickelten Informatiker erste agentenbasierte Systeme, die etwa automatisiert im Internet nach Informationen suchten oder eigenständig Handel an Börsen betrieben. Seitdem haben sich autonome Agenten technisch stark weiterentwickelt, vor allem dank des Durchbruchs maschineller Lernverfahren wie Deep Learning.

Autonome Agenten zeichnen sich vor allem durch vier zentrale Eigenschaften aus:

1. Autonomie: Sie handeln eigenständig, ohne dass jeder Schritt explizit vorgegeben werden muss.
2. Reaktivität: Sie nehmen Veränderungen in ihrer Umgebung wahr und reagieren sofort darauf.
3. Proaktivität: Sie verfolgen eigenständig definierte Ziele und planen vorausschauend ihre Handlungen.
4. Soziale Fähigkeit: Sie interagieren mit anderen Agenten oder menschlichen Nutzern und koordinieren ihre Handlungen bei komplexen Aufgaben.

In der Steuerbranche bieten autonome Agenten enormes Potenzial. Sie unterstützen etwa Steuerberater und Wirtschaftsprüfer bei komplexen Analyseaufgaben, indem sie automatisiert riesige Datenmengen auswerten, Anomalien erkennen oder Muster in steuerlich relevanten Dokumenten identifizieren. Ein anschauliches Beispiel sind autonome Software-Agenten, die eigenständig Steuererklärungen prüfen, Daten validieren und Abweichungen automatisiert erkennen können. Diese Systeme entlasten menschliche Prüfer erheblich und reduzieren Fehlerquoten deutlich.

Autonome Compliance-Agenten, die permanent neue steuerliche Vorgaben überwachen, regulatorische Änderungen automatisch in interne Abläufe integrieren und eigenständig entsprechende Anpassungen in den ERP- und Buchhaltungssystemen der Unternehmen vornehmen, sind ein weiteres praktisches Anwendungsbeispiel. Unternehmen sparen dadurch erhebliche Kosten für aufwendige manuelle Anpassungen und reduzieren das Risiko, steuerliche Vorschriften unabsichtlich zu verletzen.

Auch die Steuerfahndung profitiert von autonomen Agenten. KI-basierte Systeme analysieren Transaktionen in Echtzeit, erkennen verdächtige Muster wie potenzielle Steuerhinterziehung oder Geldwäsche frühzeitig und melden diese automatisiert an zuständige Behörden weiter.

Technisch basieren autonome Agenten meist auf maschinellem Lernen, insbesondere Deep-Learning-Modellen wie neuronalen Netzen, die ihnen erlauben, Muster zu erkennen und selbstständig aus Erfahrungen zu lernen. Dabei können sie aus Fehlern lernen, eigenständig Optimierungen vornehmen und dadurch immer effizienter werden. Ein gutes Beispiel dafür sind Systeme zur automatisierten Beleganalyse: Sie lernen eigenständig, wie relevante steuerliche Informationen extrahiert, kategorisiert und verarbeitet werden müssen, und steigern so kontinuierlich ihre Genauigkeit.

Doch trotz aller Vorteile bringen autonome Agenten auch Herausforderungen mit sich, besonders im ethischen und rechtlichen Bereich. Ein wesentliches Problem ist die Transparenz und Nachvollziehbarkeit von Entscheidungen autonomer Agenten. Gerade in der Steuerberatung und -prüfung, wo Vertrauen und Nachprüfbarkeit elementar sind, besteht die Gefahr, dass komplexe autonome Systeme für Anwender zur „Black Box" werden – es ist nicht immer unmittelbar klar, warum bestimmte Entscheidungen getroffen wurden.

Auch Verantwortlichkeitsfragen gewinnen an Bedeutung: Wer haftet, wenn ein autonomer Agent Fehler macht, die steuerliche oder finanzielle Folgen für Mandanten oder Unternehmen haben? Die Klärung solcher Fragen wird für Gesetzgeber und Praxis zunehmend dringlich, um den Einsatz autonomer Agenten rechtssicher zu machen.

Ein weiterer kritischer Aspekt ist der Datenschutz. Autonome Agenten verarbeiten hochsensible steuerliche und finanzielle Daten.

Wie diese Daten geschützt werden und wie sichergestellt wird, dass Agenten nicht missbraucht oder manipuliert werden können, bleibt eine zentrale Herausforderung. Innovative Sicherheitskonzepte und umfassende regulatorische Rahmenbedingungen sind daher notwendig, um den sinnvollen Einsatz autonomer Agenten langfristig zu sichern.

Dennoch überwiegen klar die Chancen, die autonome Agenten der Steuerbranche bieten. Der Einsatz autonomer KI-Agenten wird künftig weiter zunehmen, Steuerberater entlasten, die Genauigkeit der Arbeit verbessern und letztlich eine umfassendere, proaktivere Steuerberatung ermöglichen. Steuerfachleute können sich durch den Einsatz solcher Agenten stärker auf strategische und komplexere Beratungsaufgaben konzentrieren, während die routinemäßigen Aufgaben automatisiert von autonomen Agenten übernommen werden.

Als Buchtipp sei in diesem Zusammenhang besonders die Veröffentlichung von Susskind & Susskind[6] erwähnt, die bereits 2015 erschienen ist. In diesem Buch wird der Niedergang zahlreicher Berufe prophezeit und es werden Menschen und Systeme beschrieben, die diese ersetzen werden. In einer Internet-Gesellschaft, so Richard und Daniel Susskind, werden Ärzte, Lehrer, Buchhalter, Architekten, Geistliche, Berater, Anwälte und viele andere nicht mehr gebraucht oder jedensfalls diejenigen in diesen Berufen, die weiterhin so arbeiten wollen wie im 20. Jahrhundert. „Die Zukunft der Berufe" erklärt, wie „immer leistungsfähigere Systeme" – von der Telepräsenz bis zur künstlichen Intelligenz – die Art und Weise, wie das „praktische Fachwissen" von Spezialisten in der Gesellschaft zur Verfügung gestellt wird, grundlegend verändern werden. Die Autoren stellen den „Grand Bargain" in Frage – die Vereinbarung, die den heutigen Fachleuten verschiedene Monopole gewährt. Ein Monopol, das unter dem Stichwort „Vorbehaltsaufgaben" auch der deutschen Steuerbranche bekannt ist. Die Autoren argumentieren, dass diese derzeitigen Berufe veraltet, undurchsichtig und nicht mehr finanzierbar sind und dass das Fachwissen der Besten dieser Berufe nur von einigen wenigen genutzt wird. Die Autoren schlagen stattdessen sechs neue

[6] Susskind, R., & Susskind, D. (2015). The Future of the Professions: How Technology Will Transform the Work of Human Experts. Oxford University Press.

Modelle für die Produktion und Verteilung von Fachwissen in der Gesellschaft vor. Das Buch wirft daher wichtige praktische und moralische Fragen auf. Wie sehen die Beschäftigungsaussichten in einer Zeit aus, in der Maschinen den Menschen bei den meisten Aufgaben übertreffen können, wer sollte das Online-Know-how besitzen und kontrollieren, und welche Aufgaben sollten ausschließlich Menschen vorbehalten sein? Basierend auf der eingehenden Untersuchung von mehr als zehn Berufen durch die Autoren und veranschaulicht durch zahlreiche Beispiele aus jedem Beruf, ist dies das erste Buch, das die Relevanz der Berufe im 21. Jahrhundert neu ordnet.

3.2 Changemanagement: Grundlagen, Modelle und Erfolgsfaktoren

Veränderung passiert nicht einfach. Sie wird gestaltet. Die Frage ist nur, ob man derjenige ist, der an der Gestaltung aktiv teilnimmt oder derjenige, der ihre Gestaltung durch andere erdulden muss. Daher muss man sich in der Frage, wohin sich die Steuerbranche entwickeln wird, nicht nur den Technologien, sondern auch den Gestaltungsweisen der Transformation widmen. Sprich: man muss sich anschauen, wie Changemanagement funktioniert.

„We see, we feel, we change“ (Kotter 2002): In einer zunehmend dynamischen und unsicheren Welt hat sich Changemanagement zu einem unverzichtbaren Baustein moderner Unternehmensführung entwickelt. Dabei geht es nicht nur um kurzfristige, oft impulsgetriebene Anpassungsmaßnahmen, sondern um einen fortlaufenden Prozess des Lernens und der Weiterentwicklung von Organisationen. Unternehmen, Behörden und NGOs gleichermaßen sehen sich einer ganzen Reihe von Herausforderungen gegenüber, die von der Digitalisierung über die Globalisierung bis hin zu sozioökonomischen und demografischen Veränderungen reichen.

Die Fähigkeit, Veränderungen schnell und effektiv zu gestalten, kann für Organisationen über Erfolg oder Scheitern entscheiden. In diesem Sinne ist Changemanagement weit mehr als eine Aneinanderreihung von Methoden und Tools; es beschreibt einen Kulturwandel, der die gesamte Organisation durchdringt. Doch wie lassen sich solche großangelegten Veränderungen planen, kommunizieren und nachhaltig in den Unternehmensalltag integrieren? Welche Erfolgsfaktoren und Modelle haben sich in Theorie und Praxis bewährt?

Wandel als Notwendigkeit: Warum Veränderung in Organisationen essenziell ist

Veränderungen sind ein Grundphänomen menschlichen Zusammenlebens. Aber dennoch tun wir uns damit enorm schwer: Veränderungsträgheit bezeichnet die Tendenz von Individuen, Gruppen oder Organisationen, sich gegen Veränderungen zu sträuben oder diese nur zögerlich umzusetzen. Sie ist ein psychologisches und organisatorisches Phänomen, das sowohl auf bewussten als auch auf unbewussten Mechanismen beruht und in Veränderungsprozessen häufig als Hindernis wahrgenommen wird.

Im Kern beruht Veränderungsträgheit auf einer Mischung aus Unsicherheit, Komfortzonen-Denken und Ressourcenbewahrung. Menschen und Organisationen neigen dazu, bestehende Strukturen, Prozesse und Routinen beizubehalten, da diese vertraut und weniger riskant erscheinen. Veränderungen hingegen erfordern Energie, Anpassung und häufig auch den Abschied von bekannten Mustern, was Unbehagen auslösen kann.

Psychologisch betrachtet ist Veränderungsträgheit eng mit der kognitiven Dissonanz (Festinger, 1957) verknüpft: Menschen versuchen, bestehende Überzeugungen und Verhaltensweisen aufrechtzuerhalten, um innere Konsistenz zu bewahren. Darüber hinaus können Angst vor Kontrollverlust, Sorge um den eigenen Status oder die Furcht vor dem Scheitern ebenfalls zu Veränderungsträgheit beitragen.

Denn Menschen reagieren auf innere Widersprüche zwischen ihren Überzeugungen, Gewohnheiten und neuen Anforderungen nicht unbedingt logisch. Veränderungen fordern oft, dass Individuen sich von vertrauten Routinen lösen und sich an neue Gegebenheiten anpassen. Dieser Prozess kann eine innere Spannung erzeugen, weil die bestehenden Überzeugungen, wie etwa „Das alte System funktioniert doch gut“, im Widerspruch zu den neuen Anforderungen stehen, die Veränderungen mit sich bringen. Diese Spannung, die als kognitive

Dissonanz bezeichnet wird, ist unangenehm, und Menschen sind motiviert, sie zu reduzieren oder zu vermeiden.

Der Mechanismus hinter dieser Veränderungsträgheit zeigt sich in Verhaltensweisen wie Verleugnung, Abwertung der Veränderung oder dem Beharren auf bisherigen Gewohnheiten. So könnte jemand beispielsweise sagen: „Wir haben es immer so gemacht, warum soll es jetzt plötzlich anders besser sein?" – eine typische Strategie, um die Dissonanz zwischen dem Wunsch nach Stabilität und den neuen Herausforderungen zu entschärfen.

Veränderungsträgheit wird oft auch durch die Angst vor Kontrollverlust verstärkt, da Veränderungen Unsicherheiten mit sich bringen, die das Gefühl der eigenen Kompetenz und Sicherheit bedrohen können. Gleichzeitig führen diese Ängste dazu, dass Menschen die Notwendigkeit von Veränderungen leugnen oder sich aktiv dagegen wehren. Um diese Trägheit zu überwinden, ist es entscheidend, den Betroffenen die Veränderung verständlich zu machen, klare Informationen zu geben und sie aktiv in den Prozess einzubinden. Wenn Menschen sehen, warum der Wandel notwendig ist, und die Möglichkeit haben, ihn mitzugestalten, wird die kognitive Dissonanz reduziert. Kleine Erfolge können dabei helfen, die anfänglichen Spannungen abzubauen, indem sie zeigen, dass die Veränderung machbar und sinnvoll ist. Positive Verstärkung, wie Anerkennung oder Belohnungen, hilft ebenfalls, die anfängliche Abwehrhaltung zu überwinden und eine Neujustierung der Überzeugungen zu erleichtern. Veränderungsträgheit ist also weniger ein unüberwindbares Hindernis, sondern vielmehr ein psychologischer Schutzmechanismus, der durch gezielte Maßnahmen entschärft werden kann, sodass sich Menschen leichter auf neue Wege einlassen können.

Auf organisationaler Ebene wird Veränderungsträgheit oft durch starre Hierarchien, unklare Kommunikation, mangelnde Beteiligung der Mitarbeiter oder fehlende Anreize verstärkt. Organisationen entwickeln oft kulturelle und strukturelle Barrieren, die Veränderungen behindern, beispielsweise in Form von eingefahrenen Prozessen, bürokratischen Hürden oder einer Unternehmenskultur, die Neuem skeptisch gegenübersteht. Um Veränderungsträgheit zu überwinden, sind gezielte Maßnahmen notwendig, wie etwa transparente Kommunikation, aktive Einbindung der Betroffenen, der Abbau von

Ängsten sowie das Aufzeigen der Vorteile und Notwendigkeiten der Veränderung. Führungskräfte spielen dabei eine Schlüsselrolle, indem sie als Vorbilder agieren und Vertrauen in den Veränderungsprozess schaffen.

Denn in den letzten Jahren hat die Geschwindigkeit, mit der neue Herausforderungen auftreten, rasant zugenommen. Maßgebliche Treiber sind die Digitalisierung, die Globalisierung und der rasche Wissenszuwachs in vielen Branchen. Beispiele hierfür lassen sich in nahezu allen Wirtschaftszweigen – nicht nur in der Steuerbranche – finden:

- Automobilbranche: Die Hinwendung zu alternativen Antrieben (Elektromobilität, Wasserstoff) revolutioniert bisherige Wertschöpfungsketten und zwingt Konzerne dazu, ihre Fertigung und Entwicklungsprozesse radikal umzubauen (Dietz & Bozic, 2020).
- Finanzsektor: FinTechs und Krypto-Technologien drängen auf den Markt und stellen etablierte Banken vor die Herausforderung, ihre Dienstleistungen zu digitalisieren und zu innovieren.
- Handel: Der E-Commerce boomt; stationäre Läden werden zunehmend durch Omnichannel-Konzepte ergänzt oder gar abgelöst.

Hinzu kommen gesellschaftliche Anforderungen an Corporate Social Responsibility (CSR), Nachhaltigkeit und Diversität, die Organisationen nicht länger ignorieren können. In vielen Branchen stellt sich die Frage, wie man ökologische und soziale Verantwortung mit ökonomischen Zielen in Einklang bringen kann. Dieses Spannungsfeld macht Changemanagement zu einem stetigen Begleiter in nahezu allen Geschäftsbereichen.

Vom Überleben zur Wettbewerbsfähigkeit

In Zeiten raschen Wandels wird die Fähigkeit, sich anzupassen, vom simplen Überlebensfaktor zum Wettbewerbsvorteil. Organisationen, die sich frühzeitig auf neue Marktbedingungen einstellen, können sich Chancen eröffnen, die für weniger flexible Wettbewerber verschlossen bleiben. Dieser Prozess ist jedoch keineswegs trivial. Veränderungen erfordern Lernprozesse auf individueller und organisationaler Ebene. Oftmals gilt es, liebgewonnene Routinen und Einstellungen aufzugeben und neue Denkweisen zu verankern (Senge, 1990).

Zudem beschränkt sich Wandlungsfähigkeit nicht allein auf den Top-Down-Ansatz – auch Bottom-up-Initiativen tragen wesentlich zu einem gelingenden Change bei. Mitarbeitende auf allen Ebenen verfügen über spezifisches Wissen zu Arbeitsprozessen und Kundenwünschen, das in den Veränderungsprozess eingebracht werden sollte. So kann das gesamte Potenzial einer Belegschaft genutzt werden, während zugleich Widerstände minimiert werden.

Was ist Changemanagement?

Changemanagement, auch unter dem Begriff Veränderungsmanagement bekannt, befasst sich mit den strategischen, organisatorischen und personellen Aspekten, die nötig sind, um komplexe Wandlungsprozesse in Unternehmen zu planen, umzusetzen und nachhaltig zu verankern. Dabei steht nicht nur die technische oder strukturelle Anpassung im Fokus; vor allem die menschliche Komponente ist von zentraler Bedeutung.

Mitarbeitende, Führungskräfte und Stakeholder agieren in Veränderungsprozessen als Triebfedern oder als potenzielle Bremser. Changemanagement versucht deshalb, aus einer ganzheitlichen Perspektive Widerstände frühzeitig zu erkennen, Ressourcen bedarfsgerecht zuzuweisen und eine gemeinsame Richtung vorzugeben.

Die grundlegenden Ziele des Changemanagements lassen sich in vier Kernaufgaben gliedern:

1. Planung: Es geht darum, den Veränderungsbedarf zu analysieren, Ziele festzulegen und eine passende Strategie zu entwickeln.
2. Umsetzung: Veränderungen werden eingeführt, wobei Kommunikations- und Schulungskonzepte im Vordergrund stehen.
3. Begleitung: Während des Wandels benötigen die Mitarbeitenden Orientierung, Feedback und Unterstützung.
4. Verankerung: Damit der Wandel nachhaltig wirksam wird, müssen die neuen Prozesse und Strukturen langfristig in die Organisationskultur integriert werden.

Ein Projekt zur Einführung einer neuen Software lässt diese Schritte beispielhaft erkennen: Zunächst wird geklärt, welche Anforderungen das System erfüllen muss (Planung). Anschließend wird die Software in verschiedenen Abteilungen ausgerollt (Umsetzung). Währenddessen erhalten Mitarbeitende Schulungen, regelmäßige Informationen und Hilfe bei Problemen (Begleitung). Schließlich wird die neue Software in den alltäglichen Ablauf so integriert, dass sie fester Bestandteil der Arbeitsprozesse wird (Verankerung).

Historische Entwicklung und zentrale Modelle des Changemanagements

Kurt Lewins 3-Phasen-Modell

Der Sozialpsychologe Kurt Lewin gilt als einer der Begründer der modernen Veränderungsforschung. Sein 3-Phasen-Modell (Lewin, 1951) hat bis heute nichts von seiner Relevanz eingebüßt:

1. Auftauen (Unfreezing): In dieser Phase gilt es, alte Gewissheiten und Routinen in Frage zu stellen. Mitarbeitende sollen erkennen, dass eine Veränderung notwendig ist.
2. Verändern (Changing): Nun findet der eigentliche Wandel statt. Neue Prozesse oder Strukturen werden eingeführt. Dies erfordert Lern- und Anpassungsprozesse, die von Führungskräften begleitet werden.
3. Einfrieren (Refreezing): Damit der angestrebte Wandel nicht nur eine vorübergehende Modeerscheinung bleibt, müssen die neuen Abläufe im betrieblichen Alltag verankert werden. Hierzu dienen Standards, Prozesse und klare Zuständigkeiten.

Obgleich das 3-Phasen-Modell aufgrund seiner scheinbaren Simplizität gelegentlich kritisiert wird, bildet es bis heute eine wichtige Grundlage für viele weitere Theorien des Changemanagements. Insbesondere die Idee des „Auftauens“ – also das Aufbrechen verkrusteter Strukturen und Denkweisen – ist bis heute hochrelevant.

Kotters 8-Phasen-Modell

Ein deutlich ausdifferenzierter Ansatz stammt von John P. Kotter (Kotter, 1996), der in seinem Buch „Leading Change“ acht Schritte für den erfolgreichen Wandel formulierte:

1. Dringlichkeit aufbauen: Warum ist die Veränderung notwendig?
2. Führungskoalition bilden: Wer übernimmt Verantwortung und treibt das Projekt voran?
3. Vision und Strategie entwickeln: Welches Ziel verfolgt die Organisation und wie kann es erreicht werden?
4. Vision kommunizieren: Alle Beteiligten müssen wissen, wohin die Reise geht.
5. Hindernisse beseitigen: Widerstände und Blockaden aktiv angehen.
6. Kurzfristige Erfolge feiern: Damit die Motivation hoch bleibt, sollten Etappensiege sichtbar gemacht werden.
7. Erfolge nutzen und weiterentwickeln: Momentum für weitere Veränderungen nutzen.
8. Veränderungen in der Kultur verankern: Nachhaltige Integration in Werte, Normen und Routinen.

Kotters Modell legt einen starken Fokus auf Leadership, Kommunikation und die Bedeutung symbolischer Handlungen. Es hebt hervor, wie wichtig klare Zwischenschritte sind, um Mitarbeitenden wiederholt positive Erlebnisse zu verschaffen und so die Akzeptanz für den Wandel zu erhöhen (Kotter & Schlesinger, 2008).

Das ADKAR-Modell von Jeff Hiatt

Während sich Lewin und Kotter eher auf die Organisation als Gesamtsystem konzentrieren, zielt das ADKAR-Modell von Jeff Hiatt (Hiatt, 2006) verstärkt auf den individuellen Veränderungsprozess ab. ADKAR steht für:

1. **A**wareness (Bewusstsein): Verstehen, warum die Veränderung notwendig ist.
2. **D**esire (Wunsch): Den persönlichen Willen entwickeln, an der Veränderung teilzunehmen.

3. **K**nowledge (Wissen): Kompetenzen erwerben, um die neue Situation zu meistern.
4. **A**bility (Fähigkeit): Das Erlernte in der Praxis anwenden können.
5. **R**einforcement (Verstärkung): Nachhaltige Verankerung durch Feedback und Belohnungsmechanismen.

Das ADKAR-Modell unterstreicht den psychologischen Aspekt des Wandels und zeigt, dass Organisationen sich nur dann verändern können, wenn jeder einzelne Mitarbeitende die nötige Motivation, das Wissen und die Fähigkeiten erhält, um den Wandel erfolgreich umzusetzen.

Michael Flood (1995) beschreibt dagegen in seinem systemischen Ansatz vier zentrale Bereiche, die bei organisationalen Veränderungen berücksichtigt werden müssen. Erstens betrifft dies die **Organisationsprozesse**, wie Prozessverbesserungen und operative Teilprozesse, die aufeinander abgestimmt und optimiert werden können. Zweitens geht es um **Veränderungen in den organisatorischen Funktionen**, die sowohl auf vertikaler als auch horizontaler Ebene erfolgen, etwa durch Umstrukturierungen oder die Neuausrichtung von Verantwortlichkeiten. Drittens bezieht sich Flood auf die **Entscheidungsmechanismen**, einschließlich Entscheidungsstrukturen, Ressourcenzuweisung und Politik innerhalb der Organisation, sowie auf die zugrunde liegenden kulturellen Werte und Normen. Viertens hebt er die **Machtverteilung** hervor, also die Faktoren, die die Entscheidungsfindung beeinflussen und die Autoritäts- und Verantwortungsstrukturen innerhalb einer Organisation prägen.

Flood betont, dass diese vier Bereiche in einer wechselseitigen Beziehung zueinander stehen und sich gegenseitig beeinflussen. Eine Veränderung in einem dieser Bereiche löst automatisch Anpassungen in den anderen aus. Dieser Ansatz verdeutlicht, dass Veränderungsprozesse immer als Teil eines größeren Systems verstanden werden müssen, in dem alle Elemente miteinander verbunden sind. Durch diese Perspektive wird die Komplexität und Dynamik von Veränderungen greifbarer, was eine gezielte Steuerung erleichtert.

Widerstand gegen Veränderungen verstehen und managen

Widerstand ist ein fester Bestandteil jedes Veränderungsprozesses, denn Veränderungen bedeuten Unsicherheit und den Verlust etablierter Routinen. Kotter & Schlesinger (2008) unterscheiden unter anderem:

- Emotionale Widerstände (z. B. Angst und Sorge vor dem Ungewissen)
- Rationale Widerstände (z. B. Zweifel an der Machbarkeit oder Sinnhaftigkeit)
- Politische Widerstände (z. B. bewusste Sabotage, um Machtpositionen zu sichern)

Häufig resultiert Widerstand aus mangelnder Transparenz der Veränderungsziele. Werden Betroffene nicht informiert oder nicht in Entscheidungen eingebunden, fühlen sie sich schnell übergangen und entwickeln Abwehrhaltungen. Ebenso kann unzureichende Kommunikation von Nutzen und Dringlichkeit die Bereitschaft zur Mitarbeit deutlich senken (Ford & Ford, 2010).

Um Widerstand frühzeitig zu begegnen, braucht es eine durchdachte Kommunikations- und Partizipationsstrategie. Folgende Ansätze haben sich bewährt:

1. Offener Dialog: Regelmäßige Gespräche und Feedbackrunden bauen Ängste ab und schaffen Vertrauen.
2. Beteiligung: Mitarbeitende als Experten ihrer eigenen Arbeitsabläufe ernst nehmen und in Entscheidungsprozesse einbinden.
3. Schulung und Qualifizierung: Neue Kompetenzen vermitteln, damit der Wandel nicht als Bedrohung, sondern als Chance wahrgenommen wird.
4. Transparenz: Klare Ziele, Zeitpläne und Zuständigkeiten definieren, damit Unklarheiten minimiert werden.
5. Führung als Vorbild: Führungskräfte sollten den Wandel glaubwürdig vorleben. Unglaubwürdigkeit führt fast immer zu Vertrauensverlust.

Darüber hinaus ist es hilfreich, Erfolge, so klein sie anfangs auch sein mögen, publik zu machen. Das Erleben konkreter Fortschritte erhöht die Wahrnehmung der Veränderung als positiv und mindert die Furcht vor dem Unbekannten.

Erfolgsfaktor im Changemanagement: Kommunikation

Ein gemeinsames Ziel und eine überzeugende Vision sind unverzichtbare Basis eines jeden Veränderungsprojekts. Menschen, die wissen, worauf sie hinarbeiten und warum ihr Einsatz sinnvoll ist, zeigen in der Regel ein höheres Engagement. Die Vision sollte leicht verständlich und auf die spezifische Situation zugeschnitten sein, damit sie authentisch wirkt (Kotter, 1996).

Kommunikation ist das zentrale Instrument, um das „Wieso?" und „Wohin?" eines Wandels zu vermitteln. Paul Watzlawick hat mit seinem oft zitierten Satz „Man kann nicht nicht kommunizieren" die Bedeutung der Kommunikation auf den Punkt gebracht (Watzlawick, 1969).

Paul Watzlawick (1921–2007) war ein österreichisch-amerikanischer Psychotherapeut, Kommunikationswissenschaftler und Philosoph, der insbesondere in der sogenannten „Palo-Alto-Gruppe" am Mental Research Institute (MRI) in Kalifornien wirkte. Dort erforschte er, wie unser Denken und Sprechen die Wirklichkeit prägen, in der wir leben. Seine Erkenntnisse präsentierte er in einer Reihe populärwissenschaftlicher Bücher, die bis heute ein breites Publikum erreichen. Eine seiner bekanntesten Thesen zur Kommunikation bringt er auf die prägnante Formel: „Man kann nicht nicht kommunizieren." (aus: Menschliche Kommunikation: Formen, Störungen, Paradoxien, 1969). Damit verdeutlicht Watzlawick, dass jede Geste, jede Mimik und sogar jedes Schweigen eine Botschaft sendet. Kommunikation ist also allgegenwärtig und lässt sich nicht vermeiden, selbst wenn wir glauben, gerade nicht zu kommunizieren.

Über die Konstruktion von Wirklichkeit sagte er: „Der Glaube, dass die eigene Sicht der Wirklichkeit die Wirklichkeit selbst sei, ist eine der gefährlichsten Selbsttäuschungen." (aus: Wie wirklich ist die Wirklichkeit?, 1976). Dies verweist auf seine konstruktivistische Auffassung, wonach unsere Wahrnehmung der Realität immer durch persönliche Erfahrungen, Erwartungen und sozialen Kontext geprägt wird. Wir alle „erfinden“ unsere Welt gewissermaßen, indem wir Sinneseindrücke und Gedanken ordnen und ihnen Bedeutung verleihen. In ‚Die erfundene Wirklichkeit‘ (1981) ging Watzlawick noch einen Schritt weiter und führte aus, dass jeder Mensch seine individuelle Wirklichkeit erschafft: „Jede Wirklichkeit, die wir wahrnehmen, wird von uns selbst geschaffen, aus unseren Erfahrungen, Gefühlen und Erwartungen.“ Seine Beispiele und Anekdoten in diesem Sammelband veranschaulichen, wie schnell wir uns in selbst erschaffenen Denk- und Verhaltensmustern verstricken können. Nicht zuletzt gehört ‚Anleitung zum Unglücklichsein‘ (1983) zu Watzlawicks bekanntesten Werken. Dort zeigt er mit ironischem Unterton, wie wir uns durch negative Denkschemata immer wieder selbst sabotieren. Er entlarvt, wie leicht wir uns „unglücklich denken“ können, indem wir vermeintliche Probleme endlos wälzen oder ständig vom Schlimmsten ausgehen.

All diese Schriften machen deutlich: Für Paul Watzlawick wird die Realität erst durch unsere Kommunikation und Interpretation lebendig. Wer sich dessen bewusst ist, kann nicht nur andere, sondern auch das eigene Denken und Fühlen besser verstehen – und dadurch vielleicht sogar ein kleines Stück glücklicher werden.

Im Changemanagement sollte Kommunikation daher in mehrfacher Hinsicht stattfinden:

- Top-down: Führungskräfte informieren über Strategien und Ziele.
- Bottom-up: Mitarbeitende teilen Rückmeldungen, Sorgen und Ideen mit dem Management.
- Lateral: Austausch zwischen Teams und Abteilungen, um Synergieeffekte zu nutzen.

Transparente Kommunikation ist ein wesentlicher Faktor, um Gerüchten und Misstrauen vorzubeugen. Dabei ist nicht nur der Inhalt wichtig, sondern auch die Form (z. B. persönliche Gespräche, E-Mails, Workshops) sowie die Häufigkeit der Information.

„Betroffene zu Beteiligten machen“ ist ein geflügeltes Wort im Changemanagement. Wenn Mitarbeitende sich aktiv einbringen können, steigt ihre Identifikation mit dem Veränderungsprozess (Lührmann & Eberl, 2007). Gleichzeitig können Fehlentscheidungen vermieden werden, da das Fachwissen der Mitarbeitenden in die Planung einfließt. Partizipative Ansätze fördern das Gefühl, dass

Veränderung nicht „von oben diktiert", sondern gemeinsam gestaltet wird.

Keine erfolgreiche Veränderung ohne die entsprechenden Kompetenzen und Mittel. Hierzu zählen:

- Schulungen, Workshops und Coachings: Mitarbeitende und Führungskräfte benötigen das nötige Know-how, um neue Prozesse oder Technologien sicher anwenden zu können.
- Zeitliche Ressourcen: Veränderungen setzen Lernphasen und Meetings voraus – beides muss in den Arbeitsalltag integriert und ermöglicht werden.
- Finanzielle Ressourcen: Ob externe Berater, Software-Tools oder Infrastruktur – ohne ein angemessenes Budget scheitern viele Projekte.

Wird an dieser Stelle gespart oder die Planung zu optimistisch kalkuliert, kommt es häufig zu Verzögerungen, Unzufriedenheit und im schlimmsten Fall zum Abbruch des Projekts.

Changemanagement funktioniert nur, wenn die Führungskräfte als Treiber und Vorbilder agieren (Northouse, 2019). Eine partizipative und glaubwürdige Führung, die sowohl wertschätzend zuhört als auch klare Entscheidungen trifft, genießt mehr Vertrauen. Leadership bedeutet in diesem Kontext, die Balance zwischen Förderung und Forderung zu halten, emotionale Unterstützung zu geben und gleichzeitig die Richtung vorzugeben.

Fairness ist zudem ein zentraler Erfolgsfaktor in Veränderungsprozessen, da sie maßgeblich beeinflusst, wie Mitarbeiter die geplanten Veränderungen wahrnehmen und darauf reagieren. Frey und Streicher (2008) stellen in ihrem Aufsatz „Fairness-Check bei Wandelprojekten: Vier Dimensionen von Gerechtigkeit und wie man sie berücksichtigt" vier zentrale Dimensionen von Fairness vor, die bei der Planung und Umsetzung von Veränderungsprozessen berücksichtigt werden sollten.

Die distributive Gerechtigkeit bezieht sich auf die gerechte Verteilung von Leistungen und Einbußen. Mitarbeiter sollten den Eindruck haben, dass Veränderungen nicht willkürlich oder einseitig zu ihren Lasten geschehen. Die prozedurale Gerechtigkeit betont die Bedeutung einer transparenten und fairen Einbindung der Betroffenen in Entscheidungsprozesse. Wenn Mitarbeiter das Gefühl haben, dass ihre Perspektiven und Meinungen gehört und berücksichtigt werden, steigt ihre Akzeptanz für die Veränderungen deutlich. Die informationelle Gerechtigkeit legt den Fokus auf die klare, zeitgerechte und ehrliche Kommunikation. Mitarbeiter sollten verstehen, warum eine Veränderung notwendig ist, welche Ziele sie verfolgt und welche Konsequenzen sie hat. Transparente Kommunikation kann Unsicherheiten verringern und das Vertrauen in den Veränderungsprozess stärken. Schließlich beschreibt die interpersonale Gerechtigkeit den respektvollen, würdevollen und wertschätzenden Umgang der Führungskräfte mit den Betroffenen. Dies umfasst insbesondere die Berücksichtigung der Sorgen und Ängste der Mitarbeiter während des Veränderungsprozesses.

Frey und Streicher (2008) betonen, dass die Wahrnehmung von Fairness durch die Mitarbeiter ein Schlüsselfaktor für die erfolgreiche Umsetzung von Veränderungen ist. Ein Gefühl der Gerechtigkeit fördert Engagement und Akzeptanz, während Ungerechtigkeit zu Misstrauen, Widerstand und einem Scheitern des Prozesses führen kann. Führungskräfte sind daher gefordert, diese vier Dimensionen in jedem Schritt des Veränderungsprozesses zu berücksichtigen, um eine stabile Grundlage für den Wandel zu schaffen.

Gesagt ist nicht gehört.
Gehört ist nicht verstanden.
Verstanden ist noch nicht einverstanden.
Einverstanden ist noch nicht umgesetzt.
Umgesetzt ist noch nicht beibehalten.

(Konrad Lorenz)

Typische Herausforderungen und Fallstricke

Ohne ein klares Bewusstsein für die Dringlichkeit einer Veränderung ist der Widerstand seitens der Belegschaft oft hoch. Wenn die Verbesserungsbedarfe nicht überzeugend dargestellt werden, verhallen Appelle zur Veränderung ungehört. Somit ist eine der wichtigsten Aufgaben vor dem Start des Wandels, diese Dringlichkeit zu kommunizieren (Kotter, 1996).

Zu viele Veränderungen auf einmal oder unzureichend strukturierte Projekte können Chaos und Überforderung verursachen. Ein stufenweises Vorgehen – beispielsweise unterstützt durch agile Methoden wie Scrum oder Kanban – kann helfen, Komplexität zu reduzieren und Teilerfolge frühzeitig sichtbar zu machen.

Ein häufiger Fehler ist die falsche Einschätzung der benötigten Zeit und Mittel. Werden Mitarbeiterinnen und Mitarbeiter unter Dauerdruck gesetzt, ohne ihnen Raum zum Lernen und Austauschen zu geben, stellt sich schnell Frustration ein. Ebenso ist eine durchdachte Budgetplanung essenziell, um spätere Engpässe zu vermeiden.

Wer ist wofür zuständig? Werden Verantwortlichkeiten nicht eindeutig geklärt, kommt es zu Kompetenzgerangel oder zu Lücken in der Umsetzung. Eine präzise Rollenverteilung (z. B. mittels RACI-Matrix: Responsible, Accountable, Consulted, Informed) kann hier Abhilfe schaffen.

Auch wenn ein Veränderungsprojekt erfolgreich gestartet wird, kann es nach dem Abschluss leicht in alte Routinen zurückfallen. Nachhaltigkeit erfordert Konsequenz in der Umsetzung und Verankerung neuer Abläufe, Werte und Strukturen. Dazu gehören beispielsweise Erfolgsmessungen, regelmäßige Reflexionen oder das Feiern von Meilensteinen, die den Wandel bekräftigen.

Anstelle von starren Phasenmodellen können Scrum-Teams gebildet werden. Scrum ist ein agiles Vorgehensmodell, das in den 1990er-Jahren von Ken Schwaber und Jeff Sutherland entwickelt wurde. Ursprünglich entstand Scrum aus der Beobachtung, dass klassische, rein sequenzielle Vorgehensweisen (z. B. das Wasserfallmodell) in einer immer komplexeren und schneller werdenden Welt oftmals zu starr sind, um erfolgreich Produkte oder Dienstleistungen zu entwickeln.

Das Wasserfallmodell ist ein klassisches Vorgehensmodell in der Softwareentwicklung, das die einzelnen Schritte des Entwicklungsprozesses klar voneinander trennt und in einer linearen Abfolge anordnet. Der Ablauf beginnt mit der Anforderungsanalyse, in der alle funktionalen und nicht-funktionalen Anforderungen an die Software erfasst und dokumentiert werden. Auf Basis dieser Anforderungen erfolgt die Designphase, in der die Architektur und die Struktur der Software detailliert geplant wird. Erst danach beginnt die Implementierung, in der die geplanten Lösungen programmiert und die einzelnen Module entwickelt werden. Sobald die Implementierung abgeschlossen ist, folgt die Testphase, in der das System integriert und auf Fehler geprüft wird, um sicherzustellen, dass alle Komponenten wie erwartet funktionieren. Nach erfolgreichem Test wird die Software in der Auslieferungsphase an den Kunden übergeben oder in die Produktivumgebung eingeführt. Abschließend umfasst die Wartungsphase die Behebung von Fehlern, Anpassungen an veränderte Anforderungen oder Optimierungen. Das Modell wird als „Wasserfall" bezeichnet, weil die Phasen klar aufeinander folgen und erst abgeschlossen sein müssen, bevor die nächste beginnt. Rücksprünge in vorherige Phasen sind theoretisch möglich, aber oft aufwendig und schwer zu realisieren, was das Wasserfallmodell besonders bei sich wandelnden Anforderungen unflexibel macht. Dennoch bleibt es bei Projekten mit klar definierten Anforderungen und stabilem Umfeld eine bewährte Methode, während agile Ansätze wie Scrum in dynamischen Projekten inzwischen häufiger eingesetzt werden.

Die Kerngedanken von Scrum dagegen – Selbstorganisation, iterative Arbeit in kurzen Zyklen (Sprints) und ein steter Fokus auf die Bedürfnisse der Kunden bzw. Stakeholder – finden heute auch in anderen Bereichen Anwendung, etwa im Changemanagement.

Wird Scrum in einem Changemanagement-Prozess eingesetzt, bietet es einen flexiblen und zugleich strukturierten Rahmen, um Veränderungen erfolgreich zu gestalten. Anstatt ein umfangreiches und starres Projektplanungsdokument zu erstellen, wird mit Scrum iterativ und inkrementell gearbeitet: Veränderungen werden in kurzen Sprints umgesetzt, wobei am Ende jedes Sprints ein konkretes (Zwischen-)Ergebnis vorliegt. Das Team reflektiert kontinuierlich den Fortschritt und passt Vorgehen und Ziele an neue Erkenntnisse oder geänderte Rahmenbedingungen an (vgl. Schwaber & Sutherland, 2020).

Die Rollenstruktur in Scrum – bestehend aus Product Owner, Scrum Master und Entwicklungsteam – fördert Klarheit und Verantwortungsbewusstsein. Im Kontext eines Veränderungsprozesses übernimmt der Product Owner häufig die Rolle des Change-Verantwortlichen. Er sorgt dafür, dass das übergeordnete Ziel – also das „Warum" der Veränderung – immer präsent bleibt und priorisiert die anstehenden Aufgaben. Er hat die Hauptverantwortung für die Wertmaximierung des Produkts und der Arbeit des Scrum-Teams. Der Product Owner fungiert als Bindeglied zwischen den Stakeholdern (z. B. Kunden, Nutzern und dem Management) und dem Scrum-Team und sorgt dafür, dass das Team an den richtigen Prioritäten arbeitet.

Der Scrum Master dagegen unterstützt das Team, indem er Hindernisse beseitigt und die Anwendung der agilen Prinzipien sicherstellt (vgl. Schwaber & Beedle, 2002). Ein Scrum Master nimmt daher eine Schlüsselrolle ein. Seine Hauptaufgabe besteht darin, sicherzustellen, dass das Scrum-Team effektiv arbeitet und die Prinzipien und Praktiken von Scrum eingehalten werden. Dabei ist der Scrum Master kein traditioneller Manager, sondern vielmehr ein Servant Leader, der dem Team dient und Schwierigkeiten beseitigt. Der Scrum Master sorgt dafür, dass das Team die agilen Werte wie Transparenz, Anpassungsfähigkeit und Selbstorganisation lebt. Er moderiert die Scrum-Events wie Sprint Planning, Daily Scrums, Sprint Reviews und Retrospektiven und stellt sicher, dass sie produktiv ablaufen und ihren Zweck erfüllen. Wenn das Team auf Hindernisse (Impediments) stößt, ist es die Aufgabe des Scrum Masters, diese zu identifizieren und zu beseitigen, damit das Team ungestört arbeiten kann. Zudem arbeitet der Scrum Master eng mit dem Product Owner zusammen, um sicherzustellen, dass der Product Backlog, die dynamische Liste aller Aufgaben, Anforderungen und Ideen, die im Rahmen eines Projekts umgesetzt werden sollen, gut organisiert und priorisiert ist. Gleichzeitig schützt er das Team vor äußeren Einflüssen, wie unrealistischen Anforderungen oder Einmischungen von Stakeholdern, und hilft, die agile Denkweise im gesamten Unternehmen zu fördern.

Ein Scrum Master ist also Coach, Moderator und Vermittler in einer Person. Er trägt maßgeblich dazu bei, dass das Team effizient arbeitet, Konflikte löst und kontinuierlich besser wird. Sein Erfolg zeigt sich weniger in direkten Anweisungen, sondern in einem harmonischen, produktiven Team, das eigenständig qualitativ hochwertige Ergebnisse liefert.

Da durch den iterativen Ansatz von Scrum bereits nach kurzer Zeit erste Ergebnisse sichtbar werden, lassen sich schneller Rückmeldungen einholen und Kurskorrekturen vornehmen. In einem Umfeld, in dem sich sowohl Marktanforderungen als auch interne Rahmenbedingungen ständig ändern, ist dieser regelmäßige Abgleich mit allen Beteiligten von entscheidender Bedeutung. Auf diese Weise entsteht eine Kultur der kontinuierlichen Verbesserung: Das Team hinterfragt fortlaufend Prozesse, Methoden und Ergebnisse, um wertvolle Erfahrungen zu sammeln und sofort ins weitere Vorgehen einfließen zu lassen. Damit kann Scrum wesentlich dazu beitragen, Change-Vorhaben transparenter, flexibler und effizienter zu gestalten.

Changemanagement im Kontext von Unternehmenskultur

Unternehmenskultur besteht aus den geteilten Werten, Normen, Überzeugungen und Verhaltensweisen, die das Miteinander in einer Organisation prägen (Schein, 2010). Diese Kultur ist das unsichtbare Betriebssystem, das den Umgangston, die Problemlösung, die Fehlertoleranz und vieles mehr beeinflusst.

Oft scheitern Veränderungen nicht an der neuen Technik oder den neuen Strukturen, sondern an einer Kultur, die Veränderungen nicht zulässt. Eine Organisation, die Fehler bestraft, wird kaum Innovationsgeist entwickeln können. Changemanagement muss sich deshalb immer auch die Frage stellen, welche kulturellen Bausteine gefördert oder verändert werden müssen. Dabei ist ein Kulturwandel häufig der schwierigste Teil des Gesamtprojekts, da Werte und Normen meist tief verwurzelt sind.

Maßnahmen zur kulturellen Transformation

1. Führungsvorbild: Führungskräfte leben die gewünschten Werte vor (z. B. offener Umgang mit Fehlern).

2. Entwicklung von Ritualen und Symbolen: Sichtbare Zeichen (z. B. eine „Lessons Learned"-Kultur), die Veränderungen untermauern.
3. Kommunikation von Erfolgen: Konkrete Erfolgsgeschichten zeigen, wie sich neue Werte auszahlen.
4. Kontinuierliche Reflexion: Regelmäßige Gespräche über Werte, Normen und Verhaltensweisen sorgen für Bewusstheit.

Rolle der Digitalisierung im Changemanagement

Digitale Technologien transformieren Arbeitsprozesse, Kommunikationswege und sogar Geschäftsmodelle. Organisationen stehen vor der Herausforderung, gleichzeitig neue Technologien zu integrieren, die Belegschaft zu schulen und dabei Wettbewerbsvorteile zu sichern. Dieser Prozess geht oft einher mit tiefgreifenden Veränderungen, die das gesamte Unternehmen erfassen.

Andererseits ermöglicht die Digitalisierung neue Wege, um Veränderungsprozesse zu begleiten:

- Virtuelle Kollaborationsplattformen: Unterstützen standortübergreifende Projektarbeit.
- E-Learning-Angebote: Bieten flexible Schulungslösungen für Mitarbeitende.
- Intranet und Social Media: Sorgen für schnellere Information und offene Diskussionen.

Auch in puncto Datenanalyse können digitale Tools hilfreich sein: Sie erlauben ein Echtzeit-Monitoring von Projektfortschritten und eine datengestützte Entscheidungsfindung (Ross et al., 2016).

Paradigmenwechsel im Leadership

Früher war Leadership oft mit hierarchischen Machtstrukturen verbunden. Heute gewinnt ein dienendes bzw. transformationales Führungsverständnis an Bedeutung (Northouse, 2019). Das bedeutet:

- Gemeinsam Ziele definieren: Die Vision wird nicht mehr allein vom Top-Management gesetzt, sondern in Teams erarbeitet.
- Coachen statt Kommandieren: Führungskräfte verstehen sich als Ermöglicher, die Ressourcen bereitstellen und Blockaden lösen.

- Empathie und Agilität: Schnell auf Veränderungen reagieren und die emotionale Seite des Wandels berücksichtigen.

Führungskräfte, die Changemanagement verantworten, benötigen eine Kombination aus sozialen, methodischen und fachlichen Kompetenzen:

- Kommunikationsstärke: Klar und empathisch kommunizieren.
- Konfliktlösung: Spannungen und Widerstände aktiv angehen.
- Projektmanagements-Know-how: komplexe Vorhaben strukturieren und steuern.
- Systemisches Denken: Zusammenhänge und Wechselwirkungen ganzheitlich erfassen.
- Innovationskompetenz: Neue Wege zulassen und fördern.

Changemanagement ist kein kurzlebiger Trend, sondern ein zentrales Element moderner Organisationsführung. Es vereint psychologische, betriebswirtschaftliche, soziologische und technologische Aspekte und verlangt ein hohes Maß an Reflexion und Empathie von allen Beteiligten. Egal, ob kleine Mittelständler oder global agierender Konzern – die Kompetenz, Wandel erfolgreich zu gestalten, ist entscheidend für eine nachhaltige Wettbewerbsfähigkeit.

Die in der Praxis am häufigsten zitierten Modelle, wie das 3-Phasen-Modell von Lewin, das 8-Phasen-Modell von Kotter oder das ADKAR-Modell von Hiatt, können wertvolle Orientierung bieten. Allerdings gibt es keine Patentlösung, die in jeder Situation gleichermaßen funktioniert. Der Schlüssel zum Erfolg liegt in der konsequenten Anwendung zentraler Prinzipien: einer überzeugenden Vision, offener und transparenter Kommunikation, Einbindung der relevanten Stakeholder, gezielter Qualifizierung und konsequenter Verankerung des Wandels.

Insbesondere die Führungsrolle ist ein kritischer Faktor im Changemanagement: Führungskräfte müssen eine Balance zwischen Autorität und Beteiligung finden, um Vertrauen aufzubauen. Ihre Aufgabe ist es, Unsicherheit abzubauen, Ziele zu klären und Ressourcen bereitzustellen. Dabei sollten sie stets ein offenes Ohr für die Bedürfnisse und Sorgen der Mitarbeitenden haben.

Darüber hinaus darf nicht vergessen werden, dass kulturelle Aspekte den Erfolg oder Misserfolg eines Change-Prozesses maßgeblich beeinflussen. Eine Organisation mit einer offenen, lernorientierten

Kultur kann deutlich leichter auf neue Anforderungen reagieren als eine, in der Fehler keine Lernquelle, sondern ein Tabu sind.

Veränderungen sind kein Projekt mit festem Anfang und klar definiertem Ende mehr, sondern vielmehr ein kontinuierlicher Prozess. In einer Welt, die sich rasch wandelt, wird auch das Changemanagement zu einer Kernkompetenz, die Unternehmen und deren Belegschaft gleichermaßen kultivieren müssen. Wer diesen Wandel als Chance begreift, kann ihn aktiv gestalten und seine Organisation zukunftssicher aufstellen.

Die besten Ratgeber für die Zukunft sind manchmal Personen aus der Vergangenheit: Peter Ferdinand Drucker (1909–2005) war ein österreichisch-amerikanischer Ökonom, Managementdenker und Autor. Er gilt als einer der einflussreichsten Vordenker der modernen Managementlehre. Drucker wurde in Wien geboren, emigrierte in den 1930er-Jahren in die USA und lehrte später unter anderem am Claremont Graduate University's Drucker School of Management (Kalifornien). Seine Arbeiten prägten maßgeblich die Art und Weise, wie Unternehmen geführt werden. Er beschäftigte sich intensiv mit Themen wie Unternehmensstrategie, Führungsprinzipien, Mitarbeiterführung, Innovation und Wissensarbeit. Viele seiner Konzepte – etwa die Idee des „Management by Objectives" (MbO) – haben sich zu festen Bestandteilen der modernen Führungspraxis entwickelt. Drucker veröffentlichte über 30 Bücher und zahlreiche Artikel, in denen er sich mit den sozialen, wirtschaftlichen und ethischen Aspekten des Managements befasste.

Ein Motto von Peter Drucker lautete: „The greatest danger in times of turbulence is not the turbulence — it is to act with yesterday's logic" (Drucker, zitiert in Hesselbein & Goldsmith, 2009).

Changemanagement in Steuerberatungsgesellschaften

Steuerberatungsgesellschaften stellen im Kontext des Changemanagements einen ganz besonderen Fall dar. Während sich viele Untersuchungen zum organisatorischen Wandel oft auf größere Unternehmen konzentrieren, die durch eine klar definierte Führungshierarchie, angestellte Managerinnen und Manager sowie eine professionelle

Personalabteilung gekennzeichnet sind, gelten für Steuerberatungsgesellschaften andere Rahmenbedingungen. Großunternehmen und große Beratungsfirmen verfügen in der Regel über eine deutlich strukturiertere Organisationsform und können auf verschiedene Fachbereiche zurückgreifen, die voneinander klar abgegrenzt sind. Sie verfügen über standardisierte Prozesse, eine meist diversifizierte Aufstellung und produzieren ein Gut oder eine Dienstleistung, die unabhängig von einer einzelnen Person gestaltet und bereitgestellt wird. Das kann ein physisches Produkt sein – wie im Fall klassischer Familienunternehmen, die Schrauben, Bleche oder Dichtungen herstellen – oder eine Dienstleistung, die zwar von einem Inhaber ins Leben gerufen, aber dennoch losgelöst von dessen Person vermarktet wird, wie man es oft bei großen Beratungshäusern erlebt.

Bei Steuerberatungsgesellschaften hingegen verhält sich die Situation grundlegend anders. Zwar lassen sich viele von ihnen dem Typus des inhabergeführten Familienunternehmens zuordnen, doch im Kern sind sie untrennbar mit der Person des Berufsträgers beziehungsweise der Berufsträgerin verbunden. Die Steuerberaterin oder der Steuerberater übt ein Amt aus, das gesetzlich definiert und durch Rechte und Pflichten geregelt ist. Der Begriff „Familienunternehmen" passt hier nur bedingt, weil man sich nicht auf die Produktion eines gegenständlichen Produktes konzentrieren kann, das sich von Generation zu Generation weitervererben lässt. Stattdessen ist die Berufsträgerschaft an die Person selbst geknüpft: Die Deklaration gegenüber den Finanzbehörden oder auch komplexe Gestaltungsfragen, etwa im Hinblick auf steuerliche Optimierungen, sind immer das Ergebnis der Tätigkeit dieser einzelnen Person, die – zumindest formal – zwischen dem Mandanten und dem Staat vermittelt. Das „Produkt" entsteht also aus der persönlichen Rechtsstellung, dem Fachwissen und dem Vertrauen, das dieser Berufszweig genießt, und weniger aus einer greifbaren Entität, die unabhängig von der Person existiert.

Dieser Umstand erschwert und verkompliziert Changemanagement-Prozesse in Steuerberatungskanzleien erheblich. In großen Unternehmen kann das Management Strategien ausarbeiten, die unabhängig von einzelnen Mitarbeiterinnen und Mitarbeitern umgesetzt werden, während in einer Kanzlei häufig die ganze Struktur vom

Inhaber oder der Inhaberin selbst geprägt wird. Hinzu kommt, dass Steuerberatungsgesellschaften meist relativ klein sind und sich die Führungsverantwortung oftmals auf einen oder wenige Berufsträger konzentriert. Dort, wo es in anderen Betrieben ein professionelles Human-Resources-Team gibt, das Mitarbeiterinnen und Mitarbeiter einstellt, weiterbildet und systematisch in Veränderungsprozesse einbindet, liegt diese Verantwortung in einer Steuerkanzlei oft bei der Berufsträgerin oder dem Berufsträger selbst – zusätzlich zu deren Hauptaufgabe als Schnittstelle zum Finanzamt und Ratgeber für Mandanten.

Eine ähnliche Situation findet man oft bei freien Berufen, die ebenfalls stark an die Person der Berufsträgerin oder des Berufsträgers geknüpft sind. Typische Beispiele sind Rechtsanwälte, Notare, Wirtschaftsprüfer oder auch Ärzte und Apotheker. Ähnlich wie bei Steuerberatungsgesellschaften hängt der Kern ihres Angebots nicht nur von einer abstrakten „Markenidentität" ab, sondern vor allem von den berufsrechtlichen Befugnissen und persönlichen Qualifikationen der Berufsausübenden. Die Mandanten- beziehungsweise Patientenbeziehung ist dadurch direkt mit einer Person verknüpft, die in ihrem Fachgebiet über eine geschützte Berufsbezeichnung verfügt und gesetzlich geregelte Aufgaben erfüllt.

Bei Rechtsanwälten und Notaren etwa wird die Kanzleiorganisation ebenso stark von den jeweiligen Inhabern geprägt; interne Veränderungen – etwa neue Kooperationsformen, die Einbindung technischer Innovationen oder die Anpassung der Honorarmodelle – kollidieren dort häufig mit traditionellen Vorstellungen von der Rolle des Anwalts oder Notars, der als unangefochtener Experte gilt. Vergleichbare Spannungen können sich auch bei Ärztehäusern und Apotheken ergeben, wenn Praxis- oder Apothekeninhaber in Personalunion zugleich die medizinische beziehungsweise pharmazeutische Verantwortung tragen und das gesamte unternehmerische Risiko schultern. Zwar unterscheiden sich die jeweiligen Branchen in ihren Leistungen und rechtlichen Rahmenbedingungen, doch das Grundprinzip bleibt ähnlich: Wo eine stark personenbezogene Berufszulassung das zentrale „Produkt" bestimmt, ist der Gestaltungsspielraum für organisatorische Innovationen zunächst geringer als in einem Unternehmen, das unabhängig von einer einzelnen Personenlizenz agiert. Insbesondere beim Changemanagement sehen sich deshalb auch diese freien Berufe mit vergleichbaren Herausforderungen konfrontiert wie die Steuerberatungsgesellschaften.

Diese Faktoren zeigen, dass Changemanagement im Kontext von Steuerberatungsgesellschaften eine ganz eigene Disziplin ist. Im Gegensatz zu klassisch strukturierten Großunternehmen oder Beratungsfirmen ist hier das „Produkt" untrennbar mit der Person verknüpft, die es herstellt – und genau das prägt das gesamte Unternehmen. Der Wandel hin zu mehr Digitalisierung, erweiterten Beratungsdienstleistungen und interdisziplinären Teams mit IT-Fachleuten oder Compliance-Experten kollidiert daher oft mit den Erwartungen an das persönliche Amt der Berufsträgerin oder des Berufsträgers. Um solche Konflikte erfolgreich zu bewältigen und den Wandel nachhaltig zu gestalten, ist es essenziell, dass auch in Steuerberatungskanzleien eine professionelle Herangehensweise an Changemanagement entwickelt wird. Das bedeutet, die Kanzleileitung oder die Berufsträger müssen die eigene Rolle neu justieren, klare Strukturen schaffen und dabei zugleich Raum für die notwendige Flexibilität und Innovationsfähigkeit lassen. Nur auf diesem Weg kann es gelingen, traditionelle Stärken der persönlichen und vertrauensvollen Mandantenbetreuung mit den Anforderungen einer digitalisierten und hochvernetzten Arbeitswelt zu vereinen.

Steuerberatungsgesellschaften befinden sich heute in einem dynamischen Spannungsfeld, in dem Digitalisierung, Automatisierung, veränderte Mandantenbedürfnisse und ein gravierender Fachkräftemangel traditionelle Kanzleistrukturen und Rollenbilder aufbrechen. Während Software-Lösungen zur automatisierten Buchhaltung, digitale Dokumentenverwaltung und KI-basierte Tools die Routineaufgaben deutlich beschleunigen, erwarten Mandanten gleichzeitig einen ortsunabhängigen Zugriff auf ihre Daten über Cloud-Lösungen oder zentrale Mandantenportale. Diese fortschreitende Digitalisierung ist jedoch nur ein Teilaspekt der umfassenden Veränderungen, die auch neue regulatorische Anforderungen – etwa im Rahmen von E-Bilanz, ELSTER, DAC 6 oder verschärfter Geldwäscheprävention – berücksichtigen müssen. Darüber hinaus erfordern immer komplexere und zum Teil auch grenzüberschreitende Sachverhalte spezialisiertes Know-how und internationale Ausrichtung, damit Steuerberatungsgesellschaften ihren Mandanten weiterhin eine solide und zukunftsorientierte Betreuung bieten können.

In der Praxis führt dies zu einer spürbaren Neuausrichtung der Geschäftsmodelle. Einerseits wachsen Plattform- und Ökosystem-Ansätze, bei denen sich Steuerkanzleien mit Software-Anbietern, FinTechs oder anderen Dienstleistern vernetzen, um Mandanten ein ganzheitliches, digitales Beratungs- und Serviceangebot zu bieten. Andererseits setzen immer mehr Kanzleien auf Spezialisierung, indem sie Branchenfokus-Gebiete wie Gesundheitswesen, E-Commerce oder auch Non-Profit-Organisationen genauer ins Visier nehmen, um als „Trusted Advisor" ein Alleinstellungsmerkmal zu schaffen. Daneben entstehen hybride Modelle, die einerseits im Abonnement fest definierte und zum Teil automatisierte Leistungen – beispielsweise die Buchhaltung mit monatlichen Festpreisen und Reporting – beinhalten, andererseits aber auch hochqualifizierte Beratungsleistungen anbieten, die sich auf Managementberatung, Finanz- und Vermögensplanung oder umfassendes Compliance- und Risikomanagement beziehen. Damit reagieren Kanzleien auf die veränderten Erwartungen der Mandanten, die nicht mehr nur schnelle Auskünfte und Transparenz über ihre steuerlichen Belange fordern, sondern auch strategische Begleitung sowie verlässliche Empfehlungen für komplexe Entscheidungen im Unternehmensalltag oder in der privaten Vermögensplanung.

Parallel zu dieser inhaltlichen und technologischen Neuausrichtung muss sich auch die Rolle des Berufsträgers transformieren. Wo früher in einer klaren Kanzleihierarchie der Steuerberater oder die Steuerberaterin sämtliche Entscheidungen in Bezug auf die Mandantenbetreuung traf und über umfassende Autorität verfügte, setzt sich heute zunehmend ein Teamansatz durch. Steuerberaterinnen und Steuerberater werden zwar weiterhin als wichtige Instanz für das steuerliche Fachwissen wahrgenommen, doch sie rücken stärker in die Rolle eines strategischen Partners, der unterschiedliche Kompetenzen zusammenführt und koordiniert. Die vielschichtigen Herausforderungen rund um Digitalisierung, internationale Fragestellungen, Datenanalyse oder Compliance können in der Regel nicht mehr von einer einzigen Person vollständig bewältigt werden. Damit gewinnen interdisziplinäre Projektgruppen, in denen IT-Spezialisten,

Data-Analysten, Kommunikationsprofis und kaufmännische Mitarbeitende eng zusammenarbeiten, an Bedeutung. Hierbei kommt es zu einer Verschiebung der Machtstrukturen: Berufsträger, die sich lange auf ihre fachliche Autorität verlassen haben, müssen lernen, Kompetenzen zu teilen und auf Augenhöhe mit Kolleginnen und Kollegen zu agieren, die vielleicht über weniger steuerrechtliches, dafür aber über fundiertes technisches oder analytisches Know-how verfügen.

Diese Neujustierung führt jedoch häufig zu Spannungen und Konflikten. Manche erfahrenen „alten Hasen" in der Steuerberatung empfinden die neuen Teamstrukturen als Kontrollverlust oder haben Sorge, dass ihre Rolle als unangefochtene Expertinnen und Experten durch den Einsatz digitaler Tools und die steigende Bedeutung technischer Lösungen schwindet. Hinzu kommt, dass sich Nachwuchskräfte, die den Fachkräftemangel spüren und dadurch in einer komfortablen Verhandlungsposition sind, nicht mehr mit hierarchischen Strukturen zufriedengeben wollen. Sie erwarten eine offene, von Mitbestimmung geprägte Kanzleikultur, Homeoffice-Optionen, flexible Arbeitszeiten und den Einsatz moderner Technologien. Dies kollidiert mitunter mit einer traditionell geprägten Kanzleikultur, in der klare Rangordnungen und feste, auf Erfahrung beruhende Autoritäten vorherrschen. Gerade in Kanzleien, die mehrere Partner oder Teilhaber haben, kann es schwieriger werden, solche internen Veränderungen zu kommunizieren und durchzusetzen, zumal bei Differenzen schnell Unstimmigkeiten darüber entstehen, wer im Team wofür verantwortlich ist und wie Entscheidungen getroffen werden sollen.

Um diese Konfliktlinien in konstruktive Bahnen zu lenken, bedarf es eines professionellen Changemanagements, das zwei wesentliche Zielgruppen adressiert: Zum einen die eigenen Mitarbeiterinnen und Mitarbeiter, die aktiv in die Transformationsprozesse eingebunden werden müssen, damit Akzeptanz für neue Arbeitsweisen und Technologien entsteht. Transparente Kommunikation über Projektfortschritte und die damit verbundenen Chancen, aber auch Risiken, fördert dabei das Vertrauen in die Neuausrichtung der Kanzlei. Workshops, Pilotprojekte oder Feedbackrunden können ein Forum bieten, in dem alle Beteiligten ihre Perspektiven einbringen und Verbesserungen anregen. Zum anderen sollten Mandanten über neue digitale Angebote, fortentwickelte Beratungsleistungen und potenzielle Umstellungen bei den Arbeitsabläufen rechtzeitig informiert werden. Hier kann eine geschickte externe Kommunikationsstrategie nicht nur für einen reibungsloseren Übergang sorgen, sondern auch für eine stärkere Wahrnehmung der Kanzlei als innovatives, serviceorientiertes Unternehmen. Elementar für den Erfolg solcher Bemühungen ist es, dass Kanzleien in eine langfristig tragfähige IT- und Datensicherheitsstruktur investieren und gleichzeitig die Sicherheit der Mandantendaten gewährleisten. Nur so kann das Vertrauen erhalten werden, das für Steuerberaterinnen und Steuerberater traditionell ein entscheidender Pfeiler ihrer Tätigkeit ist.

Im Zuge dieser Veränderungsprozesse zeigt sich der Berufsträger zunehmend in der Rolle eines Moderators, der zwischen verschiedenen Abteilungen – etwa der IT, der klassischen Finanzbuchhaltung, dem Management der Mandanten und externen Rechts- oder Wirtschaftsprüfungsexperten – vermittelt. So wird die oder der Steuerberater(in) zur zentralen Koordinations- und Schnittstelleninstanz, deren Fokus nicht nur auf dem steuerlichen Detailwissen liegt, sondern auch auf der Fähigkeit, schnell komplexe Sachverhalte zu überblicken und für alle Beteiligten verständlich aufzubereiten. Gerade diese ganzheitliche Betrachtungsweise – die vom Datenschutz über Compliance bis hin zu wirtschaftlichen oder strategischen Fragestellungen reicht – macht den Berufsträger wertvoll und schafft einen neuen Beratungsansatz, der weit über das bloße Ausfüllen von Steuererklärungen hinausgeht. Durch die steigende Bedeutung ethischer und haftungsrelevanter Aspekte fungiert die Steuerberatung zudem immer häufiger als Gatekeeper, der Missbrauch verhindert und rechtskonforme, transparente Prozesse gewährleistet. Langfristig kann sich so eine starke Kanzlei- und Arbeitgebermarke etablieren, die auch im engen Markt um qualifizierte Fachkräfte punktet, weil sie gezielt in neue Technologien, agiles Arbeiten und die persönliche Weiterentwicklung ihrer Mitarbeitenden investiert.

Insgesamt zeigt sich, dass Steuerberatungsgesellschaften, die den Mut zu tiefgreifenden Veränderungen aufbringen, vom reinen „Zahlenverwalter" hin zum ganzheitlichen, strategisch denkenden und digital versierten Partner ihrer Mandanten wachsen können. Diese

Positionierung erfordert nicht nur neue Strukturen und Prozesse, sondern oft auch einen grundlegenden Kulturwandel, der etablierte Machtgefüge infrage stellt und Teamarbeit zum wesentlichen Treiber der Innovationskraft macht. Ein solches Changemanagement sollte auf umfassende Kommunikation, aktive Beteiligung der Belegschaft, klare Projektorganisation und kontinuierliches Monitoring setzen, um Stabilität in Zeiten schnellen Wandels zu gewährleisten. Wer sich dieser Herausforderung offen stellt und sich frühzeitig auf Spezialisierungen, Plattformkonzepte und den Ausbau beratungsintensiver Leistungen fokussiert, wird die eigene Rolle neu definieren, Konflikte besser managen und sich in einem zunehmend herausfordernden Umfeld als zukunftsorientierte Kanzlei mit hohem Mehrwert für Mandanten und Mitarbeitende etablieren können.

Changement in der Steuerberatung – dargestellt anhand der Gesellschaften und Unternehmen von Martin Grau und Michel Menk

„Es ist ein Unterschied, ob man einen Weg nur kennt oder ob man ihn beschreitet." Dieses Zitat stammt aus dem Film Matrix (1999) und wird von Morpheus gesagt. Es fällt während des Trainings von Neo in der Simulation, als Morpheus ihm helfen will zu verstehen, dass theoretisches Wissen allein nicht ausreicht – man muss auch den Mut haben, das Gelernte in die Tat umzusetzen. In dieser Szene wird Neo erstmals bewusst, dass es nicht genügt, die Wahrheit über die Matrix zu kennen. Vielmehr muss er den Mut finden, seine Fähigkeiten einzusetzen, um die Realität zu verändern. Für Neo ist dies der entscheidende Moment des Umdenkens: Er erkennt, dass die Überwindung von Ängsten und die Bereitschaft zum Handeln die einzigen Wege sind, um das eigene Potenzial voll auszuschöpfen. Diese Szene ist zentral für die Entwicklung von Neo, da sie ihn dazu anspornt, seine Fähigkeiten nicht nur zu erkennen, sondern sie auch zu nutzen und an sich zu glauben.

Dieses Zitat beschreibt treffend die Herausforderung, vor der die Steuerberatungsbranche heute steht. Theoretisches Wissen über die digitale Transformation und die Zukunft der Branche gibt es reichlich.

Doch was wirklich zählt, ist der Mut, diesen Weg auch tatsächlich zu gehen – mit all seinen Unsicherheiten und Risiken.

Es würde daher diesem Buch etwas fehlen, wenn wir es nur bei einer fiktiven mimetischen Erzählung über die Kölner Kanzlei Berger & Berger und ihre disruptive Klausurfahrt nach Paris und rein nüchtern sachliche Fachkapitel als Gegenpol beließen. Jeder könnte sagen: das eine kenne ich schon und das andere betrifft mich nicht. Je nach Façon einmal auf die Erzählung und einmal auf den Sachtext bezogen; denn nichts kann man so schön unbeteiligt unbetroffen einfach konsumieren wie Geschichten oder Fachvorträge.

„Darum haben wir uns entschlossen, in diesem Buch auch direkt von uns zu erzählen – von Martin Grau und Michel Menk. Natürlich kann der weniger geneigte Leser auch dann sagen: ‚betrifft mich nicht', aber vielleicht findet sich doch der ein oder andere, der in der Schilderung unserer Geschichte mit Neuerungen in der Steuerbranche auch etwas wiedererkennt, das ihm bekannt vorkommt. Der sich an Entscheidungen oder Konflikte erinnert, mit denen auch er es schon einmal zu tun hatte. Es geht uns nicht darum, zu belehren oder im Baulig-Style zu zeigen, wie toll wir sind. Wir sind nur zwei Typen in der Steuerszene, die versuchen, nicht an der Zukunft zu scheitern. Nur zwei Rheinländer, die irgendwie ihren Weg mit der technologischen Transformation gehen wollen und nicht dagegen. Wir sind zwei Steuerleute, die Lust haben, Neues zu entdecken."

Wir haben also diesen Schritt gewagt – den Schritt ins Neue und Unbekannte. Ich, Martin, hatte nach einer internationalen Karriere als Rechtsanwalt und Steuerberater bei einer der Big Four den Mut, eine kleine mittelständische Kanzlei zu übernehmen, sah mich schnell mit der Realität konfrontiert: Die Strukturen waren alt, die Arbeitsweisen verstaubt und die Bereitschaft zur Veränderung gering. Doch anstatt mich mit dem Status quo abzufinden, beschloss ich, die Dinge grundlegend anders zu machen. Was als pragmatischer Versuch begann, Prozesse zu verbessern und die Effizienz zu steigern, entwickelte sich zu einer umfassenden Transformation. Dabei war es keineswegs ein vorab ausgeklügelter Masterplan, sondern vielmehr ein Prozess des Lernens und Anpassens. Mein Weg war eher ein Hineinstolpern in die Veränderung – ohne große Strategie, aber mit der klaren Überzeugung, dass es so nicht weitergehen kann.

Auch ich, Michel Menk, der ich meinen Weg aus der Finanzverwaltung über einen-IT Partner für Steuerberater hin zur Gründung meines eigenen Unternehmen menkdittrich Consulting und darauf folgend auch milia.io fand, folgte einer ähnlichen Erkenntnis: Solange man innerhalb der alten Strukturen bleibt, ist echter Wandel kaum möglich. Mit meiner Erfahrung in der Prozessberatung und der digitalen Transformation erkannte ich früh, dass es nicht reicht, bestehende Prozesse zu digitalisieren – sie müssen grundlegend neu gedacht werden. Meine Entscheidung, die Finanzverwaltung zu verlassen und eigene Wege zu gehen, war ein klares Signal: Veränderung kann man nicht nur managen – man muss sie aktiv gestalten.

Die dritte im Bunde ist Janet Müzel, deren Weg in die Steuerberatung wohl der unkonventionellste war. Als ehemalige Tanzlehrerin lernte sie Martin durch einen Zufall kennen. Was als lockeres Gespräch begann, führte schließlich dazu, dass Janet 2018 in der Kanzlei anfing – nicht etwa als Change Managerin, sondern bewusst ganz unten, am Empfang. Ihr Ziel: Erst verstehen, dann verändern. Was sie dort vorfand, war eine Branche, die immer noch stark in traditionellen Denkmustern verhaftet ist – mit vertäfelten Wänden, Ledersesseln und einem Hierarchiedenken, das wenig Raum für Innovation ließ. Doch Janet erkannte schnell, dass die eigentlichen Herausforderungen nicht die technischen Systeme waren, sondern die Menschen. Die größte Hürde war nicht die Einführung neuer Technologien, sondern die Überzeugung der Mitarbeiter, dass Veränderung nicht Gefahr, sondern Chance bedeutet.

Im Interview berichten wir Drei – Martin, Michel und Janet – offen über unsere Erfahrungen, Rückschläge und Erfolge. Wir sprechen darüber, wie wichtig es ist, die Menschen auf diesem Weg mitzunehmen, jedenfalls soweit dies möglich und vom Einzelnen auch gewünscht ist – durch klare Kommunikation, echte Beteiligung und das Vertrauen, dass Veränderung nicht bedeutet, alles Alte hinter sich zu lassen. Besonders deutlich wird das im Umgang mit den Mitarbeitern: Während Martin und Michel neue Technologien und Automatisierungen einführten, sorgte Janet dafür, dass die Ängste und Widerstände der Belegschaft ernst genommen wurden. Es ging darum, die Mitarbeiter nicht einfach vor vollendete Tatsachen zu stellen, sondern sie aktiv in die Entwicklung der neuen Prozesse einzubeziehen.

Ein zentrales Thema des Gesprächs ist auch die Frage nach der richtigen Balance zwischen Tradition und Innovation. Wie kann man die bewährten Werte der Steuerberatung bewahren und gleichzeitig radikal neue Wege gehen? Ich, Martin spreche darüber, wie schwer es war, sich von alten Gewohnheiten zu lösen, und ich, Michel berichte von den Widerständen, die ich selbst als Berater bei einem Systemhaus erlebte, als ich versuchte, innovative Ideen durchzusetzen. Für Janet lag die Lösung vor allem darin, Rollen klar zu definieren: Von allem, was keine Facharbeit ist, sollten Fachleute entlastet werden, damit diese sich auf das Wesentliche konzentrieren können – die Facharbeit und die Beratung der Mandanten.

Am Ende geht es um mehr als nur um technische Lösungen. Es geht um eine grundsätzliche Haltung gegenüber Wandel und Fortschritt. Wie schafft man es, trotz aller Herausforderungen den Mut nicht zu verlieren und immer wieder aufs Neue die eigenen Überzeugungen zu hinterfragen? Wie gelingt es, Mitarbeiter für die Idee zu gewinnen, dass die Steuerberatung der Zukunft nicht nur effizienter, sondern auch menschlicher sein kann? Und was bedeutet es, nicht nur über die Zukunft der Steuerberatung zu reden, sondern sie aktiv zu gestalten?

Dieses Interview ist nicht nur ein Erfahrungsbericht, sondern ein Einblick in die Kunst, Wandel nicht nur zu kennen, sondern ihn zu leben – mit all seinen Höhen und Tiefen. Erfahren Sie aus erster Hand, wie es uns, Martin und Michel, mit Hilfe von Janet, gelungen ist, unseren eigenen Weg durch das Labyrinth der Transformation zu finden und dabei nicht nur die Kanzlei, sondern auch uns selbst zu verändern – das Interview dazu führte Götz Kümmerle.

Götz: So, ich freue mich riesig hier zu sitzen, das Gespräch moderieren zu dürfen. Und zwar nämlich Martin und Michel schreiben ja ein Buch. Ein Buch über die Transformation der Steuerbranche. Aber das soll jetzt nicht nur eine Aufforderung an andere sein. Das ist auch ein Erfahrungsbericht von ihnen über ihre eigenen Erfahrungen mit Transformation.

Weil es aber blöd ist, mit den beiden Herren zu beginnen, beginne ich mit Janet. Und Janet, Du wurdest von Martin, wenn ich es gerade richtig gehört habe, extra hereingeholt in seine Kanzlei, um etwas zu organisieren, wogegen sich andere Steuerberatungen sperren, nämlich einen Change, eine Veränderung. Erzähl mal, wie war das?

Janet: Genau, Martin und ich, wir haben uns kennengelernt im eher privaten Bereich, beim Tanzen.

Götz: Hey, okay.

Janet: Ich war seine Tanzlehrerin.

Götz: Hola.

Janet: Und dann hat er irgendwann mal gefragt, was machst du eigentlich sonst so? Und ‚sonst so' ist eine Karriere gewesen von der klassischen Sekretärin, Bürokauffrau, über Unternehmensberatung hin zum Teammanagement, Changemanagement und Organisationsberatung. Da hat Martin sich dann hingestellt und hat gesagt: „Das brauche ich". Das war Ende 2017. Und da habe ich gesagt: „Ja, aber was hast du eigentlich für ein Unternehmen?" Und da hat er gesagt: „Ich bin Steuerberater". Und spätestens da habe ich gesagt, „Nee, auf gar keinen Fall. Steuerberatung geht gar nicht" – weil das sind ja die mit den vertäfelten Wänden, den Ledertüren und der Chef entscheidet

Götz: Chesterfield-Sessel, Zigarre, Cognac …

Janet: Und der Chef entscheidet, was gemacht wird und vor allen Dingen auch, wie es gemacht wird. Und spätestens da bin ich raus, das GEHT GAR NICHT.

Götz: Wie hat er es dann geschafft, dich doch zu überzeugen?

Janet: Er hat dann gesagt, „Sehe ich so aus und bin ich so?" Kappe trug er noch nicht, aber er sah schon damals nicht aus wie einer, der einen dunkelblauen Zweireiher mit Goldknöpfen trägt. Dann habe ich so gesagt, ja, okay, ich könnte ja mal drüber nachdenken. Dann haben wir ein Jahr lang darüber Kontakt gehalten, wie wir das machen könnten. Wir haben das quasi ausgetanzt. Und nach einem Jahr, also September 2018, habe ich dann bei Martin angefangen unter der Voraussetzung, dass ich wirklich am Empfang anfange. Also ganz von der Pike auf, weil ich noch nie vorher in der Steuerberatung gearbeitet habe, sondern das nur von der anderen Seite kannte, als Zuarbeiterin aus dem Unternehmen für Steuerberater. Bevor ich anfange, was umzukrempeln, möchte ich erst begriffen haben, was passiert hier überhaupt.

Da habe ich ganz klassisch am 1.9.2018 am Empfang der Megra Steuerberatung angefangen mit Posteingang, Postausgang, Telefon, Mandanten kennenlernen, Menschen in der Kanzlei kennenlernen, Prozesse kennenlernen, wie sie jetzt sind, um dann Anfang 2019 zu sagen, okay, das habe ich jetzt verstanden, jetzt können wir anfangen, hier umzubauen.

Götz: Das klingt irgendwie cool. Sag jetzt mal, Martin, was für eine Art von Tanz war das?

Martin: Paartanz. Mit meiner Frau.

Götz: Okay, aber Tango? Lateinamerikanisch?

Martin: Alles – nur Rock'n'Roll haben wir nicht gemacht.

Götz: Tanzt du, Michel?

Michel: Definitiv nicht, nein.

Götz: Sehr sympathisch, Michel – Aber sag mal Martin; wieso kauft ein Steuerberater eine Change-Managerin ein?

Martin: Damals hat er keine Change Managerin eingekauft, sondern er hatte eine strategische Entscheidung getroffen für den Wechsel von einem Sekretariat, das abarbeitet, in eine Prozess-Organisation mit einer Assistenz und Prozessorganisatorin.

Das ist der Unterschied damals gewesen. Dass es in echtes Change Management mündet, das war nicht von Anfang an klar. Das hat sich dann nach relativ kurzer Zeit gezeigt, als Janet gesagt hat, „das, was du da von mir willst, das kann ich hier vorne nicht machen, da brauchen wir jemanden für hier vorne am Empfang, damit ich das machen kann". Da wurde es dann zu Change Management. Am Anfang war es nur meine eigene Erkenntnis, dass die Menschen, die ich an der Stelle bisher beschäftigt hatte, meine Wünsche über Kanzlei, Entwicklung und Kanzlei der Zukunft nicht werden umsetzen können. Da ich schon immer gesagt habe, ich mache das ja nicht, ich führe das ja, brauchte ich halt andere Menschen.

Götz: Das klingt ein bisschen so, als wärst du da selber in diese Veränderungsrolle gestolpert?

Martin: Ja, war auch so.

Götz: Also jetzt kein gigantischer Masterplan, so wie bei Pinky and the Brain?

Martin: Als ich die Kanzlei 2009 übernommen habe, wusste ich mal gar nicht, was mich erwartet. Ich kam als RA und StB von PwC und war da schon mit meiner Auslandserfahrung in der Prüfungsabteilung ein „Exot". Hier ging es aber für mich nicht weiter und so habe ich nach dem Kauf der Kanzlei erst noch das WP-Examen gemacht. Daneben habe ich auch noch nicht so viel Change gemacht, ein bisschen Steuerberatung, Beratung und Gedöns. Im Mittelpunkt standen da Familie gründen und Familienheim bauen. Als ich wirklich eingestiegen bin in die Veränderung dieser Kanzlei, die ich übernommen hatte, das war ab 2012. Da habe ich erst so ein bisschen hier was repariert, da was repariert, hier ein Programm geändert, da Wachstum geschaffen – das hatte wenig strategische Ziele. Das kam dann erst so ab 2014 oder 2015. Ab da habe ich strategischer gearbeitet und ein strategisches Ziel war, das Sekretariat durch eine Assistenz zu ersetzen. Der nächste Schritt war dann, die Assistenz zur Change Managerin zu machen und zur Führungskraft.

Götz: Wenn das im Grunde jetzt bei Martin so ein bisschen wie ‚Stolperdiepolter' klingt, wie ist dein Weg in die Veränderung,

Michel? War der planvoll systematisch oder wie war das bei dir?

Michel: Mein Weg zur Veränderung war, glaube ich, sehr systematisch. Also ich habe schon was dafür getan, dass sich was verändert, ohne wirklich einen Plan zu haben, wie das aussehen wird. Also der Weggang aus der Finanzverwaltung hat sich schon während meines Studiums dort abgezeichnet – immer mit dem Blick auf die Besoldungstabelle wusste ich eigentlich, dass der Weg raus aus der Finanzverwaltung führen wird, egal wie hoch ich da komme oder wie lange das dauern wird. Dann ging es für mich ja tatsächlich ins Datev-Consulting, also Prozessveränderung und die digitale Transformation zu beraten.

Spannend ist dann der Punkt, wenn man selbst erkennt, dass man ausgebremst wird. Also wenn man selbst merkt, dass man eigentlich mehr kann, auch mehr will. Aber im Angestelltenverhältnis gebremst wird, weil es funktioniert ja gerade alles. Ich war draußen im Außendienst, ich habe meine Projekte gemacht, ich habe meine Umsätze gemacht. So, und jetzt will der Michel auf einmal irgendwas anderes. ‚Jetzt will er mehr. Jetzt will er mehr beraten, jetzt will er strategischer beraten. Das muss ja auch irgendwer verkaufen und das muss auch irgendwer beraten'. Und als ich das nicht durchbekommen habe, da habe ich gesagt, „dann mache ich es alleine".

Götz: Das war bei DATEV dann noch?

Michel: Das war damals bei einem größeren DATEV Systempartner.

Götz: Das heißt, du kommst aus der Finanzverwaltung, aber eben auch stark von der Softwareseite?

Michel: Richtig, genau. Ich würde mal sagen, das ist so der Fokus. Also ja, Veränderung gewollt schon immer. Ob dahinter immer eine Strategie steckte? Mittlerweile würde ich sagen, schon, „ja, ich weiß, wo ich hin will, ich weiß, wo mein Unternehmen hin soll". Ob das immer so war? Na ja …

Götz: Das ist doch schön zu sehen! Ich glaube, einer dieser Widerstände, die man in der Branche findet, ist, dass Leute sich überfordert fühlen und denken, oh mein Gott, ich habe nicht Steuern studiert, um mir kreativ Gedanken über meine Zu-

kunft zu machen. Sondern ich bin eher extra Berufsträger geworden, damit alles schön geordnet ist. Wenn man dann sieht, dass diejenigen wie Ihr, die Veränderungen umsetzen, auch nicht die kompletten Masterminds mit einem Plan bis im Jahr 2100 sind, sondern selbst einfach durch ihr Machen – also Schritt um Schritt – die Transformation gemeistert haben; dann kann das schon beruhigen und entspannen.
Was ist dir, Janet, konkret aufgefallen, als du zu Martin gesagt hast, du brauchst noch vorne jemanden, ich muss weiter hinten tiefer buddeln?

Janet: Also für mich ein einschneidender Moment war, zu sehen, dass im Grunde in der Kanzlei ganz klassisch jeder alles gemacht hat. In dem Sinne, dass jeder seine Telefonate selber geführt hat, sich gleichzeitig aber beschwert hat, dass dauernd das Telefon klingelt und dass man zu nichts in Ruhe kommt. Dann gab es Beschwerden, dass man selbst Briefe ausdrucken, falten und frankieren muss und dass dies alles ach so viel Zeit kostet. Dann war mein Thema „dann lass mich das doch machen, wir haben ja hier ein Sekretariat“. Und diese Akzeptanz, alleine schon den Brief richtig auszudrucken und zu falten für jemanden, der es bisher immer selber gemacht hat, „oh“, das war gefährlich. „Da will mir jemand Arbeit wegnehmen, von dem ich nicht genau weiß, ob er es genauso gut kann“. Dann habe ich gesagt, ich brauche hier mehr Zeit, um solche Dinge zu erklären. Und wir sollten darüber nachdenken, welche Rollen brauchen wir in der Kanzlei.
Im Gespräch haben wir dann entwickelt, die Fachleute von allem, was nicht Facharbeit ist, zu entlasten, damit die Spezialisten in Ruhe arbeiten können.
Dass also Mandanten erst beim Empfang landen und man sagt dann, „Ah, die Mitarbeiterin XY, die ist gerade mit einem Fall beschäftigt, die ruft sie später zurück“. Damit nicht permanent das Telefon klingelt. Sondern damit man Zeitslots bildet, in Zeitslots und in einer bestimmten Rolle arbeitet. All diese Dinge sind uns dann gemeinsam so im Gespräch gekommen, „was kann man eigentlich alles verbessern?“.

Um das dann in der Kanzlei zu etablieren, kann ich aber nicht gleichzeitig diejenige sein, die Post annimmt, telefoniert, zu der Zeit noch Briefe ausdruckt, falzt, eintütet. Da braucht es dann jemanden anders, der klassisch Sekretariat macht oder auch Assistenzaufgaben übernimmt, damit ich dann Prozesse, Rollen und deren richtige Kommunikation mitentwickeln kann. Also das war dann mein Schritt von der Assistentin hin zur Mitkanzlei-Entwicklerin. Ich musste erst analysieren, welche Rollen es gibt. Dazu musste ich dann auch erst mit wirklich ganz vielen Mitarbeitenden sprechen und fragen „Was machst du eigentlich den ganzen Tag ganz genau? Und was stört dich daran?". Da waren wir schon in so einer Prozessanalysephase, wo ich in eine ganz andere Rolle reingekommen bin – statt vorne als Sekretärin, Assistentin oder Gesicht der Kanzlei.

Götz: Aber das klingt ja irgendwie so, als ob Kanzleien jetzt – betriebswirtschaftlich gesehen – irgendwie das komplette Brachland wären? Weil das, was du ja beschreibst, im Grunde Rollenorganisation, Arbeitsteilung – das ist ja, wenn man das jetzt so herunterbricht auf eine industrielle Arbeitsorganisation, eigentlich total basal, dass es sozusagen eine Staffelübergabe gibt, dass fest definiert ist, wer welche Aufgaben in der Wertschöpfungskette wann wahrnimmt.

Wenn ich dich richtig verstehe, dann ist das bei Kanzleien gar nicht so. Kann man das so etwas übertragen oder war das nur bei Martins Kanzlei so? Ist Martin da ein ganz schlimmes Beispiel?

Michel: Im Gegenteil – ich glaube tatsächlich, Martins Kanzlei ist ein klassisches Beispiel für das, was wir heute noch in leider 70 Prozent der Kanzleien vorfinden. „Historisch gewachsen", sagen dann die Kanzleien immer dazu. „Das war halt immer so, das haben wir schon immer so gemacht". Du hast es auch „betriebswirtschaftlich" in den Mund genommen. Ich glaube, das ist die Besonderheit, warum das immer noch so ist: Dieser Berufsstand ist geschützt. Er muss gar nicht konsequent betriebswirtschaftlich arbeiten. Abgerechnet wird nach der Steuerberater-Vergütungsverordnung. Egal, ob ich das in Papierform oder digital mache. Damit standen die Rahmenbedingungen immer fest und auch, dass man damit Geld verdient hat.

Das ist der Trugschluss – dass alles okay ist, solange Geld verdient wird. Dieses wird in der Steuerbranche aber nicht verdient, weil man sich bereits optimal aufgestellt hat, sondern weil sich der Berufsstand derzeit noch unter einem Schutzschirm befindet, der die Branche vor dem Zwang zum Change und vor der Notwendigkeit zur Veränderung noch „abschirmt". Das ist aber die Gefahr. Denn warum entwickelt sich ein Unternehmen weiter? Der eine Punkt ist der strategische Aspekt, „wo will ich hin?".

Dazu gehört alles, was in Richtung Effizienz, Effektivität und Zukunftsfähigkeit abzielt. Das sind die drei großen Faktoren. Wenn der Gesetzgeber mir aber sagt, was ich genau zu tun habe, bis wann ich es zu tun habe und in welcher Form ich es zu tun habe – Sachkontenrahmen beispielsweise oder was ins Formular für die Umsatzsteuer-Voranmeldung muss, wie das dann übermittelt werden muss und mir danach sogar noch sagt, was ich dafür abrechnen darf – dann stellt sich halt die Frage, wo behalte ich meine Flexibilität?

Also das, was Unternehmen in der Industrie am freien Markt entscheiden müssen, das mussten Kanzleien nie oder müssen es bis heute nicht entscheiden. Das sind die Besonderheiten, auf die man in der Steuerberatung trifft.

Götz: Aber das klingt ein bisschen so, als ob es sich für einen Steuerberater ja gar nicht lohnt, sich aus so einem antiquierten System rauszubewegen. Weil, wenn er nach Stundensatz mal Stunde abrechnet, dann ist es ja cool, wenn er ewig braucht, bringt ja Geld. Und wenn er im Grunde nach der Steuerberatervergütungsverordnung abrechnet, dann ist es auch egal.

Dieses Thema der Wertschöpfung – in einem Unternehmen wird ja der Preis eines Produktes oder einer Dienstleistung berechnet nach dem Wert, den diese Dienstleistung oder dieses Produkt da draußen am Markt kreiert oder eben nicht kreiert – scheint ja offensichtlich gerade kein Thema zu sein bei Steuerberatungen. Welchen Anreiz hat denn dann überhaupt eine

Steuerberatung, sich zu verändern, wenn sich das monetär nicht auszahlt?

Michel: Normalerweise steuern Angebot und Nachfrage den Preis. Das ist auch in der Steuerberatung nicht anders. Tatsächlich: welchen Wert hat diese Dienstleistung? Problem hierbei ist tatsächlich die Gesetzgebung und die Vorbehaltsaufgaben. Ich kann ja nirgends woanders hingehen mit meinem Unternehmen. Entweder ich mache es selber, meinen Jahresabschluss, meine Umsatzsteuer-Voranmeldung, meine Buchhaltung etc. Oder ich gehe zu einem Steuerberater. Der eben eingetragen ist und mit dem ich das Ganze machen kann.

Und am Ende, wie ist es denn? Es rechnet ja niemand nach Stunden ab in der Deklaration, sondern nach Zehntelsätzen der Steuerberatervergütungsverordnung, die in den meisten Fällen auch relativ lohnenswert sind für die Kanzlei. Das heißt, ich verstecke mich vor dem Prinzip von Angebot und Nachfrage und schiebe die Steuerberatervergütungsverordnung vor. Man versteckt sich hinter einer Verordnung.

Martin: Warum heute dieser Druck oder warum heute die Bereitschaft, sich zu verändern, nicht da ist, ist das, was Michel gerade angebracht hat. Wir haben betriebswirtschaftlich wie so einen kleinen Kokon um die Steuerberatung. Es muss ja gar nicht verhandelt werden, Götz. Es muss nicht verhandelt werden. Es gibt Tätigkeiten, die sind geschützt. Da gibt es keinen Wettbewerber. Es gibt also auch den Vergleich am Markt nur innerhalb des Kreises der Steuerberater. Das heißt, die batteln sich miteinander.

Und sie haben eine Vergütungsverordnung. Das heißt, der Preis ist eigentlich festgelegt. Plus diese Tätigkeit kann kein anderer machen. Und dann ist das Angebot an Steuerberatern auch noch knapp. Der Markt ist grundsätzlich knapp für Unternehmer. Steuerberater zu finden ist nicht nur für Start-ups und Einzelunternehmer schwierig – so wird das zumindest nach außen kolportiert. Und dadurch wird durch den ein oder anderen Akteur in diesem ganzen Spiel suggeriert, als sei diese Art zu arbeiten lukrativ, denn sie funktioniere ja. Was in Zukunft passieren wird, welche technologischen Veränderungen kommen, was von außen gesetzt werden wird, das wird zum Teil schlicht ausgeblendet. Es wird einfach ausgeblendet von dem ein oder anderen sagen wir einmal, Stakeholder oder Influencer in der Branche, die kammermäßig organisiert ist. Da ist viel „nicht hingucken" dabei. Deswegen ‚funktioniert' das aktuell noch.

Michel: Aber deine Frage, Götz, war ja eigentlich super spannend. Warum sollte man es trotzdem machen? Wenn ich jetzt Steuerberater wäre und ich mein Geld verdiene und eigentlich alles gut ist, warum sollte ich dann etwas ändern? Oder warum ändern sich die Kanzleien, mit denen wir zusammenarbeiten? Ich glaube, die spannende Frage ist immer auf drei Säulen „Mensch, Markt und Technologie" zu beziehen und nicht jeder hat immer die gleiche Intention, auch das ist relativ spannend. Wenn du den klassischen Unternehmer fragst, der sagt: noch mehr, noch schneller, noch besser – und in die Zukunft gerichtet. Das heißt, das, was heute funktioniert, muss auch morgen funktionieren. So in etwa. Klassisch finden wir immer diese drei Säulen – Mensch, Markt, Technologie. Du hast die, die sich nach dem Menschen orientieren. Und hier stehen wir ja vor einer riesen Schere.

Zwei Lager, die wir überall finden, auf Mandanten und auf Kanzleiseite. Neue, junge Mitarbeitende fordern das. Die wollen gar nicht mehr anders arbeiten. Die wollen das Ganze digital. Auf Mandantenseite ist das genauso. Moderne, junge Unternehmen und Mandanten fordern etwas ganz anderes wie nur die fristgerechte Abgabe der Umsatzsteuer-Voranmeldung. Das ist so ein Abfallprodukt, das gehört dazu. Das kauft man mit ein im Outsourcing.

Also der Faktor Mensch, der sich wandelt – und das spüren auch die Kanzleien. Wenn ich zukunftsfähig sein möchte – von meinen Mitarbeitenden gehen 40 % in den nächsten 5 Jahren – ich brauche neue, junge Leute, dann muss ich ein bisschen was dafür tun. Ich muss irgendwie sagen, wo ich mich unterscheide vom Rest, um was zu machen.

Der zweite Punkt ist der Faktor Markt. Im Markt passiert mittlerweile auch einiges und auch das merken die Kanzleien so langsam. Es gibt immer mehr Anbieter von Software. Nehmen wir LexwareOffice, ein grandioses Produkt. Da kann man ruhig auch mal Werbung für machen, ohne dafür bezahlt zu werden. Das ist super, was die KMUs bieten. Einfach mal sinnbildlich gucken, wie lange man dafür noch einen Steuerberater braucht. Das ist nur eines von ganz, ganz vielen Beispielen.

Das heißt, die spannende Frage ist „Wie lange hält die Lobby der Steuerberatung, um es mal ganz offen auszusprechen, um diese Vorbehaltsaufgaben beizubehalten?". Weil danach wird es dann spannender. Wenn der Markt nicht mehr geschützt ist und jeder es machen kann, dann sind wir bei klassischem Angebot und Nachfrage.

Besonders, wenn die E-Rechnung bei allen angekommen ist. Es wird zwingend alles elektronischer. Wir werden ja dahin getrieben, uns zu verändern. Also wie nehme ich dann diesen Faktor Mensch mit in den Faktor Markt?

Und der dritte Punkt ist halt eben der technologische. Ganz klar dieses Thema Zukunftsangst. Was passiert in den nächsten 5 bis 10 Jahren? Jetzt ist das Thema KI auf einmal da. Mit Blick auf andere Länder, die schon fünfmal weiter sind.

Es wird sich was verändern. Ich glaube, dieser Punkt, agile Strukturen zu schaffen und damit ein wenig Zukunftssicherheit für seine Mitarbeitenden, ist notwendig.

Diese Transformation zeitnah einzuleiten, ist glaube ich super wichtig.

Aber das sind die drei größten Beweggründe, warum man unabhängig der aktuellen betriebswirtschaftlichen Lage tatsächlich was tun sollte oder warum die meisten was machen.

Götz: Wenn die Steuerberater sich nicht bewegen, dann wird das wie bei den Fluggastrechten werden, man hat das im Legal Tech ja auch, dann wird es Technologieanbieter geben, die das, was im Augenblick Vorbehaltsaufgabe ist, über technische Lösungen bis zu einem gewissen Grad hinbekommen und dann kann es sein, dass gerade dieser Deklarationspart bei Steuerberatern und Buchhaltungspart wegfällt?

Michel: Nimm dir zwei klassische Beispiele in Deutschland. Taxi und Uber. Wie laut haben die Taxifahrer geschrien? Irgendwann war die Lobby nicht mehr stark genug. Und jetzt wird die Taxi-Industrie immer kleiner und Uber gewinnt. Die bieten die gleiche Leistung an: Ich komme von A nach B. Was ist der Unterschied? Mal neben dem Preis: Uber ist einfach viel schneller und einfacher verfügbar. Ich weiß noch aus meiner Jugend, und so lange ist das jetzt auch noch nicht her, da habe ich mir die Taxi-Nummern gemerkt. Je nachdem, wo ich feiern war, wusste ich dann, wo ich anrufen musste, um ein Taxi zu bekommen.

So, heute, egal wo ich auf der Welt bin, ich mache die App auf und sage, ich will wohin. Und dann steht da, in 5 Minuten geht es los. Da muss ich nirgendwo anrufen, keine Nummer merken oder sonstiges.

Ein zweites Beispiel ist, glaube ich, in Deutschland noch zutreffender.

Öffentlich-rechtliche Fernsehsender, für die wir weiterhin fleißig Rundfunkgebühr bezahlen, also irgendwo auch dazu gezwungen werden. Ich habe ja nicht die freie Wahl. Und Netflix, nehmen wir Netflix. Es gibt ja mehrere Anbieter, die innerhalb von wenigen Jahren eine Weltmacht im Bereich der Streamingdienste eingenommen haben. Wer kann sich jetzt von den jüngeren Generationen noch vorstellen, irgendwo ohne Netflix unterwegs zu sein? Wer von denen macht noch ARD oder ZDF an?

Und ähnlich ist gerade dieser Umbruch in der Steuerberatungsbranche.

Niemand weiß wirklich, wer da kommt. Vor zehn Jahren wusste auch keiner, was Netflix sein soll oder wo das Ganze hingeht und auf einmal waren sie da. Das heißt, diese Geschwindigkeit ist ja wahnsinnig rasant. Und ja, ich glaube, darauf sollte jeder vorbereitet sein.

Götz: Jetzt habt ihr sozusagen im Kleinen erlebt, ihr als Reformatoren, ‚John the Revelator', womit Reformatoren generell konfrontiert werden: nämlich Widerstand. Das hast du, Janet, im ganz Kleinen erlebt und zwar in der Frage, wer darf Mails ausdrucken. Da wurde der Steuerberater plötzlich zum Gutenberg. Dann, als Du es ihm wegnehmen wolltest, entdeckte der Steuerberater seine Passion im Buch- oder besser Briefdruck. Wenn ihr jetzt nach draußen geht und sagt: „Hier, liebe Steuerberater. Demnächst wird die Deklaration von Lexoffice besser erledigt als von euch. Also schaut mal, was ihr macht." Dann werden die wahrscheinlich auch sagen: „Nee, nee, wir sind die Gutenbergs der Deklaration".

Martin: Wenn du die letzten zwei, drei Wochen in der Zeitung geblättert hast, dann gibt es Kommunen, die versuchen durch Strafgelder die Taxiunternehmen zu schützen. Also eine Restriktion einzubauen. Das ist in dem zweiten Beispiel genauso. Wenn wir über ARD und ZDF, also über Gebühren reden, dann reden wir über diese öffentlichen Rundfunkgebühren und kämpfen mittlerweile darum, wie hoch wir sie schieben müssen, um überhaupt noch ein konkurrenzfähiges Angebot hinzukriegen, weil wir eigentlich gar nicht in der Lage sind, das zu tun. Das heißt, wir müssen es staatlich regulieren. Und die Steuerberater sind auch eine staatlich regulierte Institution. Da kämpft der deutsche Staat innerhalb Europas seit Jahren dafür. Und die Kammern und auch die Verbände rühmen sich zum Teil mindestens einmal am Ende des Jahres damit, dass die schwarzen Schafe entdeckt haben, die gegen das Steuerberatergesetz agiert haben und Leistungen angeboten, die ja eigentlich nur ein Steuerberater anbieten darf.

Und wenn du dir dann auf der Zunge zergehen lässt, dass der Anbieter, den wir jetzt schon dreimal genannt haben, der Software für Rechnungsschreibung, und Buchhaltung für kleine Unternehmen anbietet – andere Anbieter gibt es im übrigen auch, aber dieser ist halt einfach wirklich monsterpräsent und hat gerade nach eigenen Angaben 21.000 Neuverträge in einem Monat abgeschlossen.

Ja, da fragt man einen Steuerberater, ob er 21.000 Neuverträge überhaupt abwickeln könnte. 21.000 Neuverträge, das muss man sich rein tun, in vier Wochen, alter Falter, da geht was und das sind junge Leute, softwareaffine Leute, die auf den Markt treten.

Die Sicht darauf, was der Branche und dem, worin ich mich bewege, nämlich Steuerberatung, gut tut, die fehlt, weil da guckt keiner hin. Niemand schaut auf die Außenwirkung, sondern der Blick verbleibt innerhalb dieses Kokons.

Man schaut nur auf sich und beweihräuchert sich, das ist jetzt die etwas wertende oder negativ wertende Variante. Aber wenn du das nicht aufbrichst, durch, wie hast du es gerade genannt, irgendwelche Revoluzzer oder was, wenn du das nicht aufbrichst, dann wird es niemanden geben, der so kleine Nischen findet – vielleicht mal sagt, „doch, Uber geht auch".

Janet: Die Menschen, die in der Steuerbranche arbeiten, sind halt welche, die es ja immer sehr, sehr genau machen wollen. Und zwar nicht 100 Prozent, sondern 120 Prozent genau. Letztlich ist es ja auch das, was der Mandant sich gewünscht hat, dass seine Steuererklärungganz, ganz exakt abgegeben wird, damit möglichst viel Geld zurückerstattet wird. Und dass wirklich jedes Gesetz angewendet wird, was es in irgendeiner Form gibt.

Wenn man zu Menschen hingeht, die so ein hohes Sicherheitsbedürfnis haben, alles ganz, ganz genau zu machen, und sagt, „ich weiß noch nicht genau, wie es geht. Ich habe hier aber neue Tools, zum Beispiel dieses vielfach benannte LexOffice." Dann sagen die „Daraus soll ich Daten übernehmen, um sie weiterzuverarbeiten? Weiß ich denn, ob die richtig sind? Das haben wir doch noch nie so gemacht. Oh, da muss ich aber noch mal nachgucken, da muss ich genau reingucken, da muss ich nachrechnen".

Wir hatten ein anderes Tool, das liegt schon fünf Jahre zurück. Das sollte eine betriebswirtschaftliche Auswertung nicht nur als Tabelle darstellen, sondern schön mit Grafiken, damit der Unternehmer das einfacher versteht. Was hat ein Steuerfachangestellter gemacht, der dieses Tool das erste Mal einsetzen sollte und die von ihm generierten Daten in dieses Tool übernimmt, damit sie grafisch dargestellt werden? In dem Tool nochmal nachrechnen, ob das Tool richtig gerechnet hat. Weil, ich habe ganz viel Bedenken, es nicht korrekt zu machen.

Götz: Ist das nicht absurd? Das würde ja bedeuten, dass in der Steuerberatung ein Primat des Manuellen stattfindet. Aber wenn ich das jetzt vergleiche mit den Entwicklungen in der Industrie, dann versucht man ja, Qualitätsstandards hinzubekommen, indem man die Manufaktur verändert in industrielle Arbeitsweise.

Also was war der Punkt bei Ford? Ford mit dem T-Modell am Fließband – da war die Innovation einerseits schneller, aber andererseits auch qualitativ hochwertiger zu arbeiten, weil er standardisierte Prozesse mit standardisierten Arbeiten in einer bestimmten Reihe hatte.

Das heißt, ein Ford T-Modell, das am Montag produziert wurde, war kein anderes T-Modell als eines, das am Mittwoch oder am Donnerstag produziert wurde. In einer Manufaktur unterscheiden sich aber die Produkte, abhängig von der Tagesform etc. Und je manueller man im Grunde ist, bis zum Maßanzug, dann ist man beim Einzelstück und der Haute Couture.

Also es ist doch absurd in einem Massenmarkt wie bei Deklarationen zu sagen, die jedes Jahr für jeden Mandant anfallen – denn Deklarationen sind im Grunde prädestiniert für industrielle Produktion von der Dienstleistung – dass diese dann manuell qualitativ hochwertiger sein soll, als wenn ich maschinelle standardisierte Veränderungsmethoden ansetze?

Michel: Aber dann lass uns das Thema mal aufgreifen, weil das ist so klassisch auch der Anfangswert. Kommen wir mit Produktion. Klar sage ich auch, stell dir die Kanzlei vor, ein schönes Gebäude, der Mandant fährt an der linken Seite rein, wie bei McDonalds meinetwegen. Gibt seine Unterlagen ab, fährt einmal eine schöne Runde, wenn es groß ist, muss er noch kurz parken und dann nimmt er alles wieder mit. Fix und fertig, so wie er es haben wollte. Dann wird einmal flott durchgebucht, in der Mitte wird die Umsatzsteuer-Voranmeldung abgegeben, vielleicht noch kontrolliert, ob das alles so passt. Dann geht es weiter zum Jahresabschluss, dann machen wir ein schönes Schleifchen drum und geben es wieder raus.

Das ist das, was sich viele vorstellen. Und wo scheitern wir dann dran? Teilweise an der Komplexität.

Wobei man das mal einwerfen muss: als ich das erste Mal eine sehr große Wirtschaftsprüfungsgesellschaft beraten habe, die auch viel Steuerberatung gemacht hat, war das erste, was mir der damalige Geschäftsführer gesagt hat, als wir in die Beratung eingestiegen sind, ob ich wüsste, dass er Wirtschaftsprüfer ist und dass Wirtschaftsprüfer Gottes gleich seien. So mehr oder weniger, „ich weiß alles und ich bin allmächtig".

Götz: Das ist ein Quote? Das war aber nicht von Martin, oder?

Martin: Nein.

Götz: Genau, le Dieu c'est moi.

Michel: Das ist ja erstmal so die Haltung, die man einnimmt. Erstmal überhaupt jemanden zu fragen, wie es denn besser geht. Das ist so die allererste Hürde. Sich selbst einzugestehen, hey, ich stoße hier an meine Grenzen. Und irgendwie brauche ich mal einen Blick von außen, der da irgendwie was sagt, was in der Produktion vollkommen üblich ist.

Da kommen ganze Trupps von Beratern, Ingenieuren oder sonst irgendwem, der dann da anfängt, was zu machen.

Der zweite Punkt ist dann, zu glauben, das geht alles irgendwie auf Knopfdruck und super schnell. Das hat noch nicht mal was mit den Menschen zu tun, sondern auch diese Technologien brauchen halt Zeit. Und wo sich diese Masse der Branche leider darauf stürzt, und jetzt kommt so ein bisschen der Irrglaube für die Zukunft, ist dieses Abwarten. „Lass das erstmal die anderen machen". Und dann kopiere ich das einfach. Weil da sind sie dann auf einmal doch alle gleich. Wenn es um Prozesse kopieren oder Best Practice und Blueprint, wie auch immer wir es nennen möchten, geht. Jetzt ist es aber so, dass die Technologie so schnell voranschreitet, dass das gar nicht mehr möglich ist, sich auf irgendeinen Best Practice zu fokussieren. Das heißt, wir müssen irgendwie unsere eigene Produktion finden und das Ganze machen. Dafür brauche ich aber nicht nur Leute, die diese Maschinen bedienen können, sondern ich brauche eben Leute, die diese Maschinen erstmal bauen können. Menschen, die die entwickeln können, die die individualisieren können, die reparieren können. Das heißt, hier fehlt es uns irgendwie an Riesen-Know-how in der Branche, um das Ganze aufzubauen. Plus diesem Zugeständnis, dass man eben selber ran muss.

Das ist ein großer Punkt, wenn wir die Steuerberater mit Industrieunternehmen vergleichen: Jedem Industrie-Unternehmer, den ich kenne, jedem Unternehmer, den ich in der Vergangenheit beraten habe, der weiß, dass er jedes Jahr aufs Neue investieren muss. Der denkt nicht, was da unten abfällt, ist für mich. Das nehme ich schön mit nach Hause und investiere das mal privat in meine, weiß ich nicht, Ferienhäuser, oder sonst wo. Sondern ich muss wieder reinvestieren. Und dieser Investitionsgedanke fehlt der Steuerbranche meiner Meinung nach und ich klammer jetzt die paar Ausnahmen aus. Was bedeutet Investition in meine Kanzlei?

Götz: Das klingt so, als ob ihr eine Branche beschreibt, die so in den 1820ern steckt. Also im Grunde Manufaktur, kennt man irgendwie schon. Also ihr beschreibt mir eigentlich eine Branche, die von Zunftregeln, Zunftzwang und Zunftgrenzen, also Mittelalter geprägt ist, die eine moderne Arbeitsteilung nicht kennt und die im Grunde noch vor ihrer industriellen Revolution steht ....

Also könnte man sagen, die Steuerbranche liegt, sagen wir mal, so mentalitätstechnisch 200 Jahre locker hinten ran, hinter der Welt, die sie beraten will. So klingt das doch so ein bisschen, oder?

Martin: Ja und nein, weil die Welt, die sie beraten will, ist ja nicht auch schon da. Es gibt ja durchaus auch in der Welt, die beraten werden will, vielleicht nicht welche, die 200 Jahre hinten dran sind, aber noch hundert Jahre hinten dran in Deutschland.

Zwei Dinge sind mir wichtig dabei. Du hast über Zunft gesprochen und über schnelle Entwicklung, über Kundenentwicklung und Dienstleistungsnachfrage an der Stelle:

Noch gilt in vielen Bereichen die Vorstellung, dass mit Herrschaftswissen umgegangen wird. Herrschaftswissen heißt, dass dieses Wissen der Steuerberatung durch ihre intensive Ausbildung, schwierige Prüfung, das Hochhalten der Zugangshürden etc. nicht einfach außen für jedermann verfügbar ist.

Das ist zwar nicht richtig, ist aber in den Köpfen vieler noch drin.
Und der zweite Punkt ist der: es ist ja nicht so, dass sich Arbeitsmethoden in den Kanzleien in den letzten 50, 60 Jahren nicht verändert hatten. Das stimmt nicht. Aber die Art und Weise ist tatsächlich in so einer engen Zunftnummer geblieben. Wir haben schon über Lexware Office gesprochen. Self-service Produkte dieser Art verändern die Zusammenarbeit nachhaltig. Jetzt ist der Anbieter, der diese Veränderung der Branche durch die Gründung einer Genossenschaft vor über 50 Jahren in der Branche vorangetrieben hat, die DATEV, an einem Punkt angelangt, wo man merkt, dass diese Entwicklung, die von außen durch die Geschwindigkeit vorgegeben wird, intern an ihre Grenzen stößt. Einerseits weil innen a.) durch das, was wir hier vorher beschrieben haben, die Situation schon schwierig ist und b.) aber auch durch das Gebilde, in dem sich dieser Anbieter, der 80 % des Marktes mit Leistungserbringungssoftware bedient, ebenfalls an seine Grenzen stößt. Und die Datev bedient seit Jahren die Branche mit guter Software! Ja, das ist wirklich gute, richtige, nutzbare Software; da hat es schon durchaus auch Effizienzsteigerungen gegeben. Digitale Übermittlung hier hin, digitale Übermittlung dahin.
Aber der Unterschied zur Produktion an der Stelle ist, wir haben einen Steuerberater in der Mitte, der sich dieser Technik bedient, und einen Mandanten auf der anderen Seite, der einliefert – das hast du bei Ford nicht, da bist du vielleicht beim Supply Chain Management. Aber der Unterschied zwischen Lieferant in der Industrie und Mandant in der Steuerberatung ist, dass Mandanten unterschiedlich und heterogen sind. Die kannst du nicht zwingen, mit denen kannst du gerne Verträge schließen; aber der macht das nicht immer so wie du es gerne hättest, der Mandant.
Und auf der anderen Seite hast du nicht nur einen Kunden, dem du vorhin ein Angebot gemacht hast und gesagt hast, ich mache das für dich, für den Preis und kann das kalkulieren, sondern auf der anderen Seite sind mehrere Institutionen (Finanzverwaltungen, Krankenkassen, Jobcenter ...),

die Informationen von dir haben wollen, die arbeiten auch alle heterogen. Also Du hast den Mandanten als heterogenen Lieferanten von Informationen, auf den Du nur bedingt Einfluss nehmen kannst auf der Eingangsseite und wieder als Leistungsempfänger auf der Ausgangsseite zusammen mit der Finanzverwaltung, die genauso Leistungen von Dir empfängt. Die Situation in der Steuerberatung ist also komplexer als im direkten Vergleich mit der Industrieproduktion und der Output unterliegt in diesem Vergleich vielleicht auch weniger der Kontrolle durch den Steuerberater selbst als der Output eines Industrieunternehmens der Kontrolle eines Unternehmers unterliegt.

In der Steuerberatung gibt es beim Output keine einheitlichen Standards. Mandanten und Finanzverwaltungen verwenden verschiedene Systeme und gerade an der Stelle sind die Mandanten und die Behörden, die Technologie nutzen, auf ganz anderen Sphären schneller, agiler unterwegs zum Teil, als der Steuerberater in der Mitte, der als Leistungserbringer dann alles bündeln und ausspielen muss.

Und wenn man sich da nicht bewegt, sondern einfach nur in der Trägheit der Masse weiterläuft mit dem, was die Hauptgruppe macht, dann verliert man als Steuerberater möglicherweise den Blick für das Wesentliche. Ich bin der Meinung, dass viele in der Steuerbranche diesen Blick jetzt schon zum Teil verloren haben, für das, was wirklich da passiert und wo die Wirtschaft Unterstützung braucht von uns und wo wir nachher, wenn wir die Empfänger auf der anderen Seite, die Behörden nehmen, vielleicht ganz andere Spielchen spielen. Ich glaube, viele in der Branche haben den Blick dafür verloren, wo wir bald raus sein können, wo man uns vielleicht nicht mehr brauchen wird. Und da gucken viele eben nicht hin, in meiner Welt; also in der Welt der Steuerberatungen.

Man guckt da nicht hin. Und das ist fatal. Deswegen ja, diese Zunft ist zum Teil ein closed shop und man guckt nicht nach links, nicht nach rechts.

Michel: Das ist doch ganz spannend, was du sagst. Und da kann man ja jetzt mal einsteigen, wo das ganze Thema eigentlich beginnen muss. Und zwar im Kopf bei den Kanzleiinhabern.
Aber wie besonders bist du wirklich? Diese Ausrede immer, „das deutsche Steuerrecht ist so komplex, das wird niemals automatisiert". Mag sein, dass das dauert, aber auch mal das Geständnis, dass 99 % der Steuerkanzleien in Deutschland diese Komplexität niemals erreichen. Ein einziger Fall, einmal im Jahr, einmal in der Karriere, meinetwegen, wo es so komplex ist.
Der Rest ist Standard, auch nach deutschem Recht. Standard, der jeden Tag gelebt wird, jeden Tag auch gemacht wird und automatisiert werden kann. Davon bin ich überzeugt. Das heißt, wir müssen einmal von diesem hohen Ross runter.
„Wir sind Steuerberater", so der lustige Spruch, „klar rede ich mit mir selber, ich brauche auch mal gute Beratung" – Auch das hört man dann regelmäßig von Berufsträgern.
Wir müssen einmal runter und sagen, okay, wo sind wir wirklich? Was ist unsere Basis und was sind unsere 80 % Standardfälle? Das ist so der Schritt 1.
Der Schritt 2 ist dieses, „ist schon immer gut gegangen und meine Mitarbeiter und meine Mandanten machen das nicht mit". Das, was du eben gesagt hast, „unsere Mandanten sind ja auch noch nicht da".
Da sage ich tatsächlich ganz klar für meinen Teil und letztendlich auch zwei Unternehmen: Das ist eine blöde Ausrede. Es tut mir leid. Das ist eine blöde Ausrede. Und ich verstecke mich wieder dahinter.
Und auch das Thema, was du angesprochen hattest mit der Lieferkette jetzt beispielsweise.
Nehmen wir Ford heute. Die haben wahrscheinlich x-tausendfach mehr Lieferanten als wir Mandanten in der Steuerberatung haben. Und auch die müssen alle zum richtigen Zeitpunkt das Richtige liefern. Und zwar genau das Richtige. Da gibt es keinen mehr dazwischen, der das verarbeitet, sondern da läuft das Ganze auch.

Also wir müssen irgendwie mal anfangen, einfach diesen Status quo der Wahrheit zu akzeptieren.

Janet: Ich würde nur mal dieses Bild der Fabrik oder Manufaktur aufnehmen. Und für mich ist die Steuerberatung so eine Branche, wo der Steuerberater oder die Steuerberaterin, die das gelernt hat, die das studiert hat, immer noch die beste Mitarbeitende am Fließband ist. Oder wenn man den Bäcker nimmt, als Bäcker immer noch der beste Mitarbeiter in der Backstube ist, der beste Mitarbeiter, der den Teig knetet oder irgendwas mit dem Hobel herstellen, aber nicht im Blick haben, wie sie ihre Bäckerei, ihr produzierendes Unternehmen weiterentwickeln. Würden Steuerberater Fortbewegungsmittel herstellen, dann würden die heute keine Autos wie Ford herstellen, sondern noch quasi eine Kutsche mit vier Rädern und einem Pferd vorne dran herstellen, weil „das haben sie ja schon immer so gemacht". Die hätten völlig verpasst, dass es inzwischen E-Autos gibt, weil sie immer am Fließband stehen und Reifen für die vierspännige Kutsche herstellen.

Die haben diesen Blick nach draußen nicht, das ist das, was Martin sagt. Dieses „mal über den Tellerrand gucken, wo entwickeln wir uns generell technologisch hin". Das fehlt. Da habe ich keine Zeit für, weil ich ja noch den Jahresabschluss selber mache, weil ich selber Mandantengespräche führen möchte, oder auch Briefe ausdrucken muss, wie auch immer. Also ich bin in diesem Alltagsgeschäft verhaftet in meiner eigenen Vorstellung.

Dann sich selbst zu hinterfragen, Beratung von außen zu anzunehmen, was Michel jetzt gerade gesagt hat, bei sich selbst anzufangen, vielleicht auch sich selbst einzugestehen, „ich bin ein geiler Steuerberater, ich kenne wirklich die Gesetze gut, ich bin der Typ, der mit Mandanten sprechen möchte, der komplexe Fälle erledigen möchte", aber verdammt nochmal, dann stelle ich mir jemanden ein von extern, der mich unterstützt. Sei es als Berater oder sogar fest eingestellt. Einen BWL-er, einen IT-ler, wen auch immer. „Ich bin hier nicht der Stratege im Haus, aber ich brauche jemanden, der das für mich denkt, für mein Unternehmen und dafür bezahle ich jetzt jemanden".

Wäre ja auch mal eine Variante, aber auf diese Ideen kommen aus meiner Sicht viel zu wenig Kanzleiinhaber:innen.

Quellen (Auswahl)

- **Kapitel 3.1**

  European Commission. (2020). White Paper on Artificial Intelligence – A European approach to excellence and trust. Brussels.

  European Union Agency for Cybersecurity. (2021). AI Cybersecurity Challenges: Threat Landscape Report.

  Goodfellow, I., Bengio, Y., & Courville, A. (2016). Deep Learning. MIT Press.

  HM Revenue & Customs (HMRC). (2021). Annual Report and Accounts 2020–2021. London.

  Mittelstadt, B., Allo, P., Taddeo, M., Wachter, S., & Floridi, L. (2016). The ethics of algorithms: Mapping the debate. Big Data & Society, 3(2).

  OECD. (2020). Tax Administration 3.0: The Digital Transformation of Tax Administration. OECD Publishing.

  Russell, S., & Norvig, P. (2020). Artificial Intelligence: A Modern Approach (4th ed.). Pearson.

  Susskind, R., & Susskind, D. (2015). The Future of the Professions: How Technology Will Transform the Work of Human Experts. Oxford University Press.

  Wooldridge, M. (2009). An Introduction to MultiAgent Systems (2nd ed.). Wiley.

- **Kapitel 3.2**

  Buhmann, J., Walf, J., & Nachtwei, J. (2019). Change Management – ein Überblick aus wirtschaftspsychologischer Perspektive. In: PersonalEntwickeln, 245. Ergänzungslieferung, September 2019, S. 5.147. Wiesbaden: Springer Fachmedien.

  Burnes, B. (2004): Kurt Lewin and the Planned Approach to Change: A Re-appraisal. In: Journal of Management Studies, 41(6), S. 977–1002.

  Dietz, B., & Bozic, E. (2020): Transformation in der Automobilindustrie. München: M. Verlag.

  Festinger, L. (1957). A Theory of Cognitive Dissonance. Stanford University Press.

  Flood, M. (1995), zitiert in: Buhmann, J., Walf, J., & Nachtwei, J. (2019). Change Management – ein Überblick aus wirtschaftspsychologischer Perspektive. PersonalEntwickeln, 245. Ergänzungslieferung, September 2019

  Ford, J. D., & Ford, L. W. (2010): Stop Blaming Resistance to Change and Start Using It. In: Organizational Dynamics, 39(1), S. 24–36.

Frey, D. & Streicher, B. (2008). Fairness-Check bei Wandelprojekten: Vier Dimensionen von Gerechtigkeit und wie man sie berücksichtigt. OrganisationsEntwicklung, S. 70–75.

Hesselbein, F., & Goldsmith, M. (Hrsg.) (2009): The Organization of the Future 2: Visions, Strategies, and Insights on Managing in a New Era. San Francisco, CA: Jossey-Bass.

Hiatt, J. (2006): ADKAR: A Model for Change in Business, Government and our Community. Loveland, CO: Prosci.

Kotter, J. P. (1996): Leading Change. Boston, MA: Harvard Business School Press.

Kotter, J. (2002): The Heart of Change: Real-Life Stories of How People Change Their Organizations (Bd. 1). Watertown: Harvard Business Review Press.

Kotter, J. P., & Schlesinger, L. A. (2008): Choosing Strategies for Change. In: Harvard Business Review, 86(7/8), S. 130–139.

Laloux, F. (2014): Reinventing Organizations: A Guide to Creating Organizations Inspired by the Next Stage of Human Consciousness. Brussels: Nelson Parker.

Lewin, K. (1951): Field Theory in Social Science. New York, NY: Harper & Row.

Lührmann, T., & Eberl, P. (2007): Leadership and Identity Construction: Reframing the Leader-Follower Interaction from an Identity Theory Perspective. In: Leadership, 3(1), S. 115–127.

Northouse, P. G. (2019): Leadership: Theory and Practice. 8. Auflage. Thousand Oaks, CA: SAGE.

Ross, J. W., Sebastian, I., & Beath, C. (2016): Digitized ≠ Digital. In: MIT Sloan CISR Research Briefing, 16(7), S. 1–5.

Schein, E. H. (2010): Organizational Culture and Leadership. 4. Auflage. San Francisco, CA: Jossey-Bass.

Senge, P. M. (1990): The Fifth Discipline: The Art and Practice of the Learning Organization. New York, NY: Doubleday.

Schwaber, K. & Sutherland, J. (2020). The Scrum Guide. Scrum.org.

Schwaber, K. & Beedle, M. (2002). Agile Software Development with Scrum. Upper Saddle River, NJ: Prentice Hall.

Watzlawick, P. (1969): Menschliche Kommunikation. 1. Auflage. Bern: Huber.

4 Ganz hinten im Bus

Im Bus war ich einer der letzten, die Platz nahmen. Tobias Klein, Sarah Meier und Helena Baum saßen schon in unserer Arbeitsgruppenecke im Bus direkt über dem linken Hinterrad. Aus Kostengründen hatte sich die Kanzleileitung nicht für einen jener modernen ultraleisen Reisebusse entschieden, die einen vergessen lassen, dass man überhaupt in einem Bus unterwegs ist. Wir hatten das Vergnügen eines klassischen knatternden Diesels, der sich mit dem Röhren aus den Urzeiten der Selbstzünder-Technik aufmachte, loszufahren. In Köln konnte man den Morgen schon erahnen; im Osten ging bald die Sonne auf. Doch wir machten uns in einem Fossil der Verbrennertechnik und mit einem Fossil der Berufsträgertradition als Co-Kapitän auf, dem Licht des Morgengrauens davon ins zu dieser Uhrzeit noch stockdunkle Paris zu fahren. ‚Das ist bestimmt kein Zufall, dass wir der Nacht entgegen und dem Morgen davonfahren', dachte ich noch schlaftrunken bei mir und korrigierte mich sofort, denn Berger Senior vermochte viel; aber die geografische Lage Paris im Verhältnis zu Köln konnte selbst er nicht bestimmen. Ich fasste etwas Hoffnung, als ich mich zwischen Helena und Sarah setzte.

Beide hatten stets gute Laune – egal wie spät oder früh der Tag oder die Nacht waren. Ich fragte mich dann immer, ob jemand, der nicht regelmäßig mies drauf und unausstehlich ist, authentisch sein kann. Ehrlichkeit und Echtheit, so hatte ich es gelernt, zeigten sich gerade daran, dass man andere auch einmal mies behandelte. Alles andere war Verstellung und Lüge der Schwachen und Hinterhältigen.

Mein Vater hatte mich dies gelehrt – wenn er mir eine Tracht Prügel verpasste, weil meine Noten im Gymnasium einmal nicht so ausfielen wie er es sich gewünscht hat. ‚Wer echt und ehrlich ist, der ist auch mal mies drauf und tut Dir weh' – das war meine kindliche Quintessenz aus seinem Verhalten. Denn mein Vater sagte immer, wie ehrlich und echt er sei; dass dies etwas Gutes sei, das niemand ihm danke und dass er deshalb zumindest von mir, seinem Sohn, ein klein wenig Respekt verdient habe – und dann schlug er mich. Und ich verstand, warum. Ich verstand, dass es meine Schuld war. Denn ich hatte ihm, der nur echt und ehrlich war, nicht gegeben, was er verdient hatte. Gute Noten sind eben das Zeichen des Respekts, das ein Kind seinen Eltern entgegenbringen kann. Das hatte er mich gelehrt und das hatte ich geglaubt. Daher war es nur echt und ehrlich von ihm, dass er mich schlug; das dachte ich damals. Das glaubte ich damals.

Ich bin in einer Kleinstadt groß geworden und – so wieder mein Vater – alle in dieser Kleinstadt würden uns beobachten. Uns – das waren meine Eltern und ich, bis meine Mutter einfach eines Tages ging. Wohin, weiß ich nicht; warum begreife ich allmählich. „Die neiden uns, was wir erreicht haben", sagte mein Vater, griff mich an meinen beiden Oberarmen und begann, sie fest zusammenzupressen, als wären es Orangen und als müsste er jetzt in diesem Augenblick unbedingt das Vitamin C auspressen, um zu überleben. Also presste er, bis meine Oberarme ganz weiß wurden und das Blut aus ihnen entwich. „Wenigstens sieht man dort dann keine blauen Flecken", dachte ich dann als Junge und hoffte, dass er auch dort zuschlagen werde, wo er vorher gepresst hatte. Ich hatte mit der Zeit ein wenig Erfahrung darin, wie ich mich drehen musste bei seinen Schlägen, dass am nächsten Morgen meine Schulkammeraden nichts merkten. Einmal hatte ein Klassenkamerad mich verpetzt beim Lehrer – der dann meinen Vater anrief. Gott, was gab das für einen Ärger! – Den Klassenkameraden habe ich mir danach vorgeknöpft. Das hat der nie wieder gemacht. Aber es war besser, auf Nummer sicher zu gehen und Vater vor allem jene Körperteile als Trefferstellen anzubieten, die selbst im Sportunterricht verdeckt blieben. „Wir dürfen diesen niederträchtigen Menschen nicht klein beigeben! Ich habe in meiner Jugend so unter deren Neid und Hass gelitten; verstehst Du! Du musst denen zeigen, was Stärke ist. Ich habe es geschafft. Jetzt wo Deine Mutter uns verlassen hat, musst Du auch stark sein!" Und dann begannen in der Regel nach dem Heute Journal im ZDF die Schläge. Meistens Schwinger, keine Geraden, denn Vater hatte zu diesem Zeitpunkt schon mehrere Stunden Zeit gehabt, sich mit Bier und Kirschwasser vollzuladen, was sein Stehvermögen und seine

Schlagpräzision beeinträchtigte. Während des Trinkens starrte er in den Fernseher – immer auf den gleichen Punkt. Egal welcher Film oder Serie lief, ob Explosionen, Kreuzfahrten oder Liebesszenen zu sehen waren: Vater schaute immer auf den gleichen Punkt im Fernseher, rechts oben knapp unter dem Rand unseres neuen TV-Gerätes, über dem Vater ein altes Familienbild seiner Eltern mit ihm und seiner Schwester aufgehängt hatte. Ich hatte immer das Gefühl, dass Vater seinen eigenen Film schaute, während er in den Fernseher sah. Bis nach dem Abendfilm und dem Heute Journal ich dran war.

„Wie geht's dir, Michi!" begrüßten Sarah und Helena mich unisono mit einer warmherzigen Freundlichkeit, die mir fast zu viel war an diesem eiskalten Morgen. „Ich lebe und habe meine Hose richtig herum an", grummelte ich hinter dem noch dampfenden Kaffeebecher hervor. „Setzt dich zwischen uns. Dann bringen wir dich auf andere Gedanken! Wir haben doch einen großartigen Tag vor uns!", sagte Sarah. „Das stimmt, ich bin gespannt, was wir heute alles entwickeln!", stimmte ihr Helena zu.

So unterschiedlich Sarah und Helena waren, sie trafen sich in einer Sache: dem Handeln und Leben im Augenblick. Fast so wie in „Club der toten Dichter" von Anfang der 90er Jahre, der in einem amerikanischen Internat der 50er spielte und wo ein Englischlehrer seinen Schülern beibrachte, selbstständig zu denken und ihr Leben zu nutzen. „Carpe Diem" war das Motto des Films. Wenn ich heute in Social Media jemand von ‚selbständig denken' reden höre, dann versteckt sich meist irgend so ein rechter Mist dahinter. Was für eine Verschwendung von Lebenszeit! – Das war in dem Film noch anders. Selbständig denken hieß im Film Freiheit und Freude; bis sich einer der Jungen umbrachte, weil sein Vater für ihn weder das eine noch das andere wollte.

Aber beim Motto „Carpe Diem" trafen sich Sarah und Helena auf ihre ureigene Weise. Sarah betonte in allem, was sie tat, den Menschen. Irgendwie hatte ich immer das Gefühl, dass sie im Grunde eigentlich Sozialarbeiterin werden wollte, aber aufgrund sozialen Drucks und Prestiges Steuerberaterin wurde; aber vielleicht sind das auch nur meine Vorurteile, weil ich mir nicht vorstellen konnte, dass jemand echt und aufrichtig daran interessiert ist, wie es einem anderem geht. Ohne diese Information so auszunutzen, dass es ihm am Ende besser ging als dem anderen. Ich hatte mir deshalb angewöhnt, auf die Frage „Wie geht es Ihnen?" wie aus der Pistole geschossen zu antworten „Sehr gut und Ihnen?" Warum ich das bei Sarah und Helena nicht tat, weiß ich nicht. Meistens fuhr ich mit „Sehr gut und Ihnen?" besser. Nun, bis auf jenen Augenblick in der Notaufnahme, als ich mir eines Abends daheim nach dem Heute Journal den Unterarm gebrochen hatte und meine Elle in einem offenen Bruch wie ein weißlicher Hundeknochen aus meinem Arm ragte. Ich weiß noch, wie mich die Krankenschwester ob meiner Antwort auf ihre Frage, wie es mir gehe, völlig fassungslos anblickte.

Bei Sarah war dies anders – aus irgendeinem Grund spürte ich das. Sie wollte wirklich wissen, wie es mir geht, sie interessierte sich wirklich für mich. Nicht mit irgendwelchen Hintergedanken, nicht weil sie mich attraktiv fand oder so etwas. Ich war ein Mensch in ihrer Nähe und sie wollte wissen, wie es den Menschen in ihrer Nähe geht und wie diese Menschen ticken. Das konnte sehr herausfordernd sein, wenn man über Jahrzehnte gelernt hatte, genau das zu verstecken und zu verheimlichen. Und es setzte mich auch immer wieder immens unter Druck: ‚Wie ticke ich eigentlich?' – So genau hatte ich mir darüber noch nie Gedanken gemacht, bevor ich Sarah traf.

Im Film „Club der toten Dichter" ermutigt der Lehrer Mr. Keating, gespielt von Robin Williams, den schüchternen Schüler Todd, gespielt von Ethan Hawke, mit geschlossenen Augen frei zu sprechen und auszudrücken, was in seinem Kopf und seinen Gefühlen gerade so abgeht. Durch gezielte bildhafte Sprache bringt er den schüchternen Todd dazu, dass es wie ein Wasserfall aus ihm herausbricht und er bei dem Bild eines zahnschwitzenden Verrückten von Wahrheit spricht. „Die Wahrheit ist wie ein Tuch, das der Sonne um das Gesicht liegt. Er rollt das Tuch jeden Morgen von der Sonne zurück ... Das Licht wird dabei Tropfen für Tropfen frei. Es tropft gegen Dein Fenster und du wachst langsam auf."

Ich wäre stolz, wenn ich das hätte herausbringen können, wenn mein Sein solche Bilder hätte hervorbringen können, doch ich ticke eher aus.

Dass ich austicke, wenn jemand das Heute Journal einschaltete, das wusste ich. Aber wie ticke ich, wenn ich nicht austicke? Was ist mein Normalzustand? Das Austicken dagegen war mir vertraut und zum Glück nach den 20 Minuten in aller Regel wieder vorbei. Es beginnt ohne Vorwarnung immer das gleiche Spiel: Mein Herz beginnt schneller zu schlagen, als ob es aus meinem Brustkorb ausbrechen will. Meine Atmung wird flach, ich schnappe nach Luft, aber es fühlt sich an, als würde sie nicht reichen. Ein schwerer Druck legt sich auf meine Brust, so als ob jemand seine Hände darauf presst und nicht loslassen will. Meine Hände fangen an zu kribbeln, ein unangenehmes Prickeln, das sich bis in meine Finger ausbreitet, und gleichzeitig fühle ich mich benommen, fast wie in Watte gepackt. Meine Umgebung verschwimmt, Geräusche werden dumpf, und alles scheint sich von mir zu entfernen. Dann wird mir heiß, mein Körper beginnt zu schwitzen, obwohl ich still dasitze. Gleichzeitig läuft mir eine Gänsehaut über den Rücken, und meine Beine fühlen sich an, als könnten sie jeden Moment nachgeben, obwohl ich mich nicht bewege. Ich spüre ein inneres Zittern, unkontrollierbar und fast schon unerträglich. Alles in mir schreit „Gefahr!", doch es gibt keinen Grund dafür – ich sitze nur vor dem Fernseher. Mein Körper gerät jedoch völlig außer Kontrolle; mein Geist ist wie blockiert.

Nach rund 20 Minuten (die sich wie eine Ewigkeit anfühlen), das entspricht fast genau der Sendezeit des Heute Journals, beginnt es langsam abzuklingen. Mein Herzschlag wird ruhiger, meine Atmung tiefer. Doch selbst wenn mein Körper sich wieder beruhigt, bleibt etwas zurück: eine bleierne Erschöpfung und diese Angst. Die Angst davor, dass es wieder passiert. Und das tut es auch – in letzter Zeit nicht nur beim Heute Journal, sondern auch in anderen Situationen. Jedes Mal anders, jedes Mal gleich überwältigend. Es ist, als würde mein eigener Körper gegen mich kämpfen und mich für 20 Minuten aus dem Spiel nehmen – und ich bin machtlos, es aufzuhalten.

« Une bête traqueé »[7] – sagte einmal ein französischer Mitbewohner während meines Erststudiums zu mir, als ich mich wieder einmal 20 Minuten während des Heute Journals in diesem Zustand befand. Der Rest der WG machte sich stets darüber lustig und schaltete extra um 21:45 Uhr ins ZDF, um mich erstarren zu sehen. Henri war da anders. « Une bête traqueé » heischte er die anderen an, während ich nur noch Augen hatte, um das Geschehen um mich herum zu

[7] Ein gejagtes Tier

beobachten. Hände, Arme, Beine – alles andere an mir und in mir war bereits in einer Versteinerung gefangen, die sich erst 20 Minuten später wieder auflösen würde. « Qu'est-ce que c'est que ces absurdités ? Il a peur. Vous ne voyez pas ça, pauvres connards! »[8] Mit diesen Worten riss er die Fernbedienung des Fernsehers an sich und schaltete wieder um auf Pro 7. « N'avez-vous pas honte de traiter votre pote comme ça ? »[9]. Alle schwiegen – mein versteinertes Ich sowieso.

Ich habe erst viel später verstanden, worauf « Une bête traquée » anspielte – Henri meinte damit wohl Zolas « La Bête humaine ». Ich war dann wohl der Teil der Geschichte um Gewalt und Dunkelheit, den Zola in seiner Parabel nicht beschrieb – der Teil, der nur als Passivum existiert, damit andere im Aktivum existieren können. In Zolas mit Gewalt gerade gegen Frauen aufgeladenem Roman ist selbst die einzige Protagonistin, Séverine, nicht nur passiv – sie versucht, Lokführer Jacques zum Mord an ihrem herrschsüchtigen Mann zu überreden und wird selbst Opfer von Jacques. Selbst zu dieser Form der Aktivität habe ich es nie gebracht. « Bête traquée » passt daher viel besser zu mir. Vor einigen Wochen habe ich bei Kamel Daoud in seinem Roman « Houris » etwas gelesen, das meinen Zustand wohl am Besten trifft: « Le sais-tu ? Le sentiment le plus intense à cet instant-là n'est pas la haine contre l'égorgeur, mais plutôt l'espoir déchaîné d'être épargné, après avoir été abusivement saigné. Alors tu offres ton immobilité à la main de l'égorgeur. »[10]

In Sarahs und Helenas Gegenwart fühlte ich mich nicht gehetzt. Bei ihnen wurde ich ruhig. Sie hatten etwas an sich, gerade beide zusammen, das man nur ganz schwer beschreiben kann. Zusammen war es so, dass man nicht genau wusste, warum; aber man wollte einfach nicht weg von dem Ort, an dem diese beiden Frauen zusammen wirkten. Es fühlte sich natürlich und friedlich an bei ihnen.

[8] Was soll dieser Unsinn? Er hat Angst. Seht ihr das nicht, ihr armen Idioten?

[9] Schämt ihr euch nicht, euren Kumpel so zu behandeln?

[10] „Weißt du das? Das intensivste Gefühl in diesem Moment ist nicht der Hass gegen den Schlächter, sondern vielmehr die unbändige Hoffnung, verschont zu bleiben, nachdem man missbräuchlich ausgeblutet wurde. Also bietest du dem Schlächter deine Bewegungslosigkeit an."

Sarahs Interesse an Menschen und Helenas Perfektionismus trafen sich in einem Punkt: Sarah interessierte sich für Menschen; aber nicht um sich dadurch besser zu fühlen oder sich als besserer Mensch zu sehen, weil sie nachfragte. Sie wollte, dass es den Menschen in ihrer Nähe gut geht. Und wenn nicht, dann musste man dies ändern. Und wenn es ihnen besser gehen könnte, dann musste man dafür sorgen, dass es ihnen besser geht. Sarahs Schwerpunkt lag in der steuerlichen Nachfolgeberatung.

Wenn ein Unternehmer über Jahrzehnte ein Familienunternehmen aufgebaut hat, stellt sich irgendwann die große Frage: ‚Wer übernimmt? Und wie gelingt der Übergang so, dass das Unternehmen steuerlich, wirtschaftlich und emotional gut aufgestellt bleibt?', so hatte mir Sarah einmal ihren Aufgabenbereich erklärt. Genau hier komme die steuerliche Nachfolgeberatung ins Spiel. Eine Nachfolgeberaterin wie Sarah begleitet Unternehmer, deren Familien und manchmal auch gemeinnützige Organisationen beim Übergang von Vermögen – sei es zu Lebzeiten oder im Todesfall. Das klinge zwar trocken, so Sarah, sei in der Realität aber alles andere als das. Denn es gehe nicht nur um Zahlen, Paragrafen und Steuerklassen, sondern vor allem um Menschen, Beziehungen, Verantwortung und Zukunftspläne. Die Aufgabe bestehe darin, eine rechtlich und steuerlich optimierte Lösung zu finden, wie Vermögen – etwa ein Betrieb, Immobilien, Beteiligungen oder auch private Ersparnisse – übergeben werden kann. Ziel sei es, Steuern zu sparen, Risiken zu vermeiden und klare Verhältnisse zu schaffen. Dazu gehöre etwa die Gestaltung von Testamenten und Erbverträgen in Abstimmung mit Juristen, die Bewertung von Unternehmen und Vermögenspositionen, die Entwicklung steuerlich vorteilhafter Schenkungs- und Erbschaftsmodelle sowie die Beratung bei familieninternen Nachfolgemodellen, Stiftungsgründungen oder Holdingstrukturen. Auch die Kommunikation mit Finanzämtern und teils mit Familienmitgliedern sei Teil ihres Berufsalltags, so Sarah. Fachliches Know-how sei in diesem Bereich natürlich essenziell, sagte sie, aber ohne die berühmte „menschliche Komponente" gehe hier nichts. Denn Nachfolgefragen seien oft emotional aufgeladen: Es gehe um Kontrolle, Vertrauen, Gerechtigkeit und manchmal auch um alte Verletzungen. Eine gute Nachfolgeberaterin, so Sarah, müsse zuhören können, vermitteln, moderieren und oft auch ein Stück weit psychologisch agieren. Gefragt seien daher Einfühlungsvermögen, Fingerspitzengefühl im Umgang mit Generationenkonflikten, Kommunikationsstärke auch in schwierigen Gesprächen, Neutralität, Diskretion und ein Gespür für familiendynamische Prozesse. Am Ende sei die steuerliche Nachfolgeberatung nicht nur eine Frage von Gesetzestexten und Rechenmodellen, sondern auch eine Kunst der Balance: zwischen dem Willen der Übergeberin, den Interessen der Nachfolger und den Rahmenbedingungen des Steuerrechts. Nach diesem Vortrag von Sarah wusste ich, dass die Nachfolgeberatung wohl nicht mein Ding sein würde.

Genau da kam Helena ins Spiel. Helena ist das, was man eine Perfektionistin im positiven Sinne nennt. Helena ist die Expertin für latente Steuern in der Kanzlei. Ein spannendes Feld, wie sie selbst sagt, in dem steuerliches Fachwissen, wirtschaftliches Verständnis und strategisches Denken zusammenkommen. Eine Expertin für latente Steuern sorge dafür, dass die steuerlichen Auswirkungen zukünftiger Entwicklungen heute schon korrekt in der Bilanz abgebildet werden. Denn latente Steuern entstehen immer dann, wenn es Differenzen zwischen der Handelsbilanz und der Steuerbilanz gibt – also etwa, wenn ein Unternehmen wirtschaftlich anders bilanziert als es das Steuerrecht vorsieht. Diese Differenzen gleichen sich meist in den Folgejahren aus – und genau das muss die Expertin erkennen, erfassen und richtig bewerten.

Ihre Aufgaben seien vielfältig: Sie analysiere Differenzen zwischen handels- und steuerrechtlichen Wertansätzen, berechne die daraus resultierenden latenten Steueransprüche oder -verpflichtungen und sorgt dafür, dass diese korrekt in den Jahres- und Konzernabschlüssen abgebildet werden. Dabei arbeite sie oft eng mit dem Controlling, der Steuerabteilung und den Wirtschaftsprüferinnen zusammen. Besonders wichtig werde ihr Know-how bei Unternehmensübernahmen, Umstrukturierungen oder der Anwendung neuer Rechnungslegungsstandards – denn hier entstünden regelmäßig komplexe und bedeutende temporäre Differenzen.

Was die Arbeit besonders macht: Es gehe nicht nur um das Verstehen der steuerlichen Logik, sondern auch um das „Denken in Zeit". Eine Expertin für latente Steuern müsse in Szenarien denken, zukünftige Entwicklungen einschätzen und deren steuerliche Konsequenzen voraussehen. Gleichzeitig müsse sie Zahlen treffsicher analysieren, regulatorische Vorgaben wie IFRS oder HGB im Blick behalten. „Kurz gesagt: Die Arbeit einer Expertin für latente Steuern ist hochspezialisiert, strategisch und unverzichtbar für ein transparentes und regelkonformes Rechnungswesen", so Helena. „Und sie erfordert Perfektion".

Das Wort ‚Perfektionist' kenne ich meist nur in seinem abwertenden Gebrauch: als jemand, der beständig an etwas herumkrittelt und herumdoktert anstatt einfach mal Dinge ins Laufen zu bringen. Auf Helena trifft das gar nicht zu, denn Dinge ins Laufen zu bringen ist ihr eigentlicher Antrieb. Sie ist nur nicht der Meinung, dass durch die Gegend zu holpern schon eine echte Bewegung ist. Irgendwie stelle ich mir Helena in der Steinzeit vor. So als weiteres Familienmitglied der Feuersteins in der gleichnamigen Serie aus den 60ern. Im Unterschied zur Kleidung von Betty und Wilma wäre Ihr Kleid nicht schulterfrei und zart gearbeitet, sondern bestünde aus dem robusten Pelz irgendeines Tieres, das sie eigenhändig erlegt hätte und voller Stolz trägt. Nicht weil sie alles selbst machen muss und nichts von Arbeitsteilung halten würde, sondern weil klassische Rollenverteilungen ihr zuwider sind und sie natürlich nicht daheim warten würde, bis die Männer von der Jagd wiederkommen. Und zum anderen, weil man nur verbessern und innovieren kann, was man auch selbst getan hat. Um also dafür sorgen zu können, dass die Männer weniger Zeit bei der Jagd verbringen, mehr Beute nach Hause bringen und weniger Jünglinge bei der Jagd an Mammuts und Säbelzahntiger verlieren, musste sie selbst auf die Jagd gehen – Helena hätte nicht gezögert, sich einen Speer geschnappt und wäre losgezogen. Und hätte bestimmt den Rekord gehalten in der schnellsten Jagd, der größten Strecke und den wenigsten Verlusten.

Helena hätte bei den Feuersteins auch dafür gesorgt, dass die Stein-Räder der überdachten Steinzeitmobile der Geröllheimers und Feuersteins immer perfekt behauen und rundgeschliffen sind, damit sie sich möglichst schnell und reibungsfrei bewegen lassen. Denn schließlich hatten die Geröllheimers und Feuersteins nur Fußkraft zur Verfügung, um ihre Steinzeitautos im Stile eine Tretboots voranzubringen.

Sarah und Helena waren daher so etwas wie das Dreamteam der Kanzlei – die eine sorgte dafür, die Menschen mitzunehmen und einzubinden; die andere dafür, dass der Weg nicht an Problemen scheiterte oder man zu kurz sprang.

So hatten beide gemeinsam eine umfassende Regelung für Homeoffice auf den Weg gebracht; gegen den erbitterten Widerstand von Berger Senior, der die beiden sträflich unterschätzt hatte. Das Problem an fossilen Kanzleikrokodilen wie Berger Senior war, dass sie sich nur auf bestimmte Beute ausrichteten. Genetisch seit Millionen Jahren nahezu unverändert, war Flexibilität nicht sein Ding. Eingeschossen hatte sich das Fossil auf Beute wie große Paarhufer, etwa das Kudu Max. Neue, schnellere oder andere Arten ignorierte das Rechtsreptil einfach. Dass im Laufe der Zeit Frauen nicht nur als Sekretärinnen beschäftigt wurden, akzeptierte Berger Senior. Aber mehr in der Art wie er den Wechsel der Jahreszeiten akzeptierte – nicht zu beeinflussen, aber mit der richtigen Kleidung auch kein Problem und dann schon gar kein Grund zur Verhaltensänderung. Die Art, wie Berger Senior Frauen in der Kanzlei ‚akzeptierte', sagt viel über die Bedeutungsvielfalt aus, in der man im Deutschen die Wortfelder ‚Akzeptanz' und ‚Toleranz' benutzen kann. Diese reichen von bloßem Erdulden und gleichgültigem Hinnehmen bis zu aktiver Annahme und wirklicher Wahrnehmung. Berger Senior begnügte sich mit dem absoluten Minimum der Wortfelder ‚Toleranz' und ‚Akzeptanz' – denn selbst er wusste, dass er sich explizite Frauenfeindlichkeit nicht würde leisten können. Nicht gegenüber seinen Mittelstandsmandanten, von denen viele seit Jahren immer schon zusammen mit der Nachfolgegeneration in die Kanzlei kamen, um den Übergang eines Tages möglichst reibungslos vollziehen zu können. Eine implizite Frauenfeindlichkeit zwischen den Zeilen; also nicht direkt sicht- und greifbar im Gesprochenen und Geschriebenen, aber fühlbar und spürbar im Tatsächlichen, das wollte sich Berger Senior denn doch nicht verwehren lassen. „Was wird schließlich aus Hierarchien, wenn alle auf gleicher Augenhöhe stehen?", fragte Berger Senior einmal an der Kaffeemaschine, über eine halbleere Tasse gebeugt. Wie immer, ohne jemanden anderen im Raum direkt anzusprechen oder anzusehen, aber tödlich beleidigt zu sein, wenn niemand antwortete. „Wissen Sie eigentlich, woher Hierarchie kommt?" Spätestens jetzt musste jemand antworten, wenn es nicht für alle in der Kaffeeküche einen fürchterlichen Einlauf geben sollte – zum Glück raunte ein zögerliches „Nein?" unbekannter Herkunft aus einer Ecke des Raumes. „Dachte ich mir! Heute spucken Universitäten schließlich nur noch vom Wissen Unbeleckte aus!", sagte Berger Senior fast frohlockend dankbar, als ob er auf dieses Stichwort gewartet hätte. „Das griechische Wort hierarchía bedeutet wörtlich ‚heilige Führung' – hierós und árchō. ‚Heilig' in dem Sinne, dass Sie daran glauben, dass jemand mit überlegenem Wissen Ihnen den Weg zum Heil weist. Einen Weg, den Sie selbst allein nie finden würden. Hierarchía ist daher der Inbegriff des Beraterseins. Aus ihr speist sich unsere Berufsträgerschaft und unsere Verantwortung. Denn wir haben das Wissen, das andere nicht haben. Wir können unsere Mandanten vor dem gierigen Zugriff des Staates retten – niemand sonst. Und genau diese Hierarchía bestimmt nicht nur unser Verhältnis zum Mandanten. Hierarchía bestimmt auch das Gefüge innerhalb der Kanzlei zwischen denen, die mit und durch Wissen führen, und denen, die lernend dankbar folgen." Ich hatte damals irgendwie den Eindruck, dass das alles ein bisschen sehr nach Tax-Taliban klingt, nur dass Männer bei Berger & Berger sich keinen Bart wachsen lassen mussten und Frauen sich nicht verschleiern. Aber davon mal abgesehen …

Dass mit zunehmender Diversität eine ganz andere Kanzleikultur Einzug hielt in der Steuerbranche; dass sich Kommunikationsweisen und -wege grundlegend um uns herum in anderen Beratungen änderten, registrierte das Reptil nicht. Berger Senior war über Äonen seit dem Miozän gut damit gefahren, sich nicht kirre machen zu lassen durch das Gewusel der Evolution. ‚Wenn sich die Beute lohnt, bin ich da' schien das Motto des Mannes mit den gelbgrünen Augen. Dass er so manche lohnende Beute gar nicht als solche mehr erkannte, schien ihn nicht zu stören, solang er sein Auskommen und seinen Jagderfolg hatte. Anders als andere Unternehmer hatte Berger Senior nie seine Jagdtechnik geändert. Ihm war sein Erfolg nie zu Kopf gestiegen. Während andere immer neue Standorte eröffneten, in immer schickere Büros einzogen und immer aufwendigere Werbekampagnen etwa in LinkedIn fuhren, blieb Berger Senior immer bescheiden der Herr über das eine Wasserloch, das er kontrollierte. Hätte er ein Franchisesystem eröffnet, hätte das Kanzleikrokodil mehrere Wasserlöcher kontrollieren und mehr Kudus erlegen wollen, dann hätte er sich überlegen müssen, wie er die Landstrecke zwischen den Wasserlöchern zurücklegen könnte. Er hätte neue Techniken und Methoden erproben und evaluieren müssen; kleinere und jüngere Krokodile anwerben und anlernen müssen – denn er hätte schließlich nicht an allen Wasserlöchern zugleich sein können. Expansion hätte Berger Senior zu Effizienz und Effektivität gezwungen. Seine Herrschaft wäre nicht mehr heilig aus ihm heraus gewesen. Es wäre keine Hierarchía mehr gewesen, die er allein aus seinem Wissen heraus bestreitet, sondern eine Hierarchía aus Prozessoptimierung und Personalführung heraus. Personal, das ihm nicht blind folgt, sondern selbständig und autonom agiert, wenn er nicht da ist. Aber Berger Senior war immer da – an seinem Wasserloch; das genau deshalb sein einziges blieb.

Ich glaube, Berger Senior hat daher das Thema Homeoffice nicht so recht ernst genommen und dachte, es einfach aussitzen oder auslauern zu können. Und ich glaube, er hat Sarah und Helena nicht richtig ernst genommen – weder als Steuerberaterinnen noch als Beute.

Doch als beide am Ende jeden im Team inklusive Max Berger für Ihr Konzept gewonnen hatten und Helena in einem Chart die ökonomischen Vorteile von Homeoffice bei höherer Flexibilität aufzeigte, dämmerte es Berger Senior, dass er einen Fehler gemacht hatte. Aber da war es schon zu spät – und die richtige Jagdtaktik hatte er auch nicht zur Hand. So täuschte er zwar immer wieder ein Schnappen an, rollte mit seinem Körper im Wasserloch, peitschte mit einem Schwanz kurzzeitig etwas brackige Gischt auf. Aber einen echten Angriff wie auf Max damals startete er nicht. Vielleicht war ihm klar, dass er ins Leere schnappen würde und fürchtete, von der Kuduherde ausgelacht und ausgewiehert zu werden. Daher verfingen auch seine üblichen unterschwelligen Spiele nicht, mit denen er Max und andere sonst so leicht den Wind aus den Segeln nehmen konnte. ‚Vielleicht war Berger Senior einfach zu lange mit Männern zusammen gewesen', dachte ich. Gegen seine Machtspiele waren Sarah und Helena immun. Sie ließen sich nicht einschüchtern und reagierten einfach nicht; als hörten Sie den Subtext in Berger Seniors Äußerungen nicht, der mich schon allein dazu brachte, meine kaum verheilte Unterlippe erneut aufzubeißen.

So prallten Berger Seniors Äußerungen an den beiden ab. Nicht weil Sarah und Helena aus Teflon wären, sondern weil sie einfach verpufften. Ich wusste gar nicht, dass das möglich ist.

Sarah bekam Berger Seniors Feindseligkeit schon mit; doch ihrer Empathie tat dies keinen Abbruch. Und da Sarah nicht in Hierarchien dachte, sondern in Teams, stoppte sie ihr Anliegen auch nicht, als klar war, dass der Senior Partner und Patriarch nicht mitziehen würde – denn für Sarah war Berger Senior nur ein Mensch; wie die zwanzig anderen in der Kanzlei auch. Das sah Berger Senior natürlich anders – als Mensch wie die anderen hätte das Fossil sich nie gesehen. Und Helena war auf dem Hierarchieohr genauso taub wie Sarah. Denn der Weg, etwas besser zu machen, ist der Weg, etwas besser zu machen. Egal von wem dieser Weg stammt, wer auf die Idee gekommen war oder wer sie umsetzte. Der Weg ist der Weg. Weiter mit eckigen, schlecht behauenen und holprigen Stein-Rädern mehr durch die Gegend zu rumpeln als zu fahren anstatt mit runden, glatten und geschmeidigen Rädern über die Savanne zu gleiten, nur weil der Steinzeithäuptling es eben so will, wäre Helena auch bei den Feuersteins nie in den Sinn gekommen.

So saß ich mitten zwischen den beiden, die Berger Senior auf dieser Reise wohl am meisten fürchten musste.

Tobias Klein klein zu machen gelang Berger Senior deutlich besser. Dr. Klein hatte die typische Attitüde eines Fachnerds mit gering ausgeprägten sozialen Fähigkeiten. Ob er diese wirklich nicht hatte oder ob er nicht irgendwann einfach einmal festgestellt hat, dass er leichter durch Leben kam und ihm keiner reinredete, wenn alle sowieso der Meinung waren, dass sie nicht mit ihm reden konnten, kann ich nicht sagen. Klein war fachlich brillant. Keine Frage. Niemand verstand Themen wie Krypto oder Blockchain in der Kanzlei besser als er. Dass KI Agenten keine neue Serie auf Netflix sind, in der Cyborgs die Welt mittels künstlicher Intelligenz retten vor wem auch immer, hat in der Kanzlei wahrscheinlich nur Dr. Klein begriffen. Auch dass generative KI kein Gimmick und auch kein Punching-Ball für immer neue Witze ist, welch absurde Ergebnisse man mit noch absurderen Prompts erzielen kann, war ihm schneller klar als jedem anderen in der Kanzlei. Ich erinnere noch, wie Sarah, Helena, ich und Klein einmal an der Kaffeemaschine standen und über Prompting und Halluzinationen bei KI sprachen. Das sind diese absurden Antworten, über die man sich dann so super lustig machen kann. Ich hatte gerade eine völlig alberne Anekdote in dieser Art erzählt, die ich in LinkedIn gelesen hatte, als es aus Klein herausbrach: „Was soll das, sich darüber aufzuregen, dass man bescheuerte Antworten bekommt, wenn man bescheuerte Fragen stellt?" Klein schaute mich mit einem wild grimmigen Blick an, den ich ihm gar nicht zugetraut hatte. „Dich schmeißt doch auch keiner raus, wenn Du auf die Frage, warum wir den Jahresabschluss nicht vierteljährlich machen, Blödsinn erzählst." – „Doch. Berger Senior tut das", sagten Sarah und Helena wie aus einem Mund. Manchmal ist es schon erschreckend, zu welch ähnlichen Schlüssen Menschlichkeit und Perfektion kommen können. Berger Senior schien die beiden zu unterschätzen; umgekehrt galt das nicht.

4.1 Blockchain

Die Blockchain-Technologie wird oft in einem Atemzug mit Kryptowährungen wie Bitcoin genannt, doch ihre Bedeutung geht weit über digitale Währungen hinaus. Tatsächlich handelt es sich bei der Blockchain aber um eine der vielversprechendsten Technologien des 21. Jahrhunderts, die in nahezu allen Branchen tiefgreifende Veränderungen bewirken könnte – und die Steuerberatung bildet hier keine Ausnahme.

Doch was genau ist Blockchain, und warum könnte sie die Art und Weise, wie Steuerkanzleien arbeiten, revolutionieren? Blockchain ist im Kern eine dezentrale, transparente und unveränderliche Datenbank. Anstatt Daten in einer zentralen Datenbank zu speichern, wie es bisher üblich war, werden bei der Blockchain Transaktionen und Informationen in einem Netz von Computern weltweit verteilt und in sogenannten „Blöcken" gespeichert. Jeder Block ist mit dem vorhergehenden und dem folgenden Block kryptografisch verbunden, sodass eine manipulationssichere, kontinuierliche Kette von Transaktionen entsteht – daher der Name „Blockchain".

Transaktionen werden zu Datenblöcken

Wie die Blockchain funktioniert

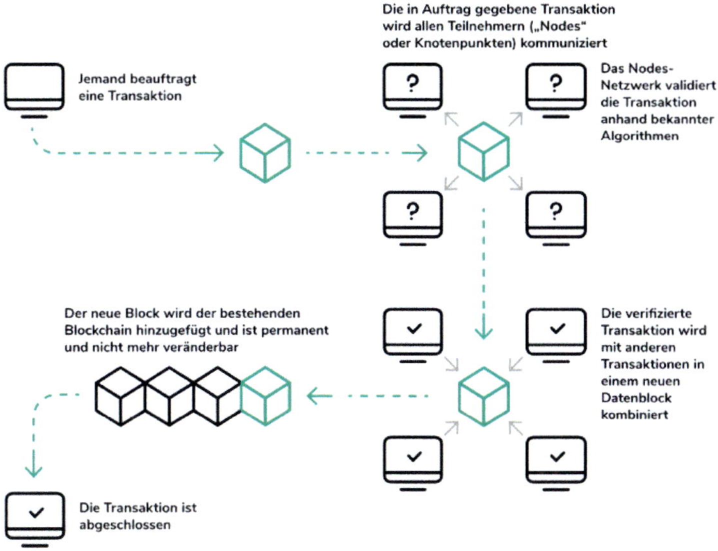

Quelle: Invesco. Nur zur Veranschaulichung.

Was Blockchain einzigartig macht, ist ihre Unveränderlichkeit. Einmal in der Blockchain gespeichert, können Informationen nicht nachträglich verändert oder gelöscht werden, ohne dass dies sichtbar wird. Diese Technologie schafft ein Höchstmaß an Transparenz und Sicherheit, das in der Steuerberatung bislang unerreicht ist. Für Steuerberater bedeutet dies die Möglichkeit, Finanztransaktionen, Dokumente und Steuerdaten fälschungssicher und transparent zu speichern und nachzuverfolgen.

Aktuell leidet die Technologie noch unter dem Image eines einmaligen Hypes, der schnell wieder verflogen ist. Jeder kennt die Geschichte, wie Justin Bieber 2022 in den NFT-Markt einstieg und unter anderem einen „Bored Ape Yacht Club"-NFT für rund 1,3 Millionen US-Dollar kaufte. Die Investition sorgte für Aufsehen, da der gekaufte Affe keine seltenen Merkmale hatte und weit über dem Marktwert lag. Bieber zeigte sich begeistert von der NFT-Technologie, postete seinen Bored Ape auf Instagram und unterstützte die Branche indirekt durch seine Reichweite. Mit dem Zusammenbruch des NFT-Marktes verlor sein NFT jedoch massiv an Wert, was die Volatilität digitaler Sammlerstücke verdeutlichte. Trotz dieser Verluste bleibt er ein prominentes Beispiel für den Hype um NFTs und Promi-Investitionen in digitale Kunst. Und genau das ist das Problem: man schaut nur auf den bisherigen Umgang mit NFT und Blockchain. Der mögliche Nutzen wird häufig übersehen. NFTs (Non-Fungible Tokens) sind untrennbar mit der Blockchain-Technologie verbunden, da sie auf ihr basieren und ihre Einzigartigkeit, Sicherheit und Nachverfolgbarkeit gewährleisten. NFTs existieren vor allem auf Ethereum und anderen Blockchains, die Smart Contracts unterstützen. Durch diese Technologie wird jeder NFT als einzigartiger digitaler Vermögenswert registriert, was ihn von gewöhnlichen Kryptowährungen wie Bitcoin unterscheidet. Die Blockchain garantiert zudem die Echtheit und Besitzverhältnisse eines NFTs, indem sie eine transparente und unveränderliche Historie aller Transaktionen speichert. So ermöglicht die Blockchain das Vertrauen in digitale Kunstwerke, Sammlerstücke und andere NFT-Anwendungen.

Stellen Sie sich vor, jeder finanzielle Vorgang, jede steuerlich relevante Transaktion könnte in einem unveränderlichen, öffentlich überprüfbaren digitalen Register festgehalten werden. Steuerprüfungen würden sich dramatisch vereinfachen, da die Blockchain es ermöglicht, Transaktionen bis ins kleinste Detail nachzuvollziehen – ohne die endlose Suche in Aktenordnern oder die Gefahr menschlicher Fehler. Finanztransaktionen, die sich in Echtzeit und ohne Manipulationsrisiko prüfen lassen? Was heute wie eine Vision klingt, könnte in wenigen Jahren zum Standard werden.

Die Potenziale der Blockchain in der Steuerberatung

Die Blockchain besitzt das Potenzial, die Steuerberatung auf mehreren Ebenen grundlegend zu transformieren. Ein wesentliches Versprechen der Technologie ist die Transparenz. Jede steuerlich relevante Transaktion kann lückenlos in der Blockchain dokumentiert werden. Für Steuerberater bedeutet dies, dass sie jederzeit Zugriff auf alle notwendigen Informationen haben, ohne sich durch komplexe Papierstapel wühlen zu müssen. Für Unternehmen und Mandanten resultiert hieraus eine zusätzliche Sicherheit, da die Blockchain eine lückenlose Nachvollziehbarkeit und Unveränderbarkeit von Transaktionen gewährleistet.

Ein weiteres Potenzial liegt in der Automatisierung von Steuerprozessen. Die Auslösung von Steuerzahlungen kann mittels sogenannter Smart Contracts, digitaler Verträge basierend auf der Blockchain, automatisch erfolgen, sobald bestimmte Bedingungen erfüllt sind. Ein Beispiel für die Anwendung der Blockchain-Technologie im Steuerbereich ist die Möglichkeit, eine Steuerzahlung automatisch ausführen zu lassen, sobald eine Rechnung beglichen wurde und die Umsatzsteuer berechnet ist. Dies führt nicht nur zu einer Reduktion des administrativen Aufwands, sondern auch zu einer Minimierung des Risikos menschlicher Fehler.

Anwendung der Blockchain in der Steuerberatung im Jahr 2024

Im Jahr 2024 konnten bereits erste erfolgreiche Anwendungsbeispiele für den Einsatz der Blockchain in der Steuerwelt beobachtet werden. In den USA sowie in einigen europäischen Ländern begann die Implementierung von Blockchain-Systemen in der Buchhaltung und Steuererfassung durch Unternehmen.

Für Steuerberater und ihre Mandanten bietet die Blockchain-Technologie mehrere entscheidende Vorteile:

- Transparenz und Nachvollziehbarkeit: Die Blockchain ermöglicht eine vollständige und lückenlose Nachverfolgung aller steuerrelevanten Transaktionen. Jeder Eintrag in die Blockchain ist für alle Beteiligten sichtbar und kann nicht nachträglich geändert werden. Dies erhöht das Vertrauen zwischen Mandanten, Beratern und Finanzbehörden erheblich.
- Sicherheit und Manipulationsschutz: Da jede Transaktion kryptografisch gesichert ist und auf tausenden Computern weltweit gespeichert wird, ist eine nachträgliche Manipulation praktisch unmöglich. Dies schützt nicht nur vor Steuerbetrug, sondern auch vor Cyberangriffen.
- Effizienzsteigerung durch Automatisierung: Mit der Blockchain-Technologie lassen sich viele Prozesse automatisieren, die bis-

her manuell erledigt werden mussten. Mithilfe sogenannter „Smart Contracts", also intelligenter Verträge, könnten Steuerzahlungen automatisch ausgelöst werden, sobald bestimmte Bedingungen erfüllt sind – etwa die fristgerechte Zahlung einer Rechnung.

Ein potenzielles Anwendungsgebiet der Blockchain-Technologie, das derzeit in Forschungsprojekten und Pilotversuchen untersucht wird, ist die automatisierte Umsatzsteuererklärung. In einem Blockchain-basierten System könnten alle Verkaufstransaktionen eines Unternehmens in Echtzeit erfasst werden, wobei die relevanten Steuerdaten direkt an die Finanzbehörden übermittelt würden. Dadurch ließen sich sowohl der manuelle Aufwand für Unternehmen und Steuerberater als auch die Fehlerquote erheblich reduzieren. Obwohl sich diese Technologie noch im experimentellen Stadium befindet, bietet sie eine vielversprechende Möglichkeit, steuerliche Prozesse in Zukunft effizienter und transparenter zu gestalten.

Der Einsatz der Blockchain zur Automatisierung von Steuerprozessen, einschließlich der Umsatzsteuer, könnte in den nächsten Jahren Realität werden, sofern die bestehenden Pilotprojekte und Forschungsergebnisse positive Ergebnisse liefern.

Kann Blockchain-Technologie die Umsatzsteuer-Voranmeldung ersetzen?

Das Potenzial der Blockchain-Technologie wird von Regierungen und Unternehmen weltweit zunehmend erkannt, sodass erste Anwendungsbereiche bereits erschlossen werden. Ein bemerkenswertes Beispiel ist Estland, wo die Regierung Blockchain-Technologien bereits erfolgreich zur Verwaltung sensibler Bürgerdaten einsetzt. Auch in Europa und den USA werden erste Tests mit Blockchain-basierten Systemen in der Steuererfassung durchgeführt. Es ist zu erwarten, dass sich der weltweite Trend zur Einführung von Blockchain-Lösungen in der Finanz- und Steuerwelt in den kommenden Jahren weiter beschleunigen wird. Für Steuerberater, die diese Entwicklungen frühzeitig antizipieren, eröffnen sich signifikante Wettbewerbsvorteile.

Insbesondere im Kontext der Mehrwertsteuer birgt die Blockchain ein signifikantes Potenzial. Der Verband elektronische Rechnung

(VeR) postuliert, dass die Blockchain-Technologie in Zukunft eine entscheidende Rolle spielen könnte, um Prozesse im Zusammenhang mit der Mehrwertsteuer effizienter und sicherer zu gestalten. Bereits im Jahr 2020 erkannte der Bundesrechnungshof die umfassenden Vorteile dieser Technologie. Eine Vision bestand darin, die Rechnungsstellung und Umsatzsteuerzahlungen direkt mit dem Vorsteuerabzugsberechtigten zu verknüpfen, wodurch eine automatisierte Vorsteuererstattung über die Blockchain ermöglicht werden könnte. Eine solche direkte Verknüpfung würde nicht nur zu einer signifikanten Reduktion des Verwaltungsaufwands für Unternehmen und Steuerbehörden führen, sondern auch die Möglichkeiten für Betrug maßgeblich einschränken.

Obgleich diese Ansätze als vielversprechend zu erachten sind, sind gleichwohl Herausforderungen zu konstatieren. Ein zentrales Thema ist die rechtliche und regulatorische Einbettung der Blockchain in bestehende Strukturen. Obschon die Technologie selbst als manipulationssicher gilt, bleibt die Frage offen, auf welche Weise verschiedene Länder diese dezentrale Technologie regulieren und in ihre nationalen Steuersysteme integrieren können. Des Weiteren wird die Geschwindigkeit, mit der Unternehmen und Steuerkanzleien ihre Arbeitsprozesse an diese neue Technologie anpassen, ein entscheidender Faktor sein.

In der Gesamtschau lässt sich konstatieren, dass die Blockchain das Potenzial in sich birgt, das Steuerwesen in grundlegender Weise zu transformieren. Die Möglichkeit, Transaktionen transparent und unveränderlich zu dokumentieren, eröffnet Perspektiven für eine Automatisierung und erhebliche Vereinfachung von Steuerprozessen, beispielsweise im Kontext der Umsatzsteuer-Voranmeldungen. Für Steuerberater ergibt sich somit die Notwendigkeit, sich zeitnah mit den Potenzialen der Blockchain-Technologie auseinanderzusetzen, um auch in einer zunehmend digitalen Welt wettbewerbsfähig zu bleiben.

Schlussfolgerung

Aus Expertensicht lässt sich im Jahr 2024 prognostizieren, dass die Blockchain-Technologie eine zentrale Rolle bei der zukünftigen Gestaltung steuerlicher Prozesse einnehmen wird. Der Verband elektronische Rechnung (VeR) betont, dass der Einsatz der Blockchain zu einer signifikanten Reduktion des Verwaltungsaufwands bei der Umsatzsteuer führen könnte, insbesondere durch die Automatisierung der Rechnungsstellung und die Verknüpfung von Umsatzsteuerzahlungen mit Vorsteuerabzugsberechtigten. Dies würde nicht nur eine Beschleunigung der Prozesse bewirken, sondern auch die Bekämpfung von Mehrwertsteuerbetrug erleichtern.

Es lässt sich bereits gegenwärtig beobachten, dass Regierungen und Steuerbehörden, insbesondere innerhalb der Europäischen Union, an Blockchain-basierten Infrastrukturen arbeiten. Bereits im Jahr 2020 identifizierte der Bundesrechnungshof das Erfordernis einer Integration von Blockchain-Technologien in das nationale Steuersystem, um die Transparenz zu erhöhen und Steuerbetrug zu verhindern. Die „European Blockchain Service Infrastructure", eine Initiative der EU, stellt einen wesentlichen Fortschritt in dieser Hinsicht dar und demonstriert, wie die europäische Steuerpolitik auf eine gemeinsame, auf Blockchain-Technologie basierende Zukunft hinarbeitet.

Für Steuerberater erweist sich die Fähigkeit, sich rasch an die technologischen Veränderungen anzupassen, als entscheidender Wettbewerbsvorteil. Kanzleien, die in der Lage sind, Blockchain-Technologien zu integrieren und ihren Mandanten eine sichere, transparente und effiziente Verwaltung ihrer Steuerdaten anzubieten, werden sich an der Spitze dieser Entwicklung positionieren. Die kommenden Jahre bergen ein enormes Potenzial, das nicht nur eine Rationalisierung von Prozessen ermöglicht, sondern auch den Grundstein für ein faires und transparentes Steuersystem legen kann.

Ein Blick in die Zukunft der Steuerberatung zeigt: Die Blockchain stellt keinen vorübergehenden Trend dar, sondern einen ernstzunehmenden technologischen Wandel, der die Effizienz und Sicherheit im Steuerwesen nachhaltig verbessern wird. Die frühzeitige Erkenntnis und Mitgestaltung der Potenziale ermöglicht es, langfristig in einer zunehmend digitalisierten Steuerwelt erfolgreich zu sein.

Blockchain als Korrektiv zur KI

Die zunehmende Verflechtung von künstlicher Intelligenz (KI) mit globalen Machtstrukturen verändert das Fundament unserer Gesellschaft. Während KI-Systeme immer leistungsfähiger in der Mustererkennung werden, steigt ihre Fähigkeit, komplexe Entwicklungen vorauszusehen. Kombiniert mit den richtigen Datenquellen kann KI nicht nur wirtschaftliche Trends antizipieren, sondern auch politische Strategien analysieren und Unternehmensentscheidungen mit hoher Wahrscheinlichkeit voraussagen – präziser als jeder Mensch. Diese Fähigkeit ist weit mehr als eine technologische Spielerei. Sie könnte darüber entscheiden, wer in einer zunehmend digitalisierten Welt die Oberhand gewinnt.

Das Stargate-Projekt ist eine im Januar 2025 angekündigte, umfangreiche Initiative zur Förderung der Infrastruktur für Künstliche Intelligenz (KI) in den USA. Unter der Schirmherrschaft von Präsident Donald Trump haben sich führende Unternehmen wie OpenAI, Oracle, SoftBank und MGX zusammengeschlossen, um in den kommenden Jahren bis zu 500 Milliarden US-Dollar in den Aufbau von Rechenzentren und weiterer KI-Infrastruktur zu investieren. Das Projekt sieht vor, in den nächsten vier Jahren zunächst 100 Milliarden US-Dollar bereitzustellen, um den Aufbau von Rechenzentren und die notwendige Energieversorgung zu gewährleisten. Diese Infrastruktur soll die Position der USA im Bereich der KI stärken, zahlreiche Arbeitsplätze schaffen und erhebliche wirtschaftliche Vorteile bringen. Die erste Phase des Projekts umfasst den Bau von bis zu 20 großen KI-Rechenzentren in den USA, wobei das Gesamtinvestitionsvolumen bis 2029 auf 500 Milliarden US-Dollar ansteigen soll. Die massive Förderung, vor allem durch massive Deregulation, zeigt, dass KI längst nicht mehr nur ein Instrument für Wirtschaft und Wissenschaft ist, sondern zu einem strategischen Faktor auf geopolitischer Ebene wird. Die USA positionieren sich mit dieser Investition an der Spitze eines technologischen Wettlaufs, bei dem es nicht nur um Rechenleistung oder Automatisierung geht – sondern um die Fähigkeit, zukünftige Entwicklungen präzise zu berechnen.

Systeme, die über Milliarden von Datenpunkten verfügen und mit Machine Learning trainiert wurden, können Muster erkennen, die für den Menschen unsichtbar bleiben – und damit Entwicklungen berechnen, bevor sie eintreten. Doch genau hier entsteht eine zentrale Gefahr: Wenn KI in der Lage ist, Entscheidungen und Marktbewegungen vorherzusagen, kann sie auch als Kontrollwerkzeug genutzt werden. Dabei ist der direkte Zugriff auf Datenbanken oft gar nicht notwendig. Viel entscheidender ist, wer die Software kontrolliert, die auf diese Daten zugreift.

Ein aktuelles Beispiel zeigt, wie groß das Risiko bereits heute ist: Apple wurde in Großbritannien verpflichtet, den Behörden Zugriff auf iCloud-Daten zu gewähren, selbst wenn diese durch Verschlüsselung geschützt sind. Dies unterstreicht eine entscheidende Schwachstelle – nicht der Speicherort der Daten entscheidet über ihre Sicherheit, sondern die Kontrolle über die Programme, die mit ihnen arbeiten: Apple wurde von der britischen Regierung aufgefordert, den Behörden Zugriff auf verschlüsselte iCloud-Daten zu gewähren. Diese Anordnung erfolgte im Rahmen des Investigatory Powers Act 2016, der es den Behörden ermöglicht, von Unternehmen die Bereitstellung technischer Mittel zum Zugriff auf Daten zu verlangen. Als Reaktion darauf hat Apple seine Funktion „Erweiterter Datenschutz“ (Advanced Data Protection, ADP) für Nutzer im Vereinigten Königreich deaktiviert. Diese Funktion ermöglicht eine Ende-zu-Ende-Verschlüsselung von iCloud-Daten, sodass nur die Nutzer selbst Zugriff darauf haben. Durch die Deaktivierung von ADP können britische Behörden nun unter bestimmten Voraussetzungen auf iCloud-Daten zugreifen. Apple hat gegen diese Anordnung Berufung eingelegt, da das Unternehmen der Ansicht ist, dass die Bereitstellung einer „Hintertür“ die Privatsphäre und Sicherheit aller Nutzer gefährden würde. Dieses Berufungsverfahren wird vor dem Investigatory Powers Tribunal verhandelt, wobei einige Anhörungen hinter verschlossenen Türen stattfinden. Diese Entwicklungen haben internationale Aufmerksamkeit erregt und Diskussionen über die Balance zwischen nationaler Sicherheit und individueller Privatsphäre ausgelöst. Kritiker befürchten, dass solche Maßnahmen einen Präzedenzfall schaffen könnten, der auch in anderen Ländern zu ähnlichen Forderungen führt.

Genau hier könnte die Blockchain-Technologie ein entscheidendes Gegengewicht zu KI bilden. Während KI auf zentralisierte Daten und umfassenden Zugriff angewiesen ist, arbeitet Blockchain dezentral, unveränderlich und transparent. Diese Eigenschaften könnten in einer zunehmend von KI durchleuchteten Welt eine neue Sicherheitsebene schaffen:

1. Dezentralität als Schutzmechanismus
   Während KI auf zentralisierte Server zugreift, verteilt Blockchain Informationen auf viele unabhängige Netzwerkknoten. Damit wird verhindert, dass eine einzelne Instanz vollständige Kontrolle über die Daten erhält.
2. Manipulationssicherheit durch Unveränderlichkeit
   KI-Systeme können mit Deepfake-Technologien oder durch selektive Informationskontrolle Daten manipulieren. Blockchain hingegen speichert jede Änderung fälschungssicher und macht Manipulationsversuche nachweisbar.
3. NFTs als digitale Eigentumssicherung
   Non-Fungible Tokens (NFTs) könnten nicht nur für Kunst oder Sammlerstücke genutzt werden, sondern auch für digitale Identitäten, Geschäftsgeheimnisse oder geistiges Eigentum. Dadurch könnte sichergestellt werden, dass wirtschaftlich oder politisch relevante Informationen nicht einfach durch KI rekonstruiert oder missbraucht werden können.
4. Smart Contracts zur Zugriffskontrolle
   KI kann unbemerkt Daten analysieren, wenn sie Zugriff auf Speichersysteme erhält. Smart Contracts könnten automatisch kontrollieren, wer auf welche Daten zugreifen darf, und damit verhindern, dass sensible Informationen ohne Zustimmung der Eigentümer verarbeitet werden.

Während KI immer mehr Kontrolle über Daten gewinnt, bietet die Blockchain-Technologie eine dringend benötigte Alternative, die Datensicherheit, Eigentumsschutz und Transparenz gewährleistet. In einer Welt, in der maschinelle Intelligenz Entscheidungen berechnen kann, bevor sie getroffen werden, könnte Blockchain das letzte verbliebene Bollwerk gegen vollständige Durchleuchtung und Kontrolle sein.

4.2 Cloud Computing

Die Ursprünge des Cloud Computings lassen sich weit zurückverfolgen und stehen in keinem Zusammenhang mit der heutigen Digitalisierung. Tatsächlich wurde die Idee der „Rechenleistung als Dienstleistung“ bereits in den 1960er Jahren formuliert, als John McCarthy – ein Pionier der Künstlichen Intelligenz – voraussagte, dass eines Tages Computerleistungen wie Strom oder Wasser über ein Versorgungsnetz bereitgestellt werden könnten. Erst in den 2000er Jahren, als Unternehmen wie Amazon und Google damit begannen, ihre Rechenzentren über das Internet zu öffnen, etablierte sich die Cloud als praktisches Werkzeug.

In der Steuerberatung wurde der digitalen Transformation über einen längeren Zeitraum mit einer gewissen Skepsis begegnet. Die Vertraulichkeit der Daten war für Mandanten ein wesentlicher Aspekt, da sie darauf vertrauten, dass ihre sensiblen Informationen sicher in den Händen des Steuerberaters aufbewahrt werden. Dieser wiederum vertraute darauf, dass seine Systeme vor Ort sicherer seien als ein ungreifbarer Server in einer Wolke. Diese Bedenken sind nicht unbegründet, jedoch haben moderne Cloud-Lösungen längst Sicherheitsstandards erreicht, die denen lokaler IT-Infrastrukturen in nichts nachstehen.

Cloud vs. On-Premise –
Die wichtigsten Unterschiede auf einen Blick

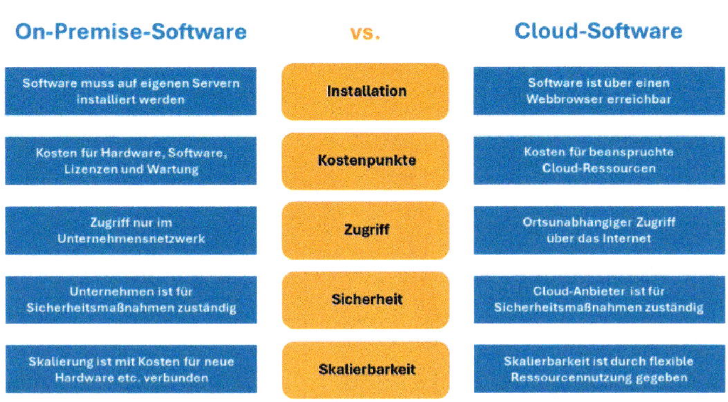

Der Begriff „Cloud" mag abstrakt klingen, doch er bezeichnet im Wesentlichen die Nutzung von Servern, Speichern, Datenbanken und Software über das Internet anstelle eines lokalen Computers. Was einst als revolutionäre Idee begann, ist heute ein Standard, der weltweit in verschiedensten Branchen genutzt wird – von kleinen Start-ups bis hin zu Großkonzernen. Und die Steuerberatung bildet dabei keine Ausnahme.

Heute befindet sich die Cloud-Technologie auf einem Höhepunkt der Entwicklung und bietet Lösungen, die in der Steuerberatung für eine enorme Flexibilisierung und Effizienzsteigerung sorgen. Doch das Potenzial dieser Technologie ist bei Weitem noch nicht ausgeschöpft. Bis 2030 wird erwartet, dass Cloud-Lösungen noch tiefgreifender in den Arbeitsalltag von Steuerberatern integriert sein werden – und diejenigen, die diese Technologien frühzeitig umarmen, werden ihre Kanzleien und Mandanten auf ein neues Level bringen.

Cloud Computing stellt in der Steuerberatung nicht länger nur eine technische Innovation dar, sondern erweist sich zunehmend als unabdingbar. Die Relevanz dieser Technologie für die Branche manifestiert sich vor dem Hintergrund steigender Anforderungen an Flexibilität, Effizienz und Sicherheit in zunehmendem Maße. Obgleich zahlreiche Kanzleien nach wie vor auf traditionelle On-Premises-Lösungen setzen, wächst der Druck kontinuierlich, auf die Cloud umzusteigen. Dies ist nicht allein auf technologische Entwicklungen zurückzuführen, sondern auch auf die wachsenden Erwartungen von Mandanten, die zunehmend flexible, ortsunabhängige und vor allem schnelle Lösungen verlangen.

Die Bedeutung und der Zwang zum Handeln

Noch arbeiten viele Steuerkanzleien auf traditionellen Systemen, welche lokal installiert sind und oft mit erheblichen infrastrukturellen Anforderungen einhergehen. Diese sogenannten On-Premises-Systeme bieten zwar die volle Kontrolle über Daten und Prozesse, sind jedoch mit einigen Nachteilen verbunden: hohen Kosten für die IT-Infrastruktur, aufwendige Wartung sowie die Notwendigkeit physischer Sicherheitsmaßnahmen. Des Weiteren ist die Skalierbarkeit stark begrenzt und die Möglichkeiten, nahtlos mit anderen digitalen Systemen zu interagieren, sind eingeschränkt. Dies resultiert in einer fragmentierten Arbeitsweise und einer Bindung wertvoller Ressourcen, die anderweitig mit höherer Effizienz eingesetzt werden könnten.

Die Lösung dieser Problematiken kann durch den Einsatz von Cloud Computing erreicht werden, welches eine flexible, kosteneffiziente und sichere Möglichkeit zur Bewältigung dieser Herausforderungen bietet. Technologieanbieter wie Microsoft mit ihren Azure Cloud-Diensten oder Amazon Web Services (AWS) offerieren mittlerweile Lösungen, die spezifisch auf die Anforderungen sensibler Branchen wie der Steuerberatung zugeschnitten sind. Die sichere Speicherung und Verarbeitung großer Mengen an Steuerdaten ist ebenso gewährleistet wie die notwendige Flexibilität, um auf die sich permanent wandelnden regulatorischen Anforderungen zeitnah reagieren zu können.

Über die Cloud verwaltete Datenbanken ermöglichen die Verarbeitung von Daten in Echtzeit, ohne dass man sich um Hardware-Upgrades, Wartungsarbeiten oder Skalierungsfragen kümmern muss. Kanzleien sind somit in der Lage, ihre Kapazitäten je nach Bedarf zu erweitern oder zu reduzieren, ohne dass dabei Investitionen in teure Hardware oder zusätzliches IT-Personal notwendig wären. Diese Flexibilität stellt einen entscheidenden Vorteil dar, insbesondere in Zeiten saisonaler Spitzen, in denen ein deutlicher Anstieg des Arbeitsaufwands zu verzeichnen ist.

Der Zwang zum Handeln wird durch die fortschreitende Digitalisierung der Wirtschaft sowie die Forderung nach Echtzeit-Informationen noch verstärkt. Mandanten erwarten heutzutage, dass ihre Steuerberater jederzeit Zugriff auf aktuelle Daten haben und zeitnah auf Anfragen reagieren können. Systeme, die ausschließlich lokal betrieben werden, sind jedoch schnell überfordert, sobald es darum geht, große Datenmengen zu verwalten und gleichzeitig höchste Sicherheitsstandards zu gewährleisten.

Ein weiteres wesentliches Problem bei der Nutzung traditioneller On-Premises-Lösungen stellt die Einhaltung von Compliance- und Datenschutzrichtlinien dar. Unternehmen sind häufig der Meinung, dass sie mit eigenen lokalen Servern die volle Kontrolle über ihre Daten haben und damit besser auf regulatorische Anforderungen reagieren können. Cloud-Anbieter wie Microsoft, AWS und Google hingegen bieten in der Regel umfangreichere Sicherheitsvorkehrungen und Compliance-Management-Tools. Diese Cloud-Plattformen sind in der Lage, strikte Anforderungen wie die EU-Datenschutzgrundverordnung (DSGVO) umzusetzen und bieten in der Regel standardisierte Auditing- und Protokollierungsfunktionen, welche eine Nachverfolgbarkeit und Sicherheit gewährleisten, die in lokalen Systemen häufig nur mit großem Aufwand möglich wäre.

In der Steuerberatung sind die Themen Datenschutz und Datensicherheit von herausragender Bedeutung. Steuerdaten gehören zu den sensibelsten Informationen, die ein Unternehmen oder eine Privatperson preisgibt. Daher ist es nachvollziehbar, dass Steuerberater auf Sicherheit setzen und traditionell zurückhaltend sind, wenn es um die Auslagerung dieser Daten in die Cloud geht. Moderne Cloud-Systeme bieten jedoch Sicherheitsstandards, die in der Regel weit über das hinausgehen, was mit eigenen Mitteln erreicht werden könnte. Die großen Anbieter von Cloud-Plattformen betreiben ihre Rechenzentren mit den höchsten Sicherheitsstufen und investieren jährlich Milliarden in den Schutz vor Datenverlust, Cyberangriffen und anderen Risiken. Die End-to-End-Verschlüsselung sowie mehrstufige Authentifizierungssysteme gewährleisten ein höchstmögliches Maß an Sicherheit, ohne dabei die Flexibilität und Skalierbarkeit einzuschränken.

Die Vorteile des Cloud Computings in der Steuerberatung sind:

- Echtzeit-Zugriff auf Daten. Die Möglichkeit, sofort und von überall aus auf aktuelle Daten zugreifen zu können, stellt einen wesentlichen Vorteil von Cloud-Systemen für Steuerberater und ihre Mandanten dar. In einer zunehmend vernetzten Welt steigert das nicht nur die Effizienz, sondern verbessert auch die Zusammenarbeit zwischen Kanzlei und Mandant erheblich.
- Steigerung der Kosteneffizienz. Das „Pay-as-you-go-Modell" der meisten Cloud-Anbieter gewährleistet, dass Kanzleien lediglich für die tatsächlich benötigten Ressourcen zahlen. Dies stellt insbesondere in einem Berufsfeld, in dem der Arbeitsaufwand starken Schwankungen unterliegen kann, einen entscheidenden Vorteil dar.

- Skalierbarkeit. Die Cloud ermöglicht eine bedarfsgerechte Erhöhung oder Verringerung der Kapazitäten, ohne dass Investitionen in kostenintensive Hardware erforderlich sind. Insbesondere in Phasen hoher Arbeitsbelastung, wie beispielsweise während der Steuererklärungssaison, kann diese Flexibilität den Ausschlag dafür geben, ob eine Kanzlei erfolgreich ist oder nicht.
- Automatisierte Wartungs- und Update-Prozesse. Die Verantwortung für die Wartung der Systeme sowie die Durchführung regelmäßiger Sicherheitsupdates obliegen dem Cloud-Anbieter. Die Verantwortung für aufwendige IT-Prozesse wird von Kanzleien an den Cloud-Anbieter übertragen, sodass diese sich auf ihre Kernaufgaben konzentrieren können.
- Integration neuer Technologien. Moderne Cloud-Systeme bieten eine Plattform für die Integration von künstlicher Intelligenz (KI), maschinellem Lernen und anderen neuen Technologien. Die Analyse von Steuerdaten sowie die Optimierung von Arbeitsprozessen können mittels der genannten Technologien erfolgen, was eine Effizienzsteigerung zur Folge hat und zudem tiefere Einblicke in komplexe steuerliche Sachverhalte ermöglicht.
- Höhere Datensicherheit. Die Cloud bietet höchste Sicherheitsstandards. Durch redundante und verschlüsselte Speicherung der Daten wird ein besserer Schutz vor Ausfällen, Datenverlusten und Cyberangriffen gewährleistet, als dies bei lokalen Servern mit vertretbarem Aufwand möglich wäre.

Die Vorteile des Cloud Computings in der Steuerberatung sind evident. Obgleich einige Kanzleien nach wie vor zögern, diesen Schritt zu vollziehen, wird die Cloud in den kommenden Jahren zu einem essenziellen Bestandteil der Steuerbranche avancieren. Die Notwendigkeit der jederzeitigen Verfügbarkeit von Daten, die Steigerung der Effizienz von Arbeitsprozessen sowie die Gewährleistung höchster Sicherheits- und Compliance-Standards machen den Einsatz von Cloud-Lösungen unabdingbar. On-Premises-Systeme werden zunehmend als nicht mehr zeitgemäß erachtet, insbesondere hinsichtlich Flexibilität, Skalierbarkeit und Kosteneffizienz.

Die Entwicklung wird maßgeblich von großen Anbietern wie Microsoft, AWS und Google vorangetrieben, welche signifikante Investitionen in die Weiterentwicklung ihrer Cloud-Dienste tätigen. Für Steuerkanzleien ist es folglich von entscheidender Bedeutung, den Wechsel frühzeitig und strategisch zu planen, um wettbewerbsfähig zu bleiben und den gestiegenen Anforderungen der Mandantschaft gerecht zu werden. In der Steuerberatung wird sich in den kommenden Jahren die Frage, ob der Umstieg auf die Cloud erfolgt, erübrigen; von zentraler Bedeutung wird vielmehr der Zeitpunkt dieses Umstiegs sein.

Zusammenfassend lässt sich konstatieren, dass Cloud Computing in der Steuerberatung eine Schlüsselrolle einnimmt, um den steigenden Anforderungen der Digitalisierung gerecht zu werden. Für Kanzleien, die den Umstieg auf die Cloud bereits heute planen und umsetzen, ergeben sich nicht nur vielfältige Vorteile, sondern auch die Möglichkeit, ihre Position in einer zunehmend wettbewerbsorientierten Branche zu sichern.

5 Wird Max unser Kapitän Nemo?

„Wir sanken tiefer und tiefer, und die Wände des Bootes begannen unter dem Druck der ungeheuren Wassermassen zu ächzen. Ein drohendes Knarren lief durch die Metallplatten, als wollte das Meer sie zusammenpressen. Die Dunkelheit wurde absolut, und die Einsamkeit in dieser bodenlosen Tiefe schien uns verschlingen zu wollen." Während unserer Fahrt durchs Dunkel der Nacht, das noch keinen Morgen kannte, musste ich an diese Zeilen aus Jules Vernes ‚20.000 Meilen unter dem Meer' denken. Die Autobahn um uns herum füllte sich nur langsam. Die A4 nach Aachen nahm um diese Zeit niemand. Alle wollten nach Köln und niemand wollte weg – schon gar nicht in ein kerzengerades Dunkel ohne Hügel, Kurven oder Höhen. Wir werden bis kurz vor Lüttich brauchen, bis zu unserer Linken die Ardennen zeigen, dass wir nicht in einem ewig dunklen Nichts verschwunden sind.

Doch einen Fehler gibt es bei meinem literarischen Vergleich: bei Jules Verne kommt der Druck, der die Nautilus wie eine Sardinendose zusammenzudrücken droht, von außen. In unserem Bus kam der Druck von innen:

In vier Gruppen saßen wir in dem viel zu großen Bus zusammen. Obwohl wir nur leise hören konnten, worüber sich die einzelnen Gruppen unterhielten, erhöhte sich mein Puls merklich. Immer ein Stück weiter – als würde ich erwarten, dass sich noch vor Paris diese vier Gruppen miteinander kurzschlössen. Als wären es gar keine Gesprächsgruppen von Kolleginnen und Kollegen, die sich über die Zukunft unserer Steuerkanzlei austauschten, sondern als würde in jeder Gruppe jeweils ein Bestandteil eines Kompositsprengstoffes entstehen. So wie man vor den Einzelkomponenten von Schwarzpulver keine Angst haben muss: Salpeter, Schwefel und Holzkohle sind einzeln ungefährlich.

Aber zusammen ist es halt etwas ganz anderes. Nur hatte ich den Eindruck, dass wir diesmal nicht nur an Silvesterböllern arbeiten. Ich hatte das Gefühl, dass die Sprengkraft dessen, was wir hier entstehen lassen, weit höher liegt – ‚military grade' wie beim Kompositsprengstoff C4. Und mitten drin Max Berger und Berger Senior. Mir schien es, als seien es die beiden, die es in der Hand haben, ob das, was wir in unseren Gruppen entstehen lassen, am Ende hoch geht oder nicht. C4 ist an sich relativ sicher und stabil. Es explodiert nur durch eine starke Zündung, z. B. durch einen Zündblitz. Der Vergleich beruhigte mich nicht. Denn obwohl ich die beiden am Kopfende des Busses nicht sehen konnte und beide die ganze Fahrt über schwiegen, wartete ich jeden Augenblick genau auf diesen Blitz. Wenn die Spannung zwischen zwei Bereichen der Wolkenunterseite und der Erdoberfläche einen kritischen Wert erreicht, wird die Luft ionisiert und leitend. Es kommt zur Entladung in Form eines Blitzes. So hatte ich das in Erdkunde auf der Schule gelernt. Genau das erwartete ich nun zwischen Berger Junior und Berger Senior – ein Unwetter und einen kräftigen Blitz. Sodass es unseren Bus wie eine Rohrbombe in tausend Teile sprengt und unsere Körper wie Schrapnellteile über das Dunkel der Kölner Bucht verteilt.

Nemo baute die Nautilus, weil imperialistische Kräfte seine Familie ermordet hatten und er es ihnen heimzahlen wollte, indem er ihre Kriegsschiffe torpedierte und ihre Handelswege störte. In den unerforschten Tiefen des Meeres wollte er sich ein neues Leben aufbauen – und opferte dafür am Ende seine gesamte Mannschaft.

‚Warum aber bringt Max uns in eine solche Gefahr?', fragte ich mich, während unser Diesel-Bus durch das Dunkel tuckerte und ich durch seinen langen Gang nach vorne blickte.

Während ich mir ganz hinten im Bus zunehmend Sorgen mache, ist es in der vordersten Reihe ganz still. Dort sitzen Berger Senior und Junior direkt nebeneinander und blicken schweigend auf die noch pechdunkle Fahrbahn, nur schwach erhellt durch das Abblendlicht des Reisebusses.

Da saßen zwei Männer, die sich ähnlich sahen, aber doch ganz unterschiedlich wirkten. Berger Senior zeichnete eine Physiognomie aus, die man gemeinhin als stattliche Erscheinung bezeichnen würde. Rund 1,80 m groß, mit grau meliertem, festen und fast lockigem Haar schon fast etwas Künstlerisches ausstrahlend, saß Berger Senior kerzengerade in seinem Sitz. Eine Rückenlehne hätte er gar nicht gebraucht. Jedenfalls schien es auch gar nicht so, als wolle er sich irgendwo anlehnen. Eher schien er zum Sprung gespannt und nur auf seinen Moment wartend. Berger Senior saß immer so da. Das lag auch an den Zweireihern, die er exakt der Etikette folgend mit geöffnetem unteren Knopf stets geschlossen trug. Der Nachteil war, dass er sich damit gar nicht zurücklehnen konnte im Sitzen, weil sich ansonsten Schulter- und Reversbereich seines Zweireihers derart anhoben, dass man das Gefühl bekam, Berger Senior sei gerade in seinem Anzug geschrumpft. Also blieb Berger Senior aufrecht sitzen – bei Meetings oft stundenlang als hätte er Rückenstrecker und Bauchmuskeln aus Stahl. Ob Berger Senior allerdings unter seinem Van-Laack-Hemd einen Sixpack verbarg, wusste niemand.

Auch nicht Max, sein Sohn, der im Bus neben ihm saß. Während Berger Senior im marineblauen Nadelstreifenflanell der Qualität Super 160 mit schwarzen, rahmengenähten Budapestern gekleidet in Richtung Louvre fuhr, saß Max in einer schwarzen glattledernen Racer-Jacke, die er über einem einfarbigen schwarzen T-Shirt mit V-Ausschnitt offen trug. Die Racer-Jacke war eine Hommage an die Lederjacke, die Henry Fonda 1969 in dem Film „Easy Rider“ trug und mit der sein Kumpel Billy ihn bedeckte, nachdem Hillbillies und Rednecks ihn wegen seines alternativen Aussehens vom Motorrad geschossen hatten. Im Film ist die Lederjacke durch eine auffällige US-Flagge auf dem Rücken und Rot-Weiß-Blaue Streifen über der rechten Brust und auf dem linken Oberarm gekennzeichnet. Max' Hommage hatte keine so auffälligen Applikationen. Es war eine ‚allblack‘ Edition, was so viel bedeutet, dass die gesamte Jacke in tiefem Schwarz gehalten ist und ihre revolutionäre und alternative Bedeutung nur dem Kenner bei genauem Hinsehen offenbarte.

Max war kleiner als sein Vater, schlanker, drahtiger. Ein Boxkampf zwischen beiden wäre eine spannende Sache geworden; jedenfalls für jeden, der Wetten annahm. Denn Berger Senior hatte eindeutig den Vorteil des besseren Standes und schon aufgrund seines Gewichtes eine enorme Schlagkraft; aber Max war deutlich wendiger, agiler. Ein

Kampf Schwergewicht gegen Weltergewicht. Wenn Berger Senior eine mächtige Gerade richtig platzierte, könnte der Kampf vorbei sein. Aber wenn er daneben schlug oder sich an Maxens Deckung abarbeitete, dann könnte die Sache so ausgehen wie damals `74 beim ‚Rumble in the Jungle' in Kinshasa. Foreman arbeitete sich an Muhammad Ali ab, dieser nutzte den „Rope-a-Dope", um die Kraft von Formans Schlägen verpuffen zu lassen, um dann in der Achten Foreman mit ein paar gezielten, harten Schlägen zu Boden zu schicken.

‚Hart treffen, nicht hart schlagen' ist seitdem ein geflügeltes Motto im Boxsport. Wer einen Kampf gewinnen wird, kann man eben nicht anhand von Statur, Auftritt und Physiognomie sagen. Und auch nicht anhand des Geschlechts.

Auch wenn Max' Kleidungsstil weniger formell war als der seines Vaters: Günstiger war er nicht. Weil – Maßanzüge kamen für Berger Senior nicht in Frage, um Abstand zu den eigenen Mandanten zu halten; aber Maßkonfektion oder Designer mussten es schon sein. Max bevorzugte Tom Ford. Und der Farbton seiner Wahl war schwarz – von der Tönung seiner Sonnenbrille, über seine schwarze Keramikfliegeruhr bis zu den schwarzen Röhrenjeans und den rein schwarzen Designersneakern.

Berger Senior und Junior hätten eine gute Homestory in der Vogue abgegeben.

„Was glaubst Du, wo wir 2030 stehen?", fragte Max plötzlich seinen Vater ohne sich nach ihm umzudrehen oder ihm einen Blick zuzuwenden. „Dort wo wir heute stehen und schon immer standen", sagte Berger Senior ebenfalls seinen Blick nicht vom Dunkel vor ihnen abwendend.

„Aber dass sich durch Digitalisierung, Automatisierung und KI alles verändert, musst Du doch sehen?", fragte Max ungläubig, den Kopf nun doch leicht zu seinem Vater geneigt. „Nein, muss ich nicht und tue ich auch nicht", zementierte Berger Senior seine Antwort in das Schwarze der Nacht wie eine Panzersperre, an welcher der Reisebuss mitsamt allen Insassen jeden Augenblick zerschellen musste. „Dieser ganze Betriebsausflug ist eine Farce", zischte Berger Senior nun wieder ganz im Reptilmodus. „Wenn ich keine Karten für den

Louvre organisiert hätte, würde am Ende dieses Tages nichts von Wert stehen.

Max, du kannst dir nicht vorstellen, wie ermüdend diese Diskussion ist. Es ist mir völlig schleierhaft, wie du ernsthaft glauben kannst, dass ein Algorithmus – oder wie ihr das in eurem digitalen Neusprech nennt, eine „Künstliche Intelligenz" – jemals das leisten kann, was ein erfahrener Steuerberater mit geschultem Verstand und jahrelanger Expertise erarbeitet. Ich sage es dir gleich vorweg: Ex nihilo nihil fit. Nichts, was diese Maschine ausspuckt, hat Substanz, weil ihr die Erfahrung fehlt. Und ohne Erfahrung gibt es kein Urteil, keine rechtliche Würdigung, keine vorausschauende Gestaltung – sondern nur eine seelenlose Aneinanderreihung von Berechnungsergebnissen.

Und dann? Fiat error, ruat mundus! Wenn die KI einen Fehler macht, ist das Kind längst in den Brunnen gefallen. In der Prüfung kommt dann das große Erwachen! Da sitzt der Mandant, versteht nicht, warum der Bescheid plötzlich doppelt so hoch ist, und am Ende stehen wir mit heruntergelassenen Hosen da. Wessen Kopf wird dann gefordert? Sicher nicht der von deinem glorreichen Algorithmus. Nein, wir dürfen uns dann erklären – vor dem Mandanten, vor dem Betriebsprüfer, vor dem Finanzgericht! Und warum? Weil du glaubst, dass irgendeine Software, programmiert von Leuten, die noch nie eine steuerliche Außenprüfung erlebt haben, einen Sachverhalt ‚richtig' beurteilen kann!

Ich sage es dir ganz deutlich: Ich werde niemals einer Maschine vertrauen, die keinen einzigen Fall aus der Praxis kennt! Die keine Mandantengespräche führt, die nicht zwischen den Zeilen liest, die nicht erkennt, wenn Zahlen nicht plausibel sind. Und dann soll ich das, was sie ausgerechnet hat, nachträglich noch einmal überprüfen? Dann kann ich es gleich selbst machen! Dann weiß ich wenigstens, dass es stimmt!

Hör mir auf mit deiner Innovationsrhetorik. Ihr habt schon vor Jahren gesagt, dass das alles perfekt laufen wird. Und? Klappt es? Nein! Zu 100 Prozent fehlerfrei? Nein! Also, warum soll ich mich auf ein System verlassen, das immer noch nicht ausgereift ist? Ich sage dir: Erst wenn es perfekt funktioniert – nicht zu 90, nicht zu 95, nicht zu 99 Prozent, sondern fehlerlos –, dann reden wir weiter. Bis dahin bleibt das hier ein nettes Experiment für Start-ups, aber nicht für eine Kanzlei, die seit Jahrzehnten solide arbeitet.

Deine Idee, dass Mandanten plötzlich Lust darauf haben, eine App zu benutzen, ist absurd. Max, Mandanten wollen, dass ihre Steuerangelegenheiten erledigt werden, nicht, dass sie sich selbst damit beschäftigen müssen! Die wenigsten verstehen überhaupt, was sie da tun. Jetzt sollen sie ihre BWA auch noch selbst interpretieren? Vielleicht erklären sie mir dann demnächst auch, was eine verdeckte Gewinnausschüttung ist! Oder sollen sie bald auch die Lohnabrechnung selbst machen? Ich sage es dir, Max: Wenn es so weit kommt, dann brauchen sie uns irgendwann gar nicht mehr. Dann hast du unseren eigenen Beruf überflüssig gemacht.

Und die Mitarbeiter? Die haben keinen Bock auf diesen Firlefanz! Die haben ihre Ausbildung gemacht, die haben gelernt, wie man bucht, steuerliche Sachverhalte prüft, Belege sichtet, Steuererklärungen erstellt und Fristen verwaltet. Jetzt sollen sie sich mit Schnittstellenproblemen herumschlagen, sich in ständig neue Systeme einarbeiten, sich von der IT sagen lassen, wie sie ihre Arbeit zu machen haben? Das kannst du vergessen. Wir sind hier nicht im Silicon Valley.

Dieses ganze arbeitsteilige Modell, das du dir da vorstellst, macht alles nur komplizierter. Früher haben wir die Dinge von Anfang bis Ende selbst gemacht – und es hat funktioniert. Alle wussten, was zu tun ist. Aber jetzt? Jetzt werden die Aufgaben in so viele kleine Einheiten zerteilt, dass am Ende keiner mehr den Überblick hat. Jeder schiebt die Verantwortung weiter, und wenn es schiefgeht, zeigt jeder auf den anderen.

Wenn das alles so einfach wäre – warum dauert die Ausbildung dann so lange? Warum müssen Steuerberater durch eine der härtesten Prüfungen überhaupt? Warum fallen Jahr für Jahr ganze Kohorten durch? Ach, aber ein paar Codezeilen sollen das jetzt ersetzen? Lächerlich!

Ich sage dir noch etwas: Außer mir versteht das hier im Haus ohnehin keiner. Ich werde nicht zulassen, dass unsere Kanzlei zum Experimentierfeld für deine technokratischen Fantasien wird. Wenn ich nicht in den Gesprächen mit den Mandanten sitze, dann kündigen sie reihenweise. Mandanten wollen Kontinuität, Verlässlichkeit –

keinen anonymen KI-Avatar, der ihnen automatisierte Vorschläge macht.

Das gilt auch für die Kanzleiabläufe. Du willst die Mitarbeiter selbstständig arbeiten lassen? Ohne meine Kontrolle? Du willst, dass sie sich blind auf diese Systeme verlassen? Dass sie Entscheidungen treffen, die sie nie gelernt haben zu treffen? Nein, Max. Das ist ein Rezept für ein Fiasko.

Was passiert dann mit den Belegen? Ah, natürlich, sie liegen irgendwo in dieser Wolke! Großartig! Und wenn der Mandant eine Prüfung bekommt, fehlt wieder die Hälfte, keiner weiß, wo die Belege abgelegt sind, verdampft wahrscheinlich und dann dürfen wir uns rechtfertigen. Primum non nocere! Ich werde kein System akzeptieren, das uns mehr Schaden als Nutzen bringt.

Also, wenn du mir garantieren kannst – mit deiner eigenen Unterschrift und voller Haftung – dass das, was diese Maschine berechnet, zu 100 Prozent korrekt ist, dann sehen wir weiter. Aber bis dahin bleib mir weg mit diesem Mist. Unsere bewährte Arbeitsweise hat uns dahin gebracht, wo wir heute stehen. Und weißt du was? Mir reicht das so!"

Max drehte sich nun gänzlich zu seinem Vater um und wandte ihm auch seinen Oberkörper zu. Fast hätte man glauben können, dass er wie Henry Fonda dem Hillbillie und Redneck, der ihn beleidigt hatte, nun seinem Vater den Stinkefinger entgegenhalten werde – und Fondas Schicksal teilen werde, der schon in der nächsten Szene starb.

„Ist Dir schon einmal der Gedanke gekommen, dass Dein ganzes Gepoltere und Getöse nur eine Gewalt auf Pump ist?", fragte Max seinen Vater in einem Ton, der diesen sichtlich verwunderte.

Berger senior drehte sich zu seinem Sohn, ohne dass sein Zweireiher auch nur eine Falte warf: „Hast Du das bei Deiner Psychiaterin gelernt?"

„Therapeutin, Vater", korrigierte Max Berger Senior ohne sich aus dem Konzept bringen zu lassen, „Therapeutin, denn mein Problem ist kein medizinisches, sondern eine Angststörung infolge emotionaler Deprivation in Kindheit und Adoleszenz".

„Lass mich doch mit diesem Psychoquatsch in Ruhe", graunte Berger Senior.

„Und eine Angststörung bekämpft man am Besten, in dem man sich seinen Ängsten stellt, daher habe ich Dich etwas gefragt", Max machte sich warm. „Dein ganzer Habitus, Dein ganzes Stolzieren und Triumphieren ist eine Ableitung. Eine Ableitung nicht eigener Macht und Wichtigkeit, sondern der Deiner Mandanten. Nur solange diese auf Dich setzen, bist Du der, der Du heute vorgibst zu sein. Was Dich ausmacht, ist nicht Dein Gewicht, es ist deren Gewicht. Digitalisierung und KI krempeln unsere ganze Wirtschaft auf links; wir sehen uns einer Deindustriealisierung gegenüber und einem Digitalisierungsstau, die Deinen Mandanten zusammen fast die Luft zum Atmen nehmen wird. Und Du glaubst, dass Deine Mandanten, die Quelle Deines Reichtums und Deiner Macht, einfach zusehen, wie Du weiter in der Vergangenheit verharrst, während sie um ihre Zukunft kämpfen müssen? Was glaubst Du, wie lange das noch gut geht, bis sich Deine Mandanten eine Alternative suchen? Wenn Deine Mandanten den Sprung in die Zukunft geschafft haben, werden sie einen Berater brauchen, der auch in der Zukunft lebt und nicht in der Vergangenheit. Und Deine Mandanten, die mit Dir in der Vergangenheit stecken geblieben sind, werden sich Dich dann nicht mehr leisten können."

„Können wir mal eine Pause machen für Snacks und Toilette?", trötete ich von ganz hinten im Bus. „Alles klar" antwortete der Busfahrer über die Bordsprechanlage.

Der Gong rettete Berger Senior vor dem K.O. – oder Max vor Berger Seniors Konterangriff.

Das Weltergewicht hatte die erste Runde nach Punkten gewonnen.

5.1 Internet of Things (IoT) – Eine Revolution der Vernetzung

Das **Internet of Things (IoT)**, also das „Internet der Dinge", hat in den letzten Jahren immer mehr an Bedeutung gewonnen und verändert zahlreiche Branchen, darunter auch die Steuerberatung. Doch was bedeutet IoT eigentlich, und warum ist diese Technologie so wichtig für die Zukunft?

Grundsätzlich beschreibt das IoT ein Netzwerk aus physischen Geräten – von Computern über Maschinen bis hin zu alltäglichen Gegenständen wie Kühlschränken oder Autos –, die über das Internet miteinander verbunden sind und untereinander Daten austauschen können. Diese Geräte sind mit Sensoren und Software ausgestattet, die es ihnen ermöglichen, Daten in Echtzeit zu erfassen, zu verarbeiten und weiterzugeben. Dabei können sie nicht nur miteinander kommunizieren, sondern auch automatisierte Prozesse ausführen und auf bestimmte Umweltbedingungen reagieren.

Ein einfaches Beispiel aus dem Alltag: In einem **smarten Zuhause** sind verschiedene Geräte wie die Heizung, Beleuchtung und Sicherheitskameras über das IoT miteinander vernetzt. Sie können ferngesteuert werden oder sich selbstständig an die Bedürfnisse des Bewohners anpassen, indem sie etwa die Temperatur automatisch regulieren, wenn der Bewohner das Haus betritt oder verlässt.

Aber wie lässt sich diese Technologie in den Kontext der Steuerberatung einordnen? Auf den ersten Blick erscheint IoT eher als technisches Konzept, das wenig mit steuerlichen Prozessen zu tun hat. Doch bei genauerer Betrachtung wird klar, dass das IoT auch in diesem Bereich enorme Potenziale bietet.

Die fortschreitende Digitalisierung und Vernetzung von Geräten und Systemen eröffnet der Steuerberatung neue Möglichkeiten der Datenerfassung. Im Wesentlichen dreht sich alles um die Erfassung und Verarbeitung großer Datenmengen. Die in Echtzeit erfolgende Datenerfassung durch IoT-Geräte stellt einen wesentlichen Aspekt im Kontext der Steuerberatung dar. Ein Beispiel für die Anwendung von IoT in der Steuerberatung ist die Integration von IoT-fähigen Kassensystemen in Einzelhandelsgeschäften oder Produktionsanlagen. Diese könnten automatisch Umsatz- und Produktionsdaten erfassen und in Steuerberechnungssysteme integrieren. Die manuelle Datenerfassung wird obsolet, wodurch einerseits Fehlerquellen eliminiert und andererseits der gesamte Prozess optimiert wird.

Betriebs- oder Fertigungsstätten, die mit IoT-Technologie ausgestattet sind, ermöglichen die automatische Erfassung von Daten zu Materialverbräuchen, Energieeinsatz oder Produktionsauslastungen. Die Relevanz dieser Daten erstreckt sich nicht nur auf die betriebswirtschaftliche Planung, sondern auch auf steuerliche Optimierungen.

Die Daten könnten von Steuerberatern für die Erstellung von Steuerberichten oder zur Identifizierung von Abschreibungspotenzialen genutzt werden.

Des Weiteren ist IoT imstande, automatisierte Steuerprüfungen zu unterstützen. Ein mit dem Internet of Things verbundenes System, welches in Echtzeit Daten liefert, ermöglicht es Steuerbehörden oder Steuerberatern, potenzielle Unregelmäßigkeiten unmittelbar zu identifizieren und zu korrigieren, bevor sie zu einem Problem werden. Dies könnte beispielsweise bei der Erfassung von Umsatzdaten oder der Berechnung von Mehrwertsteuer von Nutzen sein.

Neben der Datenerfassung ermöglicht das Internet der Dinge zudem eine Effizienzsteigerung und Automatisierung von Prozessen. In der Steuerberatung, in der eine Vielzahl manueller Tätigkeiten, wie die Erfassung von Belegen oder die Buchführung, anfallen, könnte das Internet der Dinge die Arbeitsprozesse erheblich erleichtern. Ein IoT-System könnte beispielsweise in Echtzeit Daten von verschiedenen Geschäftsvorgängen sammeln und diese direkt in eine Steueranwendung übermitteln. Dies resultiert in einer beschleunigten Verarbeitung sowie einer Reduktion des Risikos menschlicher Fehler.

Ein weiteres Potenzial des Internets der Dinge liegt in der Energie- und Kostenoptimierung. Unternehmen können durch den Einsatz von IoT-Geräten, welche den Energieverbrauch messen und steuern, Steuererleichterungen oder Förderungen für umweltfreundliche Maßnahmen in Anspruch nehmen. Die Daten könnten von Steuerberatern dazu verwendet werden, ihren Mandanten entsprechende steuerliche Vorteile aufzuzeigen, beispielsweise durch Investitionen in energiesparende Technologien.

Die Integration des IoT in die Steuerberatung wirft trotz der evidenten Vorteile eine Reihe von Fragen auf. Ein wesentliches Thema ist der Datenschutz. Da IoT-Geräte in Echtzeit sensible Daten erfassen und übertragen, ist sicherzustellen, dass diese Daten sicher und gemäß den geltenden Datenschutzbestimmungen (z. B. der DSGVO) verarbeitet werden. Die fortschreitende Vernetzung von Geräten bedingt zudem eine gesteigerte Anfälligkeit für Cyberattacken, sodass der Gewährleistung der Systemsicherheit höchste Priorität einzuräumen ist.

Ein weiterer Aspekt, der in die Überlegungen miteinbezogen werden muss, ist die Frage der Interoperabilität zwischen verschiedenen IoT-Systemen. Die Effizienz der Technologie ist maßgeblich von der Kompatibilität der involvierten Systeme und Geräte abhängig. In der Praxis müssen Steuerberater damit rechnen, dass es unterschiedliche technische Standards und Plattformen gibt, die möglicherweise nicht immer nahtlos miteinander kommunizieren können.

Die Zukunftsaussichten für das Internet der Dinge (IoT) in der Steuerberatung sind vielversprechend. Mit einer Zunahme der Anzahl von Unternehmen und Steuerberatern, die auf digitale Prozesse setzen, wird auch die Rolle des IoT in der Erfassung und Verarbeitung steuerrelevanter Daten an Bedeutung gewinnen. In den kommenden Jahren ist zu erwarten, dass eine zunehmende Anzahl an IoT-fähigen Geräten und Anwendungen in den Geschäftsalltag integriert wird. Dies könnte zu einer weiteren Effizienzsteigerung und Automatisierung führen.

Des Weiteren kann davon ausgegangen werden, dass das Internet der Dinge eine wesentliche Funktion bei der Erstellung transparenter und lückenloser Datensätze einnehmen wird, welche für Steuerprüfungen und -audits herangezogen werden können. Dies würde zu einer wesentlichen Erleichterung der Zusammenarbeit zwischen Unternehmen, Steuerberatern und Behörden führen.

In der Gesamtschau lässt sich konstatieren, dass das Internet of Things eine Schlüsseltechnologie ist, die die Steuerberatung in den kommenden Jahren maßgeblich beeinflussen wird. Das Internet der Dinge (IoT) bietet Unternehmen, Steuerberatern und Behörden eine Vielzahl von Vorteilen, darunter die automatisierte Datenerfassung, Effizienzsteigerungen und verbesserte Steueroptimierungen. Unternehmen und Steuerberater, die frühzeitig auf diese Technologie setzen, werden in der Lage sein, die sich bietenden Potenziale zu nutzen und sich einen Wettbewerbsvorteil zu sichern.

IoP – Internet of Persons als Weiterentwicklung des Internet of Things

Das Konzept des Internet of Things (IoT) hat in den letzten Jahren unsere Lebens- und Arbeitswelt maßgeblich verändert, indem es physische Objekte mit digitalen Netzwerken verknüpft und somit neue Möglichkeiten der Automatisierung und Datenverarbeitung geschaffen hat. Doch während das IoT Maschinen und Sensoren vernetzt, eröffnet eine noch weitergehende Technologie eine völlig neue Dimension der Mensch-Maschine-Interaktion: das Internet of Persons (IoP). Hierbei steht nicht mehr die Vernetzung von Geräten, sondern die direkte Anbindung des menschlichen Gehirns an digitale Systeme im Mittelpunkt. Ermöglicht wird dies durch sogenannte Brain-Computer Interfaces (BCIs), welche neuronale Aktivität erfassen und in digitale Steuerbefehle übersetzen. Diese Technologie, ursprünglich aus der medizinischen Forschung stammend, entwickelt sich zunehmend zu einer Schlüsselinnovation für Wirtschaft und Gesellschaft.

BCIs basieren auf der Erfassung elektrischer Gehirnströme, typischerweise mittels Elektroenzephalografie (EEG), Magnetenzephalografie (MEG) oder, in invasiveren Varianten, durch direkte Implantate, die mit den Neuronen des Gehirns interagieren. In den letzten Jahrzehnten wurde intensiv an der Entwicklung und Optimierung dieser Systeme geforscht, insbesondere mit dem Ziel, Menschen mit körperlichen Einschränkungen neue Kommunikations- und Steuerungsmöglichkeiten zu eröffnen. Doch die Fortschritte der letzten Jahre lassen vermuten, dass BCIs weit über den medizinischen Bereich hinaus Einsatz finden könnten. Unternehmen wie Neuralink, gegründet von Elon Musk, oder Kernel treiben die Forschung auf diesem Gebiet massiv voran und versprechen eine Zukunft, in der BCIs nicht nur verlorene Funktionen wiederherstellen, sondern auch kognitive Fähigkeiten erweitern und Menschen mit digitalen Systemen nahtlos verbinden.

Ein Blick auf den aktuellen Entwicklungsstand zeigt, dass bereits beeindruckende Fortschritte erzielt wurden. Invasive BCIs, bei denen Elektroden direkt in das Gehirn implantiert werden, ermöglichen heute eine hochpräzise Steuerung von Prothesen und digitalen Interfaces. So konnte in klinischen Studien bereits demonstriert werden, dass vollständig gelähmte Patienten allein durch ihre Gedanken Cursor auf einem Bildschirm bewegen oder sogar digitale Texte schreiben können. Doch trotz ihrer hohen Genauigkeit und Reaktionsgeschwindigkeit sind invasive BCIs mit erheblichen Risiken verbunden, da jede Implantation eine Operation und das Risiko von Infektionen und Abstoßungsreaktionen mit sich bringt. Nicht-invasive Systeme, die auf EEG-Technologie basieren, bieten eine sicherere Alternative, sind jedoch weniger präzise und unterliegen stärkeren Störsignalen, da die elektrischen Signale durch die Schädeldecke und Haut verfälscht werden können. Dennoch zeigen sich in diesem Bereich vielversprechende Fortschritte, insbesondere durch den Einsatz neuer KI-Algorithmen zur Mustererkennung und Signalverstärkung.

Die möglichen Anwendungsbereiche von BCIs sind vielfältig und reichen von medizinischen und therapeutischen Anwendungen über den Unterhaltungssektor bis hin zur Optimierung kognitiver Prozesse in der Arbeitswelt. Im Bereich der Medizin eröffnen BCIs Patienten mit schweren neurologischen Erkrankungen wie ALS (Amyotrophe Lateralsklerose) oder Querschnittslähmung neue Kommunikationswege. Auch in der neurotherapeutischen Behandlung von Schlaganfallpatienten oder Menschen mit Epilepsie könnten sie zukünftig eine wichtige Rolle spielen. Doch die Möglichkeiten gehen weit darüber hinaus. Im Bereich der virtuellen Realität und des Gaming-Sektors experimentieren Unternehmen mit BCI-gesteuerten Steuerungen, die eine noch immersivere Erfahrung ermöglichen, indem Spiele nicht mehr über klassische Controller, sondern direkt durch Gehirnsignale gesteuert werden. Auch in der Kreativbranche könnten BCIs revolutionäre Auswirkungen haben, indem sie beispielsweise Künstlern ermöglichen, digitale Kunstwerke allein durch ihre Gedanken zu erschaffen.

Ein besonders spannendes Anwendungsfeld ergibt sich für den Bereich der Unternehmensberatung und der kognitiven Leistungssteigerung in wissensintensiven Berufen. In einer zunehmend datengetriebenen Arbeitswelt könnte der Einsatz von BCIs dazu beitragen, kognitive Prozesse zu optimieren und die Effizienz von Entscheidungsprozessen zu steigern. Denkbar wäre beispielsweise der Einsatz von BCIs in Meetings, um in Echtzeit kognitive Belastung und Konzentrationsniveau der Teilnehmer zu messen und Sitzungen entsprechend anzupassen. Ebenso könnten Berater mit Hilfe von BCIs schneller komplexe Datenmengen verarbeiten und Muster in großen Datensätzen leichter erkennen. Auch die Entwicklung von neuroadaptiven

Softwarelösungen, die sich in Echtzeit an die Denkprozesse des Nutzers anpassen, könnte durch BCIs vorangetrieben werden.

Ein weiteres Einsatzgebiet liegt im Bereich des individuellen Lernens und Coachings. Durch die Echtzeiterfassung von Gehirnströmen könnten Schulungen und Weiterbildungen präzise auf die Aufnahmefähigkeit und Konzentrationsphasen des Einzelnen abgestimmt werden. So wäre es möglich, Lerninhalte dynamisch anzupassen, um die Effektivität des Wissenstransfers zu maximieren. Unternehmen könnten durch den Einsatz von BCIs gezielt auf das kognitive Potenzial ihrer Mitarbeiter eingehen und Schulungsprozesse individuell optimieren. Ebenso könnten sie zur Stressmessung und -reduktion genutzt werden, indem sie Führungskräften helfen, stressbedingte Überlastung frühzeitig zu erkennen und gezielt gegenzusteuern.

Doch trotz dieser verheißungsvollen Perspektiven sind mit BCIs auch erhebliche ethische und gesellschaftliche Herausforderungen verbunden. Eine der zentralen Fragen betrifft den Datenschutz: Wer hat Zugang zu den durch BCIs erfassten Gehirndaten? Während digitale Daten in klassischen IT-Systemen durch Verschlüsselung geschützt werden können, stellt sich die Frage, wie sich der direkte Zugriff auf neuronale Aktivitäten sichern lässt. Ebenso sind Fragen der Manipulierbarkeit und Autonomie kritisch zu betrachten: Könnten BCIs zukünftig so eingesetzt werden, dass sie nicht nur Gedanken lesen, sondern auch in Denkprozesse eingreifen? Und welche Auswirkungen hätte dies auf die Entscheidungsfreiheit des Einzelnen?

Neben den ethischen Fragen sind auch ökonomische und gesellschaftliche Aspekte zu bedenken. Der Zugang zu hochentwickelten BCIs könnte eine neue Form der digitalen Kluft erzeugen, indem nur finanziell privilegierte Gruppen von kognitiven Optimierungen profitieren. Unternehmen, die frühzeitig in diese Technologie investieren, könnten dadurch einen Wettbewerbsvorteil erlangen, während andere ins Hintertreffen geraten. Diese Entwicklungen werfen grundlegende Fragen nach Chancengleichheit und Regulierung auf.

Brain-Computer Interfaces im Steuerwesen: Potenziale, Anwendungen und ethische Fragen

Brain-Computer Interfaces (BCIs) eröffnen durch die direkte Erfassung von Gehirnaktivitäten neue Möglichkeiten der Interaktion zwischen Mensch und Maschine. Im Zusammenspiel mit Künstlicher Intelligenz (KI) könnte dies nicht nur das Lernen revolutionieren, sondern auch die Qualität und Transparenz steuerlicher Arbeit auf ein neues Niveau heben. Die folgenden Szenarien zeigen, wie BCIs den Steuerbereich transformieren könnten – von der Ausbildung bis zur praktischen Anwendung in Reviews, Verhandlungen und Betriebsprüfungen.

1. **Personalisierte Lernprozesse im Steuerberaterexamen**
   Das Steuerberaterexamen gilt als eine der anspruchsvollsten Prüfungen in Deutschland. Es verlangt nicht nur Faktenwissen, sondern tiefes Verständnis, vernetztes Denken und ein hohes Maß an Konzentration über einen langen Zeitraum. BCIs könnten hier entscheidend helfen: Sie messen kognitive Zustände wie Aufmerksamkeit, kognitive Belastung, mentale Ermüdung und Verständnisprozesse direkt aus EEG-Daten. Gekoppelt mit KI-gestützten Lernplattformen entsteht eine Art neuroadaptive Lernumgebung. Diese analysiert nicht nur, ob jemand eine Aufgabe richtig löst, sondern erkennt, ob das Verständnis wirklich vorhanden ist. Die Lernplattform kann bei Überforderung den Schwierigkeitsgrad senken oder bei Unterforderung erhöhen. Pausen, Wiederholungen oder Visualisierungen werden nicht pauschal eingesetzt, sondern abhängig vom mentalen Zustand. So entsteht ein radikal individualisiertes Lernen, das nicht auf das Verhalten, sondern auf das Denken reagiert.
2. **Review von KI-generierten Inhalten: Konzentration als Schlüssel**
   In der steuerlichen Praxis wird generative KI in naher Zukunft viele Texte vorformulieren – Gutachten, Stellungnahmen, E-Mails, Schriftsätze. Die Aufgabe des Menschen wird es sein, diese Entwürfe kritisch zu prüfen. Doch gerade in Phasen hoher Arbeitslast oder bei mehrfachen Revisionen besteht die

Gefahr, dass „durchgewunken" wird, was die KI produziert hat.

Ein BCI könnte hier als kognitiver Assistent fungieren: Es erkennt Konzentrationsabfall, unkritisches Mitlesen oder beginnende Ermüdung. In solchen Fällen kann es entweder eine Pause empfehlen oder den Textfluss anhalten und Nachfragen auslösen („War dieser Abschnitt plausibel?"). Damit fungiert das BCI als Qualitätsschutz – nicht um zu kontrollieren, sondern um zu unterstützen und sicherzustellen, dass die menschliche Expertise wirklich eingebracht wird.

3. **BCIs in Verhandlungen: Verständigung sichtbar machen**
   In Unternehmensnachfolgen, M & A-Prozessen und Restrukturierungen geht es nicht nur um Zahlen, sondern um Vertrauen. Oft scheitern Verhandlungen nicht an den Fakten, sondern an Missverständnissen oder taktischem Verhalten. Ein BCI, das bei allen Beteiligten misst, ob das Gesagte wirklich verstanden wurde (kognitive Kongruenz), könnte helfen, diese Prozesse zu verbessern. Erkennt das System beispielsweise, dass eine Partei regelmäßig gedanklich „aussteigt" oder Aussagen anders interpretiert, kann dies moderierend aufgegriffen werden. Noch weitergedacht könnten BCIs auch Anzeichen für taktisches Verzögern, Unehrlichkeit oder kognitive Dissonanz sichtbar machen – natürlich nur, wenn alle Parteien dem Einsatz dieser Technologie zustimmen. Damit würde das BCI nicht zum Überwachungs-, sondern zum Vertrauensinstrument.
4. **Betriebsprüfungen: Zwischen Transparenz und Ethik**
   In der Betriebsprüfung könnten BCIs theoretisch genutzt werden, um unbewusste Reaktionen auf Fragen oder Aussagen zu messen – etwa erhöhte kognitive Belastung bei bestimmten Themen. So könnte die Finanzverwaltung Hinweise darauf bekommen, ob ein Sachverhalt wirklich verstanden wurde oder ob möglicherweise bewusst die Unwahrheit gesagt wird.
   Doch hier beginnt die ethische Grauzone: Ein BCI als „neurologischer Lügendetektor" würde tief in die kognitive Autonomie eingreifen. Die Grenze zwischen kognitiver Assistenz und Überwachung wäre schmal. Deshalb wäre der Einsatz nur denkbar unter strengen Bedingungen: freiwillig, beidseitig transparent

und mit klaren rechtlichen Regeln. In dieser Form könnte ein BCI jedoch helfen, Prüfungen effizienter, sachlicher und weniger misstrauensbasiert zu gestalten.

Zusammenfassend lässt sich sagen, dass BCIs als Schlüsseltechnologie des Internet of Persons enormes Potenzial besitzen, um die Art und Weise, wie Menschen mit digitalen Systemen interagieren, grundlegend zu verändern. Die möglichen Anwendungsbereiche reichen von der Medizin über die Unterhaltungsindustrie bis hin zur Unternehmensberatung, wo sie die Effizienz kognitiver Prozesse revolutionieren könnten. Gleichzeitig bedarf es jedoch klarer ethischer Richtlinien und technischer Sicherheitsmaßnahmen, um Missbrauch und gesellschaftliche Ungleichheiten zu verhindern. Die nächsten Jahre werden entscheidend dafür sein, ob BCIs zu einer breiten gesellschaftlichen Innovation werden oder ob sie lediglich einer technologischen Elite vorbehalten bleiben.

5.2 Big Data & Predictive Analytics

Die Begriffe „Big Data“ und „Predictive Analytics“ gewinnen in den letzten Jahren zunehmend an Bedeutung und werden zu einem zentralen Thema in fast allen Branchen. Auch die Steuerberatung ist von dieser Entwicklung betroffen. Es stellt sich jedoch die Frage, was sich hinter diesem Begriff verbirgt und inwiefern er die Arbeit von Steuerberatern revolutionieren kann. In Kombination mit Predictive Analytics, der vorausschauenden Datenanalyse, eröffnen sich für Steuerberater gänzlich neue Möglichkeiten. Die genannten Technologien erlauben die Generierung wertvoller Einsichten aus umfangreichen Datenbeständen sowie die Fundierung strategischer Entscheidungen auf einer solideren Basis.

Der Begriff „Big Data“ bezeichnet im Wesentlichen die gewaltigen Mengen an strukturierten und unstrukturierten Daten, die täglich durch Unternehmen, Kunden und Institutionen erzeugt werden. Der Begriff umfasst dabei nicht nur Zahlen, sondern auch Daten aus sozialen Medien, Online-Transaktionen, IoT-Geräten, Cloud-Diensten und weiteren digitalen Quellen. Die Erfassung und Analyse dieser enormen Datenmengen ist mit herkömmlichen Tools und Methoden kaum möglich. Das Erschließen dieser Datenquellen kann jedoch gerade in der Steuerberatung einen signifikanten Mehrwert generieren.

Die herkömmliche Steuerberatung basierte in der Vergangenheit häufig auf dem Prinzip, steuerliche Berichte oder Empfehlungen zu erstellen. Die Möglichkeit des Echtzeit-Zugriffs auf umfangreiche Datenmengen erlaubt Steuerberatern, tiefere Einsichten zu gewinnen. So können etwa konsolidierte Finanzdaten, Marktentwicklungen oder Geschäftstransaktionen in einem viel größeren Umfang analysiert werden, was zu einer präziseren und umfassenderen Steuerplanung führt.

Predictive Analytics: Der Blick in die Zukunft

Die eigentliche Stärke von Big Data liegt jedoch in der vorausschauenden Analyse, auch Predictive Analytics genannt. Diese Technologie basiert auf mathematischen Modellen, maschinellem Lernen und statistischen Algorithmen, um auf Basis historischer Daten zukünftige Entwicklungen prognostizieren zu können. Für die Steuerberatung impliziert dies, dass Berater nicht länger lediglich reaktiv auf finanzielle Entwicklungen reagieren müssen, sondern vielmehr die Möglichkeit haben, proaktiv zu agieren. Anstatt lediglich vergangene Steuerperioden zu analysieren, besteht die Möglichkeit, potenzielle Risiken und Chancen im Voraus zu identifizieren.

Ein exemplarisches Anwendungsgebiet ist die Prognose steuerlicher Risiken. Die Analyse großer Datenmengen aus verschiedenen Quellen ermöglicht es Steuerberatern, potenzielle Abweichungen oder Anomalien in den Finanzdaten eines Unternehmens zu identifizieren, bevor diese zu einem Problem werden. Die Anwendung von Predictive Analytics erlaubt die frühzeitige Identifikation steuerlicher Risiken auf Basis von Mustern und Trends in den Daten. In der Folge können Maßnahmen zu deren Minimierung ergriffen werden. Dies ist insbesondere für große, multinationale Unternehmen von Relevanz, die in unterschiedlichen Steuersystemen operieren und dadurch häufig komplexen steuerlichen Anforderungen unterliegen.

Des Weiteren ermöglicht Predictive Analytics die Identifikation steuerlicher Optimierungsmöglichkeiten im Vorfeld. Auf Basis der erfassten Daten können Steuerberater verschiedene Steuerstrategien simulieren und die Auswirkungen unternehmerischer Entscheidungen auf zukünftige Steuerverpflichtungen prognostizieren. Dies erweist sich insbesondere in Phasen dynamischer Marktentwicklungen als vorteilhaft, in denen rasche und fundierte Entscheidungen vonnöten sind.

Die praktische Anwendung erfolgt in der Weise, dass zunächst die relevanten Daten erhoben werden. Diese werden anschließend mithilfe von Predictive Analytics auf Muster und Trends hin analysiert. Auf diese Weise lassen sich steuerliche Risiken frühzeitig identifizieren und entsprechende Maßnahmen zu ihrer Minimierung ergreifen. Dies ist insbesondere für große, multinationale Unternehmen von Bedeutung, die in verschiedenen Steuersystemen agieren und dadurch oft komplexen steuerlichen Anforderungen unterliegen. Darüber hinaus können durch Predictive Analytics auch steuerliche Optimierungsmöglichkeiten im Voraus erkannt werden. Die Anwendung von Big Data und Predictive Analytics in der Steuerberatung eröffnet die Möglichkeit, komplexe Steuerszenarien in Echtzeit zu simulieren und dadurch die Entscheidungsfindung zu optimieren. Dies ermöglicht Unternehmen eine Optimierung ihrer Steuerplanung und bildet die Basis für fundierte Prognosen und bessere Entscheidungen. Ein Unternehmen, das in verschiedenen Ländern tätig ist, könnte durch Predictive Analytics analysieren, wie sich Änderungen der Steuergesetze in den einzelnen Regionen auf seine Gesamtsteuerlast auswirken werden.

Ein weiteres Einsatzgebiet ist die automatisierte Steuerprüfung. Bislang war die Durchführung einer Steuerprüfung mit einem hohen manuellen Aufwand verbunden, da eine Vielzahl an Dokumenten einzeln gesichtet werden musste. Dies war zeit- und ressourcenintensiv. Die Kombination von Big Data und Predictive Analytics ermöglicht eine Automatisierung und damit eine Effizienzsteigerung bei Steuerprüfungen. Die Analyse großer Datenmengen erfolgt in Echtzeit, sodass Unregelmäßigkeiten oder potenzielle Fehler unmittelbar identifiziert werden können. Dies resultiert in einer Reduktion des Zeitaufwands sowie einer Minimierung des Risikos menschlicher Fehler.

Des Weiteren besteht die Möglichkeit, auch Datenquellen mit spezifischer Branchenausrichtung in die Analyse miteinzubeziehen. Ein

Beispiel für die Nutzung von Datenquellen stellt die Prognose der Auswirkungen auf steuerliche Verpflichtungen unter Zuhilfenahme von wirtschaftlichen Indikatoren, Marktanalysen und branchenspezifischen Kennzahlen dar. Diese Informationen bieten Steuerberatern die Möglichkeit, ihren Mandanten detailliertere und strategischere Empfehlungen zu geben, da ihnen ein umfassenderes Bild zur Verfügung steht.

Der Einsatz von Big Data und Predictive Analytics bietet Steuerberatern und ihren Mandanten eine Vielzahl von Vorteilen:

1. **Verbesserte Entscheidungsfindung**
   Der Einsatz vorausschauender Analysen ermöglicht es Steuerberatern, fundiertere Empfehlungen abzugeben und Unternehmen bei wichtigen geschäftlichen Entscheidungen zu unterstützen.
2. **Frühzeitige Identifizierung von Risiken**
   Die Anwendung Predictive Analytics erlaubt die frühzeitige Identifikation potenzieller steuerlicher Risiken, sodass deren Eskalation zu ernsthaften Problemen vermieden werden kann. Diesbezüglich ist festzuhalten, dass Unternehmen dadurch in die Lage versetzt werden, Bußgelder und andere Strafen zu vermeiden.
3. **Automatisierung und Effizienz**
   Die Integration von Big Data und Predictive Analytics in die Steuerberatung führt zu einer Reduktion manueller Aufgaben und einer Beschleunigung von Prozessen, wie beispielsweise der Steuerprüfung oder der Steueroptimierung. Dies resultiert in einer gesteigerten Effizienz sowie einer Reduktion der Kosten.
4. **Proaktive Steuerplanung**
   Anstatt auf steuerliche Änderungen oder wirtschaftliche Entwicklungen zu reagieren, besteht die Möglichkeit, dass Unternehmen und Steuerberater proaktiv Steuerstrategien planen, welche sich auf zukünftige Trends und Entwicklungen stützen.
5. **Transparenz und Compliance**
   Die zentrale Erfassung und Verwaltung aller steuerlich relevanten Daten in Big Data kann dazu beitragen, Transparenz in Steuerprozessen zu schaffen. Dadurch wird sichergestellt,

dass alle gesetzlichen Anforderungen erfüllt und steuerliche Regelungen korrekt umgesetzt werden.

Die Implementierung von Big Data und Predictive Analytics in die Steuerberatung ist trotz der evidenten Vorteile mit Herausforderungen verbunden. Eine wesentliche Herausforderung besteht in der Bewältigung großer, heterogener Datenquellen. Die Fähigkeit, diese Datenmengen korrekt zu erfassen, zu verarbeiten und zu interpretieren, stellt eine wesentliche Anforderung an Steuerberater dar. Dies bedingt die Entwicklung neuer technischer Kompetenzen sowie potenzielle Investitionen in spezielle Softwarelösungen.

Ein weiterer wesentlicher Aspekt ist die Gewährleistung der Datensicherheit und des Datenschutzes. Da die Verarbeitung von Big Data auf der Erfassung und Analyse großer Datenmengen basiert, ist es für Unternehmen unerlässlich, sicherzustellen, dass diese Daten gemäß den geltenden Datenschutzbestimmungen verarbeitet werden. Dies betrifft insbesondere sensible Finanzdaten sowie personenbezogene Informationen.

Des Weiteren besteht das Risiko, dass die Vorhersagen von Predictive Analytics nicht durchgängig eine Genauigkeit von 100 % aufweisen. Obgleich die Technologie fortwährend Fortschritte verzeichnet, bleiben die Resultate prognostischer Verfahren stets einer Wahrscheinlichkeit unterworfen und somit keiner absoluten Gewissheit zugänglich. Daher ist es für Unternehmen und Steuerberater unerlässlich, die Ergebnisse kritisch zu hinterfragen und zusätzliche Analysen durchzuführen, um fundierte Entscheidungen zu treffen.

Fazit

Die Analyse großer Datenmengen sowie die Prognostik von Ereignissen stellen für die Steuerberatung eine grundlegende Veränderung dar. Die automatisierte Steuerprüfung sowie die proaktive Steuerplanung sind nur zwei Beispiele für die vielfältigen Einsatzmöglichkeiten dieser Technologien, welche Steuerberater in die Lage versetzen, bessere Entscheidungen schneller zu treffen. Unternehmen, die diese Technologien frühzeitig adaptieren, werden in der Lage sein, ihre Steuerstrategien zu optimieren und Risiken frühzeitig zu erkennen.

Es lässt sich prognostizieren, dass die Nutzung von Big Data und Predictive Analytics die Effizienz und Genauigkeit der Steuerberatung steigern wird. Zudem wird sie dazu beitragen, dass die Steuerberatung datengetriebener, vorausschauender und strategischer gestaltet wird. Für Steuerberater, die sich dieser Technologien bedienen, besteht die Möglichkeit, ihren Mandanten langfristig einen höheren Mehrwert zu bieten und sich in einem zunehmend digitalen Umfeld erfolgreich zu positionieren.

Fremdbesitzverbot in der Steuerberatung: Aktuelle Debatte

Wenn es um Digitalisierung geht, dann darf eine Diskussion nicht fehlen: die Debatte, wer in Deutschland überhaupt eine Steuerberatungsgesellschaft besitzen darf – kurz das Fremdbesitzverbot. Diese Debatte stellt sich im Lichte der Digitalisierung erneut: denn nun braucht die Steuerbranche frischen Wind und auch frisches Geld. Viele sagen, dass Private-Equity-Investoren dafür ideal geeignet sind, um die verkrusteten Strukturen aufzubrechen und für einen Digitalisierungsschub in der Branche zu sorgen.

In Deutschland gilt traditionell ein Fremdbesitzverbot in der Steuerberatungsbranche. Das bedeutet, steuerberatende Gesellschaften dürfen nicht im Eigentum berufsfremder Personen oder Investoren stehen. Ziel dieser Regel ist es, die unabhängige, nur am Mandanteninteresse orientierte Beratung zu gewährleisten. Aktuell wird jedoch heftig diskutiert, ob dieses Verbot noch zeitgemäß ist. Anlass der Debatte sind neue Entwicklungen – von Gerichtsentscheidungen auf EU-Ebene über Digitalisierungsdruck bis hin zu Investoren, die in den Markt drängen. Dieses Kapitel beleuchtet die Rechtslage und vergleicht sie mit anderen Berufsgruppen (Rechtsanwälte, Wirtschaftsprüfer) sowie die Argumente für und gegen eine Lockerung des Verbots. Dabei kommen Stimmen aus Berufsverbänden, Politik, Unternehmen und Medien zu Wort.

In Deutschland schreibt § 55a Steuerberatungsgesetz (StBerG) vor, dass Anteile an Steuerberatungsgesellschaften nicht von berufsfremden Dritten gehalten werden dürfen. Externe Investoren können weder Gesellschafter einer Steuerkanzlei sein noch am Gewinn beteiligt werden. An Steuerkanzleien dürfen sich also nur zugelassene Steuerberater (oder in bestimmten Fällen auch Angehörige verkammerter Berufe wie Rechtsanwälte oder Wirtschaftsprüfer) beteiligen, die in der Kanzlei tatsächlich mitarbeiten. Dieses Fremdbesitzverbot hat historische Gründe: Steuerberater gelten – ähnlich wie Anwälte – als „unabhängige Organe der Steuerrechtspflege". Entsprechend soll ihre Berufsausübung frei von sachfremden wirtschaftlichen Interessen Dritter bleiben.

Die Bundessteuerberaterkammer und der Deutsche Steuerberaterverband (DStV) betonen, dass diese strikte Kapitalbeschränkung wichtige Funktionen erfüllt – nämlich den Schutz der Mandanten, die Qualitätssicherung und die Sicherstellung einer objektiven Hilfeleistung in Steuersachen. Ihrer Ansicht nach schützt der Ausschluss berufsfremder Kapitalgeber die unabhängige Beratung und entspricht den Erwartungen der Mandanten an einen vertrauenswürdigen Berater. Sobald fachfremde Investoren mit reinen Gewinnerwartungen beteiligt seien, bestehe die Gefahr von Interessenkonflikten. Der DStV warnt beispielsweise, dass ein Finanzinvestor aus der Banken- oder Versicherungsbranche versuchen könnte, eigene Produkte über die Kanzlei zu vertreiben, anstatt neutral das Beste für den Mandanten zu empfehlen. Um solche Einflussnahmen auszuschließen, hält der Berufsstand am Fremdbesitzverbot fest und spricht sich klar gegen eine Öffnung aus.

Rechtsanwälte und Frankreich: EU-rechtliche Perspektive

Ähnliche Fremdbesitzregelungen existieren bei den Rechtsanwälten. Die Bundesrechtsanwaltsordnung (BRAO) verbietet ebenfalls die Beteiligung reiner Kapitalgeber an Anwaltskanzleien. Auch in Frankreich und den meisten EU-Staaten gelten vergleichbare Beschränkungen zum Schutz der anwaltlichen Unabhängigkeit. Dieses Thema wurde jüngst auf EU-Ebene höchstrichterlich geprüft. Der Europäische Gerichtshof (EuGH) bestätigte in einem vielbeachteten Urteil (Rechtssache Halmer, Urteil vom 19.12.2024) ausdrücklich, dass das Fremdbesitzverbot mit Europarecht vereinbar ist. Im konkreten Fall hatte eine deutsche Anwalts-UG 51 % ihrer Anteile an einen ausländischen Finanzinvestor verkauft, woraufhin die Anwaltskammer die Zulassung widerrief. Der EuGH stellte klar, dass Mitgliedstaaten aus Gründen des Allgemeininteresses solche Beteiligungen untersagen dürfen. Zur Begründung hieß es, die Wahrung einer unabhängigen Advokatur habe Vorrang vor der Niederlassungs- und Kapitalverkehrsfreiheit. Insbesondere betonte der Gerichtshof, das Streben eines reinen Investors nach Gewinn könne der unabhängigen Organisation und Tätigkeit einer Kanzlei abträglich sein. Allein die mögliche Einflussnahme durch Androhung des Kapitalentzugs übe einen unzulässigen Druck aus.

Dieses Urteil – in Deutschland oft auf die französische Regelungsdebatte übertragen diskutiert – stärkt die Position derjenigen, die am Fremdbesitzverbot festhalten wollen. Es zeigt, dass die europäische Justiz die nationalen Unabhängigkeitsregeln respektiert. Gleichzeitig verweisen Reformbefürworter jedoch darauf, dass der EuGH den Ländern nur einen Spielraum lässt, aber keinen Reformstopp vorgibt. So kommentierte z. B. Markus Hartung vom Legal Tech Verband, der Gerichtshof habe „eine historische Chance verpasst, den Weg für innovative und zukunftsorientierte Strukturen zu ebnen", und plädiert weiterhin für eine Öffnung des Marktes in Deutschland.

Wirtschaftsprüfer: Ebenso zugeknöpft – nur anders

Bei den Wirtschaftsprüfern (WP) ist die Rechtslage etwas anders gestaltet.

Direkte Investitionen großer Finanzinvestoren in WP- oder StB-Gesellschaften bleiben zwar weiterhin unzulässig. Private-Equity-Fonds, wie KKR oder Silver Lake, haben dennoch Wege gefunden, sich indirekt am Markt zu engagieren – etwa über Auslandskonstruktionen oder Franchise-ähnliche Modelle. So ist bekannt, dass große Prüfungs- und Beratungsgesellschaften in Deutschland oft ein Netzwerk aus separaten Einheiten bilden, in dem die eigentliche Prüfungsgesellschaft streng berufsrechtlich geführt wird, während in Schwesterfirmen (z. B. Beratungsgesellschaften im Ausland) externes Kapital fließt.

Ein aktuelles Beispiel ist die WTS-Gruppe, eine große deutsche Steuerberatungsgesellschaft: Sie konnte trotz Fremdbesitzverbots den schwedischen Investor EQT als Kapitalgeber gewinnen. Möglich wurde dies offenbar durch eine Holdingstruktur, an der EQT sich beteiligt, während die eigentliche Steuerberatungseinheit berufsrechtskonform organisiert bleibt. Die Wirtschaftsprüferkammer und der IDW beobachten solche Konstruktionen aufmerksam. Branchenmedien berichten, dass vermehrt PE-Investoren kleinere WP- und StB-Kanzleien aufkaufen, was Aufsichtsbehörden wegen möglicher Qualitätseinbußen unter Renditedruck nervös macht.

Trotz formaler Beschränkungen gelangt externes Kapital also bereits „durch die Hintertür" in die Branche – ein Umstand, der von Befürwortern einer Regulierungslockerung als Argument genutzt wird, das Verbot kontrolliert aufzuweichen und transparentere Verhältnisse zu schaffen.

Mit dem Referentenentwurf des Bundesfinanzministeriums vom 7. August 2025 zur Änderung des Steuerberatungsgesetzes kam Bewegung in das Thema. Der Referentenentwurf sieht umfassende Neuregelungen zum Thema Fremdbesitz vor. Im Kern geht es darum, die Rahmenbedingungen für die geschäftsmäßige Hilfeleistung in Steuersachen neu zu ordnen und die Frage von Beteiligungen und Bezeichnungen klarer zu regeln.

Zentral ist die Neufassung des § 55g StBerG-E: Die Bezeichnung „Steuerberatungsgesellschaft" darf künftig nur noch von Berufsausübungsgesellschaften geführt werden, bei denen Steuerberaterinnen oder Steuerberater sowie Steuerbevollmächtigte sowohl die Mehrheit der Stimmrechte halten als auch die Mehrheit im Geschäftsführungsorgan stellen. Damit wird der Einfluss von externem Kapital – also Fremdbesitz – beschränkt und auf eine klare Mehrheit der Berufsangehörigen in Leitung und Kapitalstruktur festgelegt.

Der Entwurf schließt zwar nicht jede Form von Fremdbeteiligung aus, stellt aber sicher, dass Kontrolle und Entscheidungsgewalt in steuerberatenden Gesellschaften weiterhin in den Händen der Berufsangehörigen liegen. Ergänzend wird in § 55a StBerG-E klargestellt, dass anerkannte Wirtschaftsprüfungs- und Buchprüfungsgesellschaften sich nur beteiligen dürfen, wenn sie selbst die Anerkennungsvoraussetzungen nach § 53 StBerG erfüllen. Damit soll eine Umgehung des Fremdbesitzverbots verhindert und die Unabhängigkeit der steuerberatenden Tätigkeit gewahrt bleiben.

Außerdem wird im Entwurf ausdrücklich betont, dass nur solche Gesellschaften die Berufsbezeichnung „Steuerberatungsgesellschaft" führen dürfen, die diese Voraussetzungen erfüllen.

Pro: Argumente für eine Lockerung des Verbots

Befürworter einer Lockerung des Fremdbesitzverbots – darunter manche Politiker, größere Kanzleien und potenzielle Investoren – führen mehrere Gründe ins Feld:

- **Steigende Investitionsbedürfnisse (Digitalisierung & KI)**
  Die Steuerberatungsbranche steht vor enormen technologischen Umbrüchen. Digitale Buchhaltung, Big Data in der Steueranalyse und künstliche Intelligenz in der Beratung erfordern hohe Investitionen in Software, IT-Infrastruktur und spezialisiertes Personal. Viele kleine und mittlere Kanzleien stoßen dabei finanziell an Grenzen. Externes Beteiligungskapital könnte helfen, den Kapitalbedarf für Digitalisierung, Datenanalyse und KI zu decken. So betont z. B. WTS-CEO Fritz Esterer, dass seine Kanzlei durch den Einstieg des Investors EQT erhebliche Mittel erhält, um in Technologie und KI zu investieren und ihre führende digitale Position auszubauen. Gemeinsam mit EQT habe man die Vision, einen „Steuerberatungs-Champion" mit starker Technologiekompetenz in Europa aufzubauen. Dieses Beispiel illustriert, wie frisches Kapital Innovationsschübe finanzieren kann, die einzelnen Partnern allein möglicherweise nicht möglich wären.
- **Wettbewerbsfähigkeit und Nähe zur Unternehmensberatung**
  Durch technologischen Fortschritt verschwimmen die Grenzen zwischen klassischer Steuerberatung und breiterer Unternehmensberatung immer mehr. Moderne Steuerberater bieten ihren Mandanten längst ganzheitliche Lösungen an – von betriebswirtschaftlicher Prozessberatung über Compliance-Management bis zur strategischen Gestaltungsberatung, die früher Domäne großer Consulting-Firmen war. Um in diesem erweiterten Wettbewerb mitzuhalten, benötigen Kanzleien ähnliche Ressourcen wie Unternehmensberatungen. Diese ver-

fügen häufig über internationales Kapital und Wachstumsmöglichkeiten. Eine Öffnung würde es Steuerkanzleien erleichtern, mit großen Beratungshäusern und deren Kapitalausstattung mitzuhalten. Manche Experten argumentieren, dass die Berufsregeln hier überholt sind: Während z. B. Wirtschaftsprüfer, IT- und Unternehmensberater zusammen integrierte Dienstleistungen anbieten können, darf der Steuerberater als Partner bisher nur begrenzt auftreten. Externes Kapital könnte neue interdisziplinäre Strukturen ermöglichen, um Beratungsangebote entlang der gesamten CFO-Agenda eines Unternehmens abzudecken. Befürworter verweisen auch auf andere Länder: In England etwa wurden Anwalts- und Beratungskanzleien schon vor Jahren für Investoren geöffnet (Stichwort Alternative Business Structures), was dort zu innovativen Geschäftsmodellen geführt habe – ohne dass die Integrität der Beratung verloren ging. Eine kontrollierte Liberalisierung könnte den deutschen Steuerberatungsmarkt ähnlich dynamisieren.

- **Erhalt von Kanzleien und Nachfolgeregelung**
  Paradoxerweise könnte eine begrenzte Öffnung gerade den Bestand kleiner und mittlerer Kanzleien sichern. Hintergrund: Viele Inhaber stehen in den kommenden Jahren vor der Altersnachfolge. Nicht immer findet sich intern oder im Kollegenkreis ein Steuerberater, der die Praxis übernehmen kann oder möchte. Finanzinvestoren oder branchenfremde Unternehmer kämen hier prinzipiell als Käufer in Frage, dürfen aber derzeit nicht zugreifen. Eine Lockerung würde den Kreis möglicher Kanzleinachfolger erweitern und den ausscheidenden Berufsträgern die Veräußerung ihres Lebenswerks erleichtern. Zudem könnte externes Kapital kleineren Einheiten ermöglichen, sich zu größeren Einheiten zusammenzuschließen, ohne dass jeder Partner selbst große Einlagen stemmen muss. Dadurch blieben Standorte auf dem Land oder Nischenpraxen eher erhalten, anstatt mangels Nachfolger zu schließen. Schließlich, so ein weiteres Argument, fließt bereits heute inoffiziell Kapital über Umwege in den Markt – eine Legalisierung unter klaren Auflagen würde dieses Kapital nutzbar machen, zugleich aber transparenter kontrolliert werden können.

- **Inkonsequente Unterschiede zu anderen Branchen**
  Vertreter einer Öffnung weisen darauf hin, dass andere freie Berufe längst Investorenbeteiligungen zulassen, ohne dass dies als skandalös betrachtet wird. Beispielsweise sind im Gesundheitssektor Arztpraxen und Medizinische Versorgungszentren in großem Stil von Investoren finanziert; Apothekenketten und Kliniken gehören teils Finanzinvestoren. Auch bei Wirtschaftsprüfern ist, wie oben dargestellt, anteiliges Fremdkapital erlaubt. Warum also nicht bei Steuerberatern? Die FAZ etwa kritisiert, warum bei Steuerberatern ein strengeres Schutzprinzip gilt als in der ärztlichen Versorgung, wo Investoren „längst etabliert" sind. Eine Anpassung würde also nur nachholen, was in anderen Branchen Normalität geworden ist, argumentieren die Reformbefürworter. Wichtig sei dabei, flankierende Regeln zu schaffen (z. B. weiterhin Mehrheit bei Berufsträgern oder Compliance-Regeln), um den Berufscharakter zu bewahren. Insgesamt sehen die Pro-Stimmen im Fremdbesitzverbot einen Hemmschuh für die Zukunftsfähigkeit der Branche: Innovationsdruck, Internationalisierung und Konsolidierung ließen sich mit frischem Kapital besser bewältigen.

Contra: Argumente gegen eine Lockerung

Auf der anderen Seite stehen die Vertreter des Status quo – insbesondere Berufsverbände, viele Einzelkanzleien, aber auch mancher Politiker, der die traditionelle Struktur schützen will. Ihre wichtigsten Gegenargumente sind:

- **Wahrung der unabhängigen Beratung und Verschwiegenheit**
  Die Unabhängigkeit des Steuerberaters von fremden Interessen wird als höchstes Gut betrachtet. Sie garantiert, dass der Berater ausschließlich im Sinne seines Mandanten handelt und keinem fremden Druck unterliegt. Berufsorganisationen wie der DStV und die Bundessteuerberaterkammer warnen davor, dass externe Anteilseigner diese Unabhängigkeit aushöhlen könnten. Jeder Investor erwarte Rendite und übe damit zumindest indirekt Einfluss aus – sei es durch Vorgaben zur

Gewinnmaximierung oder strategische Entscheidungen, die nicht primär am Mandantenwohl orientiert sind. Schon die mittelbare Drohung, andernfalls Kapital abzuziehen, könne zu unzulässigem Druck auf die Berufsträger führen. Zudem ist der Steuerberater – wie der Anwalt – zur strikten Verschwiegenheit verpflichtet. Wenn externe Gesellschafter Einblick in Mandantendaten erhalten könnten (etwa über Reporting-Pflichten oder Vetorechte), sehen Skeptiker das besondere Vertrauensverhältnis gefährdet. Diese Bedenken wurden auch von politischer Seite geäußert: Die damaligen Bundesfinanzminister Christian Lindner und Justizminister Marco Buschmann wiesen 2023 in einem Schreiben an die EU-Kommission auf die „besondere Stellung der Steuerberater als Organe der Steuerrechtspflege" hin. Eine Aushöhlung dieser Stellung – sei es durch EU-Regeln oder durch Öffnung für Investoren – lehnen sie ab. Somit herrscht in weiten Kreisen die Meinung vor, die Beratungsqualität und Objektivität ließen sich nur ohne fremde Gesellschafter voll gewährleisten.

- **Bestehende mittelständische Struktur und flächendeckende Versorgung**
  Der deutsche Steuerberatungsmarkt ist von vielen kleinen und mittleren Kanzleien (KMU) geprägt, die regional verwurzelt sind. Kritiker einer Öffnung befürchten, dass finanzstarke Investoren eine Marktkonzentration vorantreiben könnten, die diese gewachsene Struktur zerstört. Der DStV warnt ausdrücklich vor einer Entwicklung, in der große, renditegetriebene Einheiten viele kleinere Kanzleien aufkaufen und vom Markt verdrängen. Dies könne zu einer marktbeherrschenden Stellung einiger weniger Ketten führen, was langfristig sowohl die Unabhängigkeit der Beratung als auch die Mandanteninteressen beeinträchtige. Wenn Entscheidungen nur noch unter dem Primat der Gewinnoptimierung getroffen würden, litten am Ende Verbraucher und die breite Verfügbarkeit qualifizierter Beratung. Die bestehenden Kapitalrestriktionen hingegen sicherten bewusst die bewährten mittelständischen Strukturen und damit eine flächendeckende Versorgung der Mandanten, so der DStV. Ähnliche Sorgen äußern Aufsichtsbehörden in

anderen Ländern: In der Schweiz etwa wird beobachtet, wie Private-Equity-Firmen zahlreiche kleinere WP- und Steuerberatungsbüros aufkaufen – man fürchtet, dass unter dem Renditedruck die Qualität und Unabhängigkeit leidet.

- **Kein Mangel an Kapital für Steuerkanzleien**
  Eine weitere Gegenposition ist, dass es den meisten Kanzleien gar nicht an Finanzierungsoptionen mangelt, solange sie solide wirtschaften. Die Gründung und der Betrieb einer Steuerkanzlei erfordern verglichen mit anderen Branchen (z. B. Industrie) relativ geringe Sachkapital-Investitionen. Hauptfaktor für den Erfolg sind die aktive Mitarbeit und das Know-how der Berufsträger selbst, nicht große Maschinenparks. Falls doch einmal zusätzliches Geld etwa für Software, Büroräume oder Personalwachstum nötig ist, können sich Kanzleien dieses über Bankkredite beschaffen. Der DStV betont, dass Kredite für Freiberufler meist zu günstigen Konditionen verfügbar seien, da Kanzleigründungen überdurchschnittlich oft erfolgreich sind und Banken daher gern finanzieren. Studien des Bundesverbands der Freien Berufe untermauern, dass freiberufliche Neugründungen eine sehr hohe Überlebensquote haben. Mit anderen Worten: Der Berufsstand hat traditionell Zugang zu ausreichend Fremdkapital (Darlehen), sodass kein struktureller Finanzierungsnotstand herrscht. Die Behauptung, nur externe Investoren könnten die Digitalisierung stemmen, hält der DStV daher für überzogen.
- **Berufsidentität und Standesethos**
  Schließlich wird angeführt, dass Steuerberater nicht nur x-beliebige Marktteilnehmer, sondern Angehörige eines Freien Berufs mit besonderer Verantwortung sind. Das Standesethos – vergleichbar dem hippokratischen Eid bei Ärzten – verträgt sich schlecht mit einer Kommerzialisierung durch Finanzinvestoren, so das Argument. Kritiker einer Öffnung befürchten eine schrittweise Erosion der beruflichen Selbstverwaltung und Ethik, wenn branchenfremde Gesellschafter rein betriebswirtschaftliche Maßstäbe anlegen. Dieses Spannungsfeld hat auch der EuGH in seinem Urteil erkannt: Er ließ den Mitgliedstaaten gerade deshalb freie Hand, das Fremdbesitzverbot aufrecht-

zuerhalten, um die Einhaltung der Berufs- und Standesregeln zu gewährleisten. Viele in der Politik und in den Kammern sehen es ebenso: Die speziellen Pflichten des steuerberatenden Berufs (Unabhängigkeit, Verschwiegenheit, eigenes Haftungsrisiko) rechtfertigen ein anderes Regime als bei üblichen Gewerbebetrieben. Auch der ehemalige Justizminister Marco Buschmann erklärte sinngemäß, die Integrität steuerlicher und rechtlicher Beratung müsse höher bewertet werden als potenzielle Gewinne durch externe Investoren. Zwar hatte die Bundesregierung in ihrem Koalitionsvertrag vereinbart, das Verbot auf den Prüfstand zu stellen, doch angesichts der Bedenken aus der Praxis und der klaren EuGH-Entscheidung sind die Chancen für eine weitgehende Öffnung aus Sicht der Gegner gering.

Unser Fazit: „Old white men Can Jump"

Es gibt einen Film, den wir lieben: *„White Men Can't Jump"* – auf Deutsch: *„Weiße Jungs bringen's nicht"*. Das ist eine US-amerikanische Sportkomödie von 1992. Regie führte Ron Shelton, und die Hauptrollen spielten Wesley Snipes und Woody Harrelson. Die Story dreht sich um zwei Streetball-Spieler – der eine schwarz, der andere weiß – die sich zunächst gegenseitig austricksen, dann aber ein Team bilden, um gemeinsam bei Wetten auf Basketballspielen in L.A. Geld zu verdienen.

Der Titel spielt auf das Klischee an, dass weiße Männer schlechter springen – und damit weniger athletisch seien als schwarze Spieler. Man könnte kein besseres Motto finden für den Widerstand, den die Beteiligung von Investoren an Steuerberatungsgesellschaften erfährt: *„Old white men can't jump"*. Denn die Botschaft in und hinter dem Widerstand lautet doch, dass Steuerberatungen und SteuerberaterInnen mit ihrem Durchschnittsalter von über 53 Jahren angeblich nicht damit klar kämen, wenn sie wie jeder andere Beruf auch an Effizienz und Effektivität in der Arbeit für Mandanten wirklich hart gemessen würden. Denn Private Equity ist nichts anderes als ein Sinnbild für Effizienz und Ökonomie.

Die Steuerberatung und die SteuerberaterInnen brauchen aber keinen Schutz vor dieser Welt der Wirtschaft durch überkommene Vormachtstellungen und restriktiv verteidigte Vorbehaltsaufgaben. Steuerberatung und SteuerberaterInnen brauchen vielmehr den Sprung in eine digitale Zukunft, in der jeder auch ohne diese Restriktionen erkennt, wie wichtig und wertvoll ihre Dienstleistung ist. Solange wir auf Zwang statt auf Zukunft setzen, sind wir SteuerberaterInnen nicht wirklich Teil der Wirtschaft. Wir sind irgendetwas außerhalb davon; zwischen Staat und Wirtschaft. Der Status des Organs der Steuerrechtspflege wird so immer mehr zur Bürde und zum Hemmschuh und nicht zum Enabler. Wer will als Unternehmer schon einen Berater an seiner Seite, der sich als Organ sieht?

Unternehmer wollen Unternehmer an ihrer Seite – und genau dazu würden wir, wenn wir nicht mehr künstlich abgedämpft und abgefedert in einer Pseudozwischenwelt zwischen Wirtschaft und Staat als ‚Organe' mehr dahinvegetieren als effektiv wirken müssten.

Lasst uns SteuerberaterInnen Teil der Wirtschaft werden. Weg mit Netzen und doppelten Böden. Schluss mit diesem watteweichen Zustand im Niemandsland. Lasst uns echte Berater sein.

Deshalb sollte die Steuerbranche nicht die Perspektive von Investoren fürchten. Im Gegenteil: Wir schaffen den Sprung. „Old white men can jump".

Quellen (Auswahl)

Kapitel 5.1

Aricò, P. et al. (2019). Adaptive automation triggered by EEG-based mental workload index.

Ewing, K.C. & Fairclough, S.H. (2010). Adaptive workload regulation.

Chavarriaga, R. et al. (2017). Overcoming pitfalls in BCI design.

Schalk, G. & Mellinger, J. (2010). A practical guide to BCI2000. Springer.

OECD (2023). Neurotechnology and Society.

Lebedev, M.A. & Nicolelis, M.A. (2017). Brain–machine interfaces.

Wolpaw, J.R. & Wolpaw, E.W. (2012). Brain-Computer Interfaces. Oxford University Press.

Nature Biotechnology (2021). Neuralink and the future of BCIs.

Reardon, S. (2016). The brain-chip startup.

Kapitel 5.2

BMJ/DStV (2023): Stellungnahme zum Fremdbesitzverbot. Abgerufen am 6. April 2025

Beck aktuell (2024): EuGH: Fremdbesitzverbot ist unionsrechtskonform. Abgerufen am 6. April 2025

StBK Düsseldorf (2025): EuGH-Urteil: Fremdbesitzverbot ist zulässig. Abgerufen am 6. April 2025

Legal Tech Verband Deutschland (2025): Neues Rechtsgutachten zum Fremdbesitzverbot. Abgerufen am 6. April 2025

Römermann Rechtsanwälte (o. J.): Beteiligung an Wirtschaftsprüfungsgesellschaften – rechtssicher gestalten. Abgerufen am 6. April 2025

FAZ.net (2025): Fremdbesitzverbot – Wenn Investoren in Kanzleien einsteigen. Abgerufen am 6. April 2025

Handelszeitung.ch (2025): Angriff auf die Big Four – Ein neuer Trend macht die Wirtschaftsprüfer-Szene nervös. Abgerufen am 6. April 2025

WTS Deutschland (2025): Strategische Partnerschaft mit EQT. Abgerufen am 6. April 2025

FAZ.net (2023): Steuerberater wehren sich gegen EU-Kommission – Unterstützung von Lindner. Abgerufen am 6. April 2025

FAZ.net (2023): Dürfen Investoren Kanzleien kaufen? Abgerufen am 6. April 2025

6 Ein Blick in die Vergangenheit zeigt uns die Gegenwart

Nach guten sechs Stunden kommt die Steuerberatungsgesellschaft Berger & Berger vollzählig und wohlbehalten in Paris an. Seit der Toiletten- und Snackunterbrechung durch mich haben Berger Senior und Max in der ersten Reihe kein Wort mehr gewechselt. Auch ansonsten ist es verdächtig still geworden im Bus, dachte ich, als sich alle zum Ausstieg bereit machten. In der Mittagssonne eines im Grunde wunderschönen Märztages rappelte sich die Gruppe schläfrig und schlurfig die Stufen des Busses hinab. So kalt und klamm die Abfahrt im Kölner Dunkel war – so frühlingshaft, lau und licht war das Willkommen in der Stadt der Liebe. So stand ich da, mitten in der Türöffnung des Busses, als mich der Busfahrer unsanft nach draußen schob. „Darf hier nicht stehen bleiben" – und schon schlossen sich die Türen des Busses hinter mir und mitten in der Stadt der Liebe stand die deutsche Steuerberatergruppe, deren Anführerpaar nicht direkt vor intensiver Zuneigung zu sprühen schien.

Seit ihrem Disput hatten sich Max und Berger Senior keines Blickes mehr gewürdigt. Auch jetzt sprachen sie weder miteinander, noch gleichzeitig. Jeder schien peinlich darauf zu achten, vom jeweils anderen nichts zu hören oder zu sehen, bevor er selbst ansetzte. Nicht, dass ich in der letzten Reihe verstanden hätte, worum es ging – aber wenn menschliche Spannungen einen bestimmten Peak überschreiten, dann kann man sie wie Schallwellen spüren. Man muss sie weder hören, noch sehen. Man spürt sie auch nicht auf der Haut. Man spürt sie unter der Haut – wie ein kleines fröstelndes Fieber, das einem sagt: ‚Lauf, wenn Du nicht kämpfen kannst'. Ein bescheuerter Rat ganz hinten in einem Reisebus, der mit 100 km/h über die französische

Autobahn brettert, dachte ich. Da brauchen meine Instinkte dringend ein Update, das moderne Fortbewegungsmittel berücksichtigt. „Hör auf zu träumen, Michi", rief mir Sarah zu. Ich hatte gar nicht bemerkt, dass die Gruppe schon weiter gegangen war.

Zu meinem Entsetzen sah ich die Gruppe aber direkt auf die Pyramide du Louvre und damit direkt auf den Haupteingang zugehen. Ich hatte mir aber vor Antritt der Reise ausgemalt, genau in die andere Richtung zu gehen, raus aus dem Innenhof auf die Rue de Rivoli, auf der man früher in bis zu sechs Lichterpaare von Autoscheinwerfern blicken konnte, wenn es dunkel wurde und man genau wusste, wie und wann man sich direkt vor den flics verdünnisieren konnte. Wenige hundert Meter eben diese Rue de Rivoli entlang nach Nordwesten befand sich seit 1903 mit ‚Angelina' eine der berühmtesten Patisserien der Stadt. Wenn mir nach etwas Süßem wäre, hatte ich mir als Plan zurecht gelegt, würde ich direkt dorthin gehen und mir einen ganzen Tourbillon Framboise einverleiben. Das ist eine französische Pâtisserie-Kreation, die aus einer Mischung aus zarter Himbeercreme, luftigem Biskuit und knusprigen bis schokoladigen Elementen besteht. Der Begriff „Tourbillon" bedeutet „Wirbel", und diesen setzt niemand in Paris besser um als die Pâtissiers und die Pâtissières von Angelina mit ihren spiralförmigen Verzierungen.

Wenn mir aber nach etwas Herzhaftem wäre, dann hätte ich mich schnurstracks ins Raffiné aufgemacht in der Rue Saint-Roche, die direkt von der Rue de Rivoli abzweigt. Das Raffiné war legendär für seine Fleischkreationen, die angeblich schon Veganer und Vegetarier zu einer kulinarischen Spontankonvertierung veranlasst haben sollen. Das Noix d'entrecôte vom australischen Waygu-Rind soll das beste sein, das man in der westlichen Hemisphäre kosten könne. Das saftige Kernstück des Entrecôtes soll an Zartheit Maßstäbe setzen, die der deutsche Gaumen nicht kenne. Ein von Natur aus buttriger, reicher und komplexer Geschmack natürlichster Fleischigkeit mit einem fein, so fein verästelten, fast arteriellen Marmorierungsgrad der Fettäderchen, dass man glauben könnte, Fett und Fleisch seien von einer französischen Variante von Kamado-Gami, dem japanischen Shinto-Gott des Herds und der Speisen höchstpersönlich auf einem Webstuhl zu einer einzigen Ode an den Gaumen verwoben worden. Dazu als Beilage gegrillter Spargel mit Parmesan und Mandeln, hausgemachter Kartoffelsalat sowie ein Glas Premier Cru Saint-Émilion aus einem guten Weingut – Château Canon etwa. Der Merlot-Anteil sorgt für fruchtige, samtige Noten, welche die buttrige Textur des Fleisches betonen. Der Cabernet Franc bringt eine leichte Würze und Frische, die die Reichhaltigkeit des Fleisches ausgleicht und schließlich sind die Tannine kräftig genug, um mit dem Fettgehalt des Wagyu zu harmonieren, ohne den Geschmack zu dominieren.

Ich hatte den perfekten Plan; das Angelina konnte ich mir gerade noch leisten, aber für das Raffiné müsste ich Berger Senior überzeugen. Ich war mir so sicher, dass mir dies gelingen werde.

„Jetzt komm‘ endlich Michi!“, rief Sarah mir nun eindringlicher mit einer Stimme zu, die fast unmittelbar meine Beine in Bewegung setzte. „Aber Angelina und Raffiné sind in der anderen Richtung!“, beklagte ich mich.

„Du hast gleich zwei Freundinnen in Paris?“, fragte Helena mit ungläubigem Blick. „Und Du willst beide besuchen, bevor wir in den Louvre gehen? Sag mal, wie bist Du denn drauf!“

„Respekt!“ – sagte Tobias Klein und warf mir eine Ghetto-Faust zu. „Hätte ich Dir gar nicht zugetraut!“

„Was redet ihr da? Ich wollte nur einen Tourbillon Framboise!“, sagte ich mit entsetzter Stimme.

„Michael – jetzt ist Schluss!“, sagte Helena mit schneidender Stimme. „Dieser Sexkram geht gar nicht! Das hier ist eine betriebliche Veranstaltung und kein Freifahrtschein von Deine frivolen Techtelmechtel und Tête-à-Têtes.“

„Aber …“, ich hatte keine Chance, Helena hob drohend den Zeigefinger. „Hö, hö – mit Tête-à-Têtes wäre es sicher nicht geblieben bei unserem amant fougueux“, feixte Tobias, der offensichtlich genug Französisch verstand, als dass er mir hätte aus der Patsche helfen können, aber mit zu wenig Empathie gesegnet war, als dass ihm danach gewesen wäre. ‚Dir Drecksnerd werde ich es so was noch von reinreiben’, dachte ich bei mir. ‚Rache ist ein Gericht, das am besten kalt serviert wird‘, sagt nicht umsonst ein klingonisches Sprichwort.

Mit offenem Mund und knurrendem Magen folgte ich den Dreien. „Warum hetzen wir so?“, fragte ich.

„Berger Senior hat die Louvre-Tour vorverlegt“, sagte Sarah.

„Warum?“, fragte ich mit einem leidenden Unterton wie es nur jemand kann, der um eine Himbeercreme mit luftigem Biskuit und ein buttrig zartes Stück Waygurind gleichzeitig gebracht wurde.

„Weil Berger Senior die Abfahrt nach Köln vorverlegt hat – das Essen in Paris fällt aus. Wir essen bei ‚Früh am Dom‘ dann ‚Himmel und Äad‘“

„Das ist ein Scherz oder?“, versuchte ich mich in einem letzten Stück Hoffnung.

„Hast Du Berger Senior jemals scherzen sehen?“, fragte mich Helena. Wenn es um Statistiken ging lag sie niemals falsch.

Die Reise in die Stadt der Liebe begann sich in einen Horrortrip zu verwandeln. Zum Glück kann im Museum nichts passieren und vielleicht gibt es dort ja noch einen Snack, dachte ich.

Ich hatte dann noch die Idee, dass wir wegen des Gehetzes auch gleich in den Louvre könnten. Bis ich den Vorplatz um die berühmte Glaspyramide erblickte. Dort standen vielleicht 3000 Menschen in verschiedenen Gruppen hinter weißen Schildern auf Metallstangen, auf denen Uhrzeiten in halbstündigen Abständen notiert waren. „Auf wann hat Berger Senior die Louvre Tour vorverlegt?“, fragte ich vorsichtig. „Auf 12:30 Uhr“, antwortete Helena. Nun war es nicht einmal 11:30 Uhr und hinter dem Schild mit „12:30“ hatte sich bereits eine Schlange von hunderten von Menschen gebildet. Nach sechs Stunden Fahrt, hieß es also nun über eine Stunde anstehen – was für ein Ausflug!

6.1 Die neu definierte Rolle des Steuerberaters im Jahr 2030

In Anbetracht der rapiden technologischen Fortschritte ist zu hinterfragen, welche Funktion der Mensch in diesem zunehmend digitalisierten Ökosystem einnimmt. Können gar Steuerberater vollständig durch Maschinen ersetzt werden? Wohl kaum, allerdings wird sich die Rolle des Steuerberaters grundlegend wandeln.

Die Tätigkeit des Steuerberaters wird sich in Zukunft von der Bearbeitung einfacher, manueller Aufgaben wie Datenverarbeitung oder Routinebuchhaltung entfernen. Im Jahr 2025 befindet sich die

Steuerberatung an einem entscheidenden Wendepunkt. Die technologischen Entwicklungen der vergangenen Jahre haben eine Transformation eingeleitet, welche das Berufsbild des Steuerberaters in grundlegender Weise verändern wird. Die Auswirkungen von Künstlicher Intelligenz (KI), Blockchain und Internet of Things (IoT) auf die Branche sind bereits heute erkennbar. Dennoch ist davon auszugehen, dass der tatsächliche Umbruch in den kommenden Jahren an Fahrt gewinnen wird. Die Auseinandersetzung mit den genannten Technologien stellt für Steuerberater eine Möglichkeit dar, die Weichen für die Zukunft zu stellen. Dies erfolgt nicht nur für die eigene Person, sondern insbesondere für die Mandanten.

Ein exemplarisches Beispiel hierfür ist der Einsatz des Internet of Things (IoT) in Verbindung mit Blockchain. In der Steuerberatung wird die Erfassung und Verarbeitung sämtlicher Geschäftsvorgänge in Echtzeit durch vernetzte Kassensysteme und Unternehmenssoftware ermöglicht. IoT-Geräte, wie beispielsweise smarte Kassen, Produktionssysteme oder Banken-APIs, sammeln kontinuierlich Daten. Dies umfasst sämtliche Geschäftsvorgänge, von Verkäufen über Bestellungen beim Lieferanten bis hin zu Zahlungsvorgängen bei der Bank. Die Daten stehen dabei nicht nur im Unternehmen zur Verfügung, sondern werden zudem direkt an das System des Steuerberaters sowie die Finanzverwaltung übermittelt. Die Blockchain-Technologie gewährleistet die Manipulationssicherheit, Transparenz und lückenlose Dokumentation dieser Transaktionen. Einmal in die Datenbank eingetragen, können die Daten nicht mehr verändert werden, was eine lückenlose Nachvollziehbarkeit und Sicherheit gewährleistet.

Für den Steuerberater bedeutet dies einen signifikanten Fortschritt. Während früher ein beträchtlicher Aufwand für die Sammlung und Abstimmung von Belegen erforderlich war, erfolgt dieser Prozess nun nahezu automatisch. Die Blockchain übernimmt die Verknüpfung aller relevanten steuerlichen Daten, wie etwa die Umsatzsteuerverpflichtungen und den Vorsteuerabzug. Sobald eine Rechnung verbucht und beglichen wurde, kann die Umsatzsteuer automatisch an die Finanzverwaltung abgeführt werden, ohne dass es zu einer zeitlichen Verzögerung kommt. Des Weiteren erfolgt die Ermittlung und Gutschrift der Vorsteuer für den Unternehmer unmittelbar. Dies resultiert in einer Reduktion des administrativen Aufwands für Unternehmen sowie einer signifikanten Steigerung der Effizienz bei den Finanzbehörden. In diesem Prozess kommt dem Steuerberater eine Schlüsselrolle zu. Er ist dafür verantwortlich, die Systeme zu überwachen und sicherzustellen, dass sie reibungslos funktionieren.

Die Vorteile sind jedoch noch nicht erschöpft. Der Einsatz künstlicher Intelligenz (KI) erlaubt die Analyse der automatisierten Datenströme in Echtzeit. KI-Systeme sind imstande, Unregelmäßigkeiten und potenzielle Risiken zu identifizieren, welche einem menschlichen Steuerberater möglicherweise entgehen würden. Anhand der Analyse der Kassen- und Bankdaten eines Unternehmens durch Künstliche Intelligenz lassen sich ungewöhnliche Muster in den Ausgaben und Einnahmen feststellen. Das System könnte den Steuerberater automatisch über die Unregelmäßigkeit in Kenntnis setzen und eine Handlungsempfehlung geben, etwa eine Überprüfung bestimmter Buchungen oder eine tiefere Analyse der Liquiditätssituation.

Infolgedessen wird der Steuerberater zu einem strategischen Berater. Die Handlungsempfehlungen, welche der Steuerberater von der KI erhält, zeigen ihm auf, wo Handlungsbedarf besteht. Dies kann sich auf steuerliche Optimierungen, die Risikoerkennung oder sogar die Liquiditätsplanung beziehen. Die ausschließliche Betrachtung bereits abgeschlossener Geschäftsjahre durch den Steuerberater gehört der Vergangenheit an. Die Echtzeitverarbeitung und -analyse ermöglicht ein aktives Eingreifen, bevor Probleme entstehen.

Ein weiterer Vorteil dieser Technologie besteht in der Funktion der automatisierten Steuerprüfung. Bislang war die Durchführung einer Steuerprüfung ein zeit- und arbeitsintensiver Prozess, der die manuelle Sichtung von Belegen und Daten erforderte. Die Kombination von Blockchain und KI führt zu einer wesentlichen Vereinfachung dieses Prozesses. Die Blockchain gewährleistet die transparente und revisionssichere Speicherung sämtlicher Transaktionen, während KI-Systeme der Finanzverwaltung eine blitzschnelle Analyse dieser Daten ermöglichen, wodurch Risiken und Unregelmäßigkeiten mit hoher Wahrscheinlichkeit erkannt werden können. Der Steuerberater wird dabei nicht substituiert, sondern unterstützt. In diesem Kontext bleibt der Steuerberater die zentrale Figur, da er die Empfehlungen und Berichte der KI interpretiert und Mandanten bei der Umsetzung strategischer Maßnahmen begleitet.

Die genannten Entwicklungen sind durch einen gemeinsamen Nenner gekennzeichnet: Sie eröffnen die Möglichkeit einer nahtlosen, automatisierten und transparenten Steuerberatung, in deren Rahmen der Steuerberater sich auf wertschöpfende Tätigkeiten konzentrieren kann. Anstatt sich mit administrativen Aufgaben und manuellen Prüfungen befassen zu müssen, kann er seine Mandanten als strategischer Berater unterstützen. Dies stellt insbesondere für kleine und mittlere Unternehmen (KMU) einen signifikanten Vorteil dar. KMU verfügen in der Regel nicht über die personellen und zeitlichen Ressourcen, um sich mit komplexen Steueroptimierungen oder aufwendigen Buchhaltungsprozessen zu befassen. Die automatisierte Verarbeitung sowie die Unterstützung durch KI ermöglichen es dem Steuerberater, Unternehmen, insbesondere KMUs, bei einer effizienteren Aufstellung zu unterstützen und gleichzeitig Steuervorteile zu nutzen.

Es ist zu erwarten, dass sich der Wandel in der Steuerberatung in den kommenden Jahren mit hoher Dynamik vollziehen wird. Technologische Entwicklungen verlaufen nicht linear, sondern exponentiell (siehe S. 65). Derzeit noch in den Anfängen stehende Entwicklungen wie die Integration von Blockchain-Systemen oder die Echtzeitanalyse durch KI werden bis 2030 zum Standard geworden sein. Steuerberater, welche die aktuelle Entwicklung nicht berücksichtigen, laufen Gefahr, den Anschluss zu verlieren. Dennoch werden diejenigen, welche die Potenziale der neuen Technologien frühzeitig erkennen und sich aktiv einbringen, eine Schlüsselrolle im wirtschaftlichen Erfolg ihrer Mandanten einnehmen. Der Steuerberater von morgen ist nicht länger lediglich Buchhalter und Steuerexperte, sondern vielmehr ein strategischer Partner für Unternehmen, der sie dabei unterstützt, die Komplexität der digitalen Welt zu bewältigen und langfristig erfolgreich zu sein.

7 Das Ende der Krokodile

Als sich die ewig lange, epochale Schlange an Menschen hinter dem „12:30"-Schild dann irgendwann doch endlich in Bewegung in den Louvre hinein setzen durfte, schritt die Berger & Berger-Gruppe voran; marschiert genauer gesagt, jedenfalls der Teil, der sich an Berger Senior orientiert. Ohne Mantel, aber mit wie immer geschlossenem Zweireiher klackt Berger Senior die Hacken seiner schwarzen Budapester auf die Platten vor der Pyramide du Louvre, die in einer geraden Linie mit der dem Arc de Triomphe du Carrousel und dem Grand Bassin des Jardin des Tuileries ausgerichtet sind. Gerade Linie und perfekte Symmetrie sind die Konzeptionsprinzipien der « Axe historique », jener schnurgeraden Sichtachse, die von der Glaspyramide des Louvre über die Place de la Concorde, die Champs-Élysées bis zum Arc de Triomphe und weiter nach La Défense verläuft. Diese Achse wurde gezielt geplant, um eine optische Harmonie zwischen den großen Monumenten von Paris zu schaffen. Die Idee dahinter lautet, dass perfekte Geometrie ein Abbild der perfekten Göttlichkeit sei.

Der einzige Schönheitsfehler bei dieser Idee ist, dass es in der Schöpfung Gottes ansonsten im Bereich des Sichtbaren gar keine perfekte Geometrie oder gerade Linien gibt. Man muss schon in den atomaren Bereich unterhalb des Sichtbaren eintreten, um in Gottes Schöpfung perfekte Geometrie vorzufinden; etwa im Kristallgitter eines Diamanten, jener speziellen Anordnung von Kohlenstoffatomen in einer kubischen Kristallstruktur, die verantwortlich ist für dessen spezielle Eigenschaften wie Härte und Transparenz.

Es ist der Mensch, der in seinem Werk diese geometrische Perfektion ins Sichtbare holt. Es ist der Mensch, der Diamanten in 58 Facetten schleift, um maximale Brillanz und Feuer durch optimale Lichtreflexion im Brillantschliff zu erreichen. Und es ist der Mensch, der Gebäude in einer geraden Linie aufstellt, um sein Wirken und seine Macht weniger vergänglich wirken zu lassen. Um zu verdecken, dass jeder Mensch nicht nur sterblich ist, also am Ende seines Lebens ein Vorgang steht, hinter den niemand schauen kann; was perfekte Geometrie im Brillantschliff oder der Axe historique vergessen zu machen versucht, indem sie göttliche Perfektion ins irdisch Sichtbare holt, ist, dass der Mensch jeden Tag stirbt – und zwar just ab dem Moment, in dem das Wachstum abgeschlossen ist.

Während der Embryonal- und Jugendphase überwiegen regenerative Prozesse, doch ab dem frühen Erwachsenenalter, etwa ab dem 25. bis 30. Lebensjahr, nehmen Reparaturmechanismen allmählich ab. Denn Altern ist biologisch gesehen nichts anderes als Zerfall, das Ende der Fähigkeit, Neues und Gesundes zu erschaffen und stattdessen das Sich-damit-Abfinden, nur noch immer Baufälligeres zustande zu bringen und einmal Zerbrochenes oder Verbrauchtes weder in altem Glanz wiederherstellen, noch ersetzen zu können. Mit der Zeit sammeln sich DNA-Schäden an. Telomere, die Schutzkappen an den Enden der Chromosomen, verkürzen sich bei jeder Zellteilung, bis sie eine kritische Länge erreichen und die Zelle ihre Teilungsfähigkeit verliert oder abstirbt. Epigenetische Veränderungen beeinflussen die Genaktivität, Mitochondrien verlieren an Effizienz, was zu oxidativem Stress und Zellschäden führt. Fehlgefaltete Proteine und zellulärer Abfall reichern sich an, während sich seneszente Zellen nicht mehr teilen, aber entzündungsfördernde Stoffe freisetzen. Hormonelle Veränderungen und eine nachlassende Immunfunktion verstärken den Prozess. Diese Mechanismen führen gemeinsam zu einem allmählichen Funktionsverlust von Geweben und Organen – heißt, wir beginnen zu sterben; irgendwann zwischen dem 25. und 30. Lebensjahr.

Das Durchschnittsalter des deutschen Steuerberaters beträgt 53,6 Jahre laut der deutschen Steuerberaterkammer[11]. Das bedeutet, dass der durchschnittliche Steuerberater, den man als Unternehmer, Selbstständiger oder Angestellter in Deutschland beauftragen kann, um das, womit man selbst die eigene Daseinsvorsorge bestreitet, nämlich das eigene Einkommen zu schützen vor ungerechtfertigtem

[11] Berufsstatistik der Bundessteuerberaterkammer 2023 `https://www.bstbk.de/downloads/bstbk/ebooks/Berufsstatistik-2023.pdf`

staatlichen Zugriff, schon fast dreißig Jahre vor sich hingestorben und hinzerfallen ist, bevor er sich daran macht, das zu verteidigen und zu bewahren, worauf Mandanten ihre Existenzen aufbauen.

Niemand würde mit einem Seelenverkäufer eine Hochseetour machen, wenn dieser 30 Jahre lang ohne Reparatur und Rundumerneuerung im Dock verrostete und verfaulte. Doch dieser Seelenverkäufer hieß ‚Steuerberatung' und lief trotzdem aus, als hätte er keine andere Wahl. Der Rumpf war ein einziger Flickenteppich aus Rost und Muschelbewuchs, das Metall darunter mürbe wie altes Holz, durchzogen von Rissen und Narben aus Jahrzehnten auf See. Eine dicke Schicht Algen zog sich über den Wasserpass, ein schmieriger, stinkender Pelz, der das Schiff bremste, als würde es durch Schlamm statt durch Wasser gleiten.

An Deck war alles von Salz verkrustet, als hätte es seit Ewigkeiten kein Frischwasser mehr gesehen. Die Winschen und Poller, einst aus blankem Stahl, waren stumpf und zerfressen, die Taue steif von Feuchtigkeit und Schimmel. Die Rettungsboote hingen schief in ihren Davits, die Leinwandplanen längst zerfallen, als hätten sie nie einen Sturm gesehen – und wenn, dann würden sie ihn nicht überstehen. Unter Deck war die Luft schwer von Öl, Schweiß und dem ranzigen Gestank alter Maschinen. Und doch drehte sich die Schraube und setzte das Schiff in Bewegung, hinaus auf die offene See, als hätte es vergessen, dass es längst hätte untergehen sollen.

Denn das Problem bei Durchschnittswerten ist die Verteilung: 20,6 Prozent der deutschen Steuerberater sind älter als 61 Jahre – und immer noch im Beruf. Rund ein Fünftel aller Steuerberater zerfällt also schon fast 40 Jahre vor sich hin und soll dennoch die Menschen in der Gegenwart steuerlich fit machen für die Zukunft? Eine Zukunft, die dieses Fünftel doch gar nicht mehr erlebt, weil es länger vor sich hinstirbt als es eigentlich richtig gelebt hat.

Wenn ich hungrig bin, bin ich nicht ganz bei mir. Dann werden meine Gedanken düster; so wie jetzt gerade in Bezug auf die Steuerberatungsbranche in Deutschland. Wenn mir Himbeercreme und Waygu-Rind vorenthalten werden, dann taucht meine Welt in ein dunkles Schwarz. Und so sah ich keine Farben mehr bei unserem Weg in den Louvre, sondern nur noch Schattierungen von Grau bis Graphit, die langsam alles einfärbten wie ein Gift des Zerfalls. Ganz vorne der Mann, dem ich den Verzicht zu verdanken hatte. Berger Senior hat meinem Gaumen den Genuss von buttrigem Fleisch und einer Wein gewordenen harmonischen Balance aus schwarzen Johannisbeeren und Pflaumen, feinen Gewürznoten, Tabak und Zedernholz geraubt. Keine Tannine erreichen meinen Gaumen mit ihrer seidigen leichten Frische. Durch den Holzausbau entstandene Aromen von Vanille und Röstnoten sowie komplexe Nuancen von Leder und Trüffel verbleiben für mich verschlossen in der Flasche des Premier Cru Saint-Émilion im Raffiné.

Anstatt den vollmundigen, tiefgründigen und langen, eleganten Abgangs dieses Kunstwerks der Winzerkunst zu genießen, macht alle meine Hoffnung auf einen legendären Tag den Abgang. Das einzig Epische hier ist der Sieg von Schwarz und Grau.

Während sich mein Zorn auf Berger Senior verdichtete, kamen in unserer Gruppe keine ähnlichen Gedanken auf. Im Gegenteil schienen die meisten nach langer Busfahrt und schier endlosem Warten in der Schlange vor dem Louvre das Marschtempo einer schnellen Eingreiftruppe zu genießen, das Berger Senior anschlug, um uns nach erfolgreicher Passage der Ticketkontrolle durch die Pyramide hindurch ins Innere des Louvre zu führen – die Gelegenheit, um Glieder und Gelenke zu strecken und den Kreislauf wieder auf Trapp zu bringen. Immer dem Rhythmus seiner rahmengenähten Budapester hinterher, der „Eins, zwei, drei, vier – rechts, links, marsch!" zu trampeln schien. ‚Kein Wunder, ihr Halbzerfallenen, Halbgestorbenen!', dachte ich noch immer in der Stimmung alles verschlingender Schwärze.

Da nahm unsere Gruppe, immer Berger Senior hinterherhechelnd, eine unvorhergesehene Wendung.

Ich hatte eigentlich gedacht, dass wir versuchen würden, über die Köpfe chinesischer Reisegruppen hinweg blickend zu erahnen, wie die Mona Lisa aus einer Distanz von 10 Meter aussieht. Ganz schön weit weg für ein Werk, das gerade man 77 × 53 cm Höhe mal Breite misst. Aber durch die Allgegenwärtigkeit des Motivs in Werbung für Schokolade und Zahnzusatzversicherungen würde unsere visuelle Erinnerung sicherlich die Lücken schließen können, welche die vom Bild ausgehenden Lichtreize, die via Hornhaut und

Linse gebündelt auf unsere Netzhaut treffen, über diese Distanz nicht mehr zu schließen vermögen.

Aber nein, Berger Senior ging schnurstracks in den Bereich des Louvre, der um die Mittagszeit praktisch menschenleer war: die ägyptische Sammlung im Sully-Flügel. Damit schien niemand in unserer Gruppe gerechnet zu haben – warum sollte man ausgerechnet nach Paris fahren um Verfallenes aus Nordafrika zu sehen?

„Meine Damen und Herren", tönte Berger Senior inmitten der Sammlung. Seine ohnehin schon sonore Stimme wurde durch den Hall der hohen Räume noch verstärkt, sodass ich fürchtete, er könnte eine der Mumien im Raum wieder zum Leben erwecken. Neben Berger Senior stand eine etwas schüchtern wirkende junge Frau mit Namensschild, die offensichtlich zum Museum gehörte. „Ich will Ihnen unsere Führerin für heute vorstellen, eine Ägyptologin, die uns durch die Ausstellung führt" – mit einer für meinen Geschmack etwas zu gefällig gönnerhaften Geste wies Berger Senior auf die junge Frau:

„Bienvenue, mesdames et messieurs, willkommen in die ägyptische Sammlung vom Louvre! Ich bin Claire, Ihre Führerin für aujourd'hui, und ich freue mich sehr, dass Sie hier sind. Ah, ich höre, Sie sind Steuerberater? Très intéressant! Dann Sie sind bestimmt gut mit Zahlen, mit Berechnung, mit genaue Aufzeichnen, non? Das ist très bien, denn heute, wir sprechen von eine ganz andere Form von Buchhaltung – la balance pour l'éternité! Ici, im Louvre, wir haben die am meist große Sammlung von ägyptische Kunst in der Welt, mehr als 50.000 Objekte! C'est incroyable! Sie sehen Statuen, Papyri, Schmuck, Tempelreliefs, Amulette, Sarkophage… alles, was uns zeigt, wie Ägypter haben gelebt, was sie haben geglaubt, und – très important – wie sie haben versucht, der Jenseits zu erreichen."

Nicht nur, dass Berger Senior mir den irdischen Genuss genommen hat, jetzt quälte er uns auch noch mit 5 000 Jahre alten Totengeschichten. Claire bewegte sich rückwärts im Raum und erzählte währenddessen weiter über die Großartigkeit von Steinhaufen mitten im Sand von nirgendwo. Dann blieb sie vor einer etwa 1,80 Meter hohen und bestimmt 5 Meter langen tonnenschweren Skulptur stehen, die mich ein wenig an meine rot-getigerte Katze Garfield erinnerte, wenn ich ihm für meine Insta-Reels mittels kaiber.ai einen Pharaonenkopf verpasse, das Ganze mit „Walk Like an Egyptian“ von den Bangles unterlege und ihn dann dazu grooven lasse.

„Zuerst, schauen Sie, hier ist eines unsere großartigste Stücke: die große Sphinx von Tanis. Regardez! Diese Sphinx ist aus rotem Granit, sie wiegt mehrere Tonnen, und sie stammt aus Neue Reich. Ursprünglich, sie hat wahrscheinlich eine Tempel bewacht, jetzt sie sitzt hier, majestätisch, n'est-ce pas? Und sie schaut uns an, aber sie sagt nichts. Sie weiß bestimmt alles, aber elle garde le silence!“

Claire konnte sich in etwa genauso für tote Trümmer begeistern wie ich für marmoriertes Rindfleisch. Unsere Führerin schritt weiter rückwärts durch den Raum, wir folgten ihr andächtig staunend und ich dachte, sie würde doch, wie jeder Mensch, der rückwärts lief, irgendwann stolpern müssen. Tat sie aber nicht. Da waren wir auch schon beim nächsten Exponat.

„Ah, und hier ist eine Statue, die ich sehr liebe: Die Statue von die kniende Schreiber. Sie sehen, er hält eine Papyrusrolle in die Hand, bereit zu schreiben. Schauen Sie in seine Augen – sie sind aus Bergkristall gemacht, sie sind so lebendig, als ob er uns beobachtet! Im alten Ägypten, ein Schreiber war nicht einfach ein Beamter – non! – er war ein Hüter von die Wissen, ein Vermittler von die Götter. Alles, was wichtig war, war aufgeschrieben, und so haben wir heute viele Texte aus diese Zeit.

Und, bien sûr, darunter ist das berühmte Buch von die Toten, das wichtigste Text für das Jenseits!

Aber, mes amis, ce n'est pas einfach ein Buch, wie man liest am Abend vor dem Schlafen, non! Es ist eine Sammlung von Zaubersprüche, Formeln, Anleitungen, die die Tote helfen, sicher durch die gefährliche Welt von die Unterwelt zu reisen. Ohne dieses Buch, sie könnten sich verirren, oder sie könnten von schreckliche Kreaturen angegriffen werden!

Und jetzt, wir kommen zu die wichtigste Szene in das Buch von die Toten: la pesée du cœur – die Waage von das Herz. Regardez!

Hier, auf diese Abbildung, Sie sehen Anubis, der Gott mit die Schakalkopf. Er bringt das Herz von der toten Person und legt es auf eine Waage. Und auf die andere Seite? Hier liegt die Feder von Maat, die Göttin von Wahrheit und Gerechtigkeit.

Ah, aber, mesdames et messieurs, das ist nicht einfach eine normale Waage, non! Das Herz muss leichter sein als die Feder. Wenn es ist zu schwer – wenn die Person hat zu viel gelogen, zu viel betrogen, oder zu viel schlechte Dinge gemacht – dann, oh là là, dann kommt Ammit, le dévoreur des morts, dieses schreckliche Monster mit Krokodilkopf, Löwenkörper und Nilpferdfüße. Und sie... elle mange le cœur! Und wenn das passiert, dann die Seele ist weg für immer! Es gibt keine zweite Chance!

Aber, attendez, jemand muss aufpassen, dass alles genau notiert ist, non? Ah, und hier kommt Thot, der Gott mit die Ibiskopf. Er hat eine Schreibfeder in die Hand, er ist der große Schreiber von die Götter. Er steht hier, ruhig, und er schreibt genau auf, ob das Herz war leicht oder zu schwer.

Sie sehen? Er macht Buchhaltung für die Ewigkeit! Eine Bilanzprüfung, aber auf göttliche Ebene! Da gibt keine Steuertricks, keine kreative Rechnungsführung – non! – alles muss korrekt sein. Und wenn jemand hat versucht zu betrügen? Ah, dann Thot notiert, und die Konsequenzen, sie sind... graves!

Die Ägypter haben sehr stark geglaubt an Gerechtigkeit, Ordnung, Balance. Man musste sich verantworten für alles, was man hat getan. Wenn das Herz war rein, wenn die Person hat gut gelebt, dann, très bien! Sie durfte eintreten in die paradiesische Welt von Osiris, wo sie in Frieden leben konnte für die Ewigkeit."

„Ist dann Thot so etwas wie ein Buchhalter oder Steuerberater?", fragte Helena.

„Ah! Das ist eine très, très intéressante Frage! Also, wenn Sie sagen, Thot ist eine Art Buchhalter... hmm, ja, in eine gewisse Weise, das ist absolument vrai! Thot, er ist der große Schreiber von die Götter. Alles, was passiert, er schreibt es auf – genau, ohne Fehler. Wenn das Herz wird gewogen, er notiert das Ergebnis. Kein Betrug, keine Mogelei! Man kann nichts verstecken vor Thot. Il voit tout! Also, wenn Sie denken an Buchhalter oder Steuerberater, dann ja, gibt un peu eine Ähnlichkeit. Sie müssen auch alles ganz genau notieren, non? Sie machen Bilanz, sie prüfen, ob die Zahlen stimmen. Wenn etwas nicht korrekt ist, dann... oups! Dann gibt es Probleme!

Aber, attention! Thot, er macht nicht nur Buchhaltung. Er ist viel mehr. Er ist der Erfinder von die Schrift, er ist der Gott von die

Weisheit, die Wissenschaft, die Magie... er ist sozusagen der große Intellektuelle von die Götterwelt. Also, ich würde sagen: Thot ist nicht nur ein Buchhalter – er ist der himmlische Wirtschaftsprüfer, der göttliche Commissaire aux Comptes oder Chief Accountant! Und wie Sie wissen, in Ägypten, es gab keine Steuerprüfung, aber es gab die Prüfung von das Leben. Und da, es war Thot, der alles überprüft hat! Alors, ich denke, wenn ein ägyptischer Pharao hätte eine Steuererklärung machen müssen... dann vielleicht hätte er sich auch an Thot gewandt!", versuchte Claire den Spagat zwischen einer Welt, die seit 5 000 Jahren vergangen war und einer Besuchergruppe, von der sie sich offensichtlich ein großzügiges Trinkgeld erhoffte.

Während unsere Gruppe gelassen und heiter wurde, entging uns, dass Berger Senior sich bereit gemacht hatte. Die Niederlage gegen seinen Sohn nach Punkten im Weltergewicht während der Busfahrt konnte das Fossil im Flanellanzug nicht einfach auf sich sitzen lassen.

Die Zeit der Revanche war gekommen, als Berger Senior plötzlich nach vorne aus der Gruppe heraustrat, sich vor allen, vor allem aber vor seinem Sohn Max aufbaute und diesen anherrschte: „Hörst Du! Das ist unsere Aufgabe – die exakte und genaue Protokollierung und Bilanzierung dessen, was ist. Nicht dessen, was Du gerne hättest!", Berger Seniors Augen funkelten in einer Art, die klar machte, dass das Kanzlei-Krokodil diesmal auf keinen schnellen Happs aus war und weder loslassen, noch es bei einer schmerzhaften Warnung bewenden lassen würde.

„Unsere Aufgabe ist die des Gottes Thot, unbestechlich und unbeirrt für unsere Mandanten über jeden Zweifel erhabene Steuerberatung und Deklaration anzubieten. Wir sind ihre Schreiber, auf unseren Schultern lastet die Verantwortung, ob unsere Mandanten am Ende für unsere Fehler und unser Versagen in den Knast gehen oder wie Kriminelle im Fernsehen vorgeführt werden, als wären sie Verbrecher!"

„Wenn Dein Mandant Steuern hinterzieht, dann ist er ein Verbrecher", erwiderte Max und schien der Konfrontation nicht ausweichen zu wollen, indem er den Einsatz erhöhte. Alle schwiegen. Selbst die Mumien um uns herum schienen den Atem anzuhalten, denn ansonsten war dieser Teil des Louvre gespenstisch leer.

„Niemand ist ein Verbrecher, nur weil er sein Eigentum nicht freiwillig einem unvernünftig geführten, unverantwortlich gemanagten und verschwenderischen Staat einfach in den Rachen wirft", geiferte Berger Senior, dem weißlicher Schaum aus den Mundwinkel auf das Flanell tropfte.

„Wie konnte ich Dich je zum Partner machen! Wir lassen es durch unser Versagen zu, dass Menschen besten Leumunds und besten Charakters zu Straftätern gestempelt werden, als wären sie Mitglieder irgendeines arabischen Clans. Wir haben es durch die richtige Gestaltung versäumt, die Besten der bürgerlichen Gesellschaft zu schützen, damit Linke und Subversive sie als Schmarotzer hinstellen können, als wären sie bloße Bürgergeldempfänger!"

„Menschen besten Leumunds und Charakters verschieben keine Gelder aus schwarzen Kassen in Familienstiftungen irgendwelcher europäischer Zwergstaaten. Und was hat das mit Bürgergeldempfängern zu tun?", konterte Max, indem er einfach die Energie des Angriffs seines Vaters zurückspielte. Wenn man lernen wollte, wie man mit minimalem Einsatz ein Fossil zu rasender Wut bringen konnte, dann war Max in diesem Augenblick der Lehrmeister der Wahl.

Sarah versuchte zaghaft und zögerlich, den Streit zu schlichten. Ihr Hauptaugenmerk schien, nicht den Puffer für die Fehde des Fossils und seines Nachfolgers abzugeben. Sarah sagte: „Vielleicht sollten wir uns auf unsere internen Abläufe in der Kanzlei konzentrieren?"

„Sagen Sie mir nicht, was ich zu tun habe, Fräulein!" Das Krokodil war im Angriffsmodus und sah offensichtlich jeden im Raum nur noch als Futter an und holte aus: „Vielleicht sollten wir uns ..." Berger Senior äffte Sarah nach; traf aber weder ihre Stimme noch ihren Tonfall. Sarah hatte eine weiche, warme Stimme mit einem für eine Frau ausgesprochen tiefem Timbre. Berger Seniors Imitation von Sarah dagegen klang blechern, schrill und nasal. Ein geradezu groteskes Geräusch kam aus einem älteren Herren im Flanell-Zweireiher. Dann lachte Berger Senior – und klang dabei wie Ray Liotta am Ende von ‚Good Fellas'. Ich erinnere mich, einmal in der Süddeutschen im Feuilleton dazu etwas gelesen zu haben: „Ray Liottas Lachen ist nicht einfach nur ein Lachen – es ist ein zitterndes, brüchiges Echo einer vergangenen Macht, durchsetzt mit Hohn, Resignation und etwas, das fast wie Wahnsinn klingt. Es beginnt tief, kehlig, fast wie ein Krächzen, bevor es in eine abgehackte, atemlose Serie von keuchenden Lauten übergeht. Seine Lippen zucken, sein Blick flackert zwischen Ironie und Leere, als würde er selbst nicht glauben, wie tief er gesunken ist. Es ist kein befreiendes Lachen, kein ehrliches Vergnügen, sondern etwas Gequältes, das sich aus der Kehle quetscht, halb unfreiwillig, halb trotzig. Ein Lachen, das sich in der Stille verliert, als hätte es nie existiert, als würde es im Nichts verhallen – genau wie Henry Hills einstige Bedeutung. Es ist das Lachen eines Mannes, der den Witz in seiner eigenen Tragödie erkennt, der weiß, dass er nicht getötet wurde, aber trotzdem tot ist."

Berger Senior kannte den Film bestimmt nicht, in dem er sich so gut wiedergefunden hätte. Deshalb machte er weiter, ohne zu merken, dass nicht die anderen, sondern er selbst immer mehr in den Abgrund glitt. „Was erlauben Sie sich, junge Dame!", Berger Senior hatte Sarah nicht aus seinen grünlich gelben Augen gelassen. „Wenn Sie dreißig Jahre lang erfolgreich Mandanten betreut und beraten haben, dann können Sie sich vielleicht eine solche Unverschämtheit erlauben. Bis dahin sollten Sie lieber den Platz einnehmen, der Ihnen zusteht. Nur weil wir eine Kanzlei sind, die jedem eine Chance gibt, sich zu beweisen, selbst Ihnen, bedeutet das nicht, dass plötzlich der Schwanz mit dem Hund wedeln kann!

Und genau deshalb lassen wir auch diesen Unsinn, bei unseren Mandanten mittels Computer herumzuschnüffeln und ihnen sagen zu wollen, was sie in ihrem Unternehmen zu tun haben. Der heutigen Generation scheint jeder Respekt vor Menschen zu fehlen, die mehr geleistet haben als diese verweichlichte und verzogene Homeoffice- und Work-Life-Balance-Generation je zu Stand bringen wird."

Alle waren still, wichen einen Schritt zurück und fürchteten sich davor, was Berger Senior als nächstes sagen würde.

„Wir sagen unseren Mandanten nicht, was sie zu tun haben, weil wir sie respektieren. Wir kennen unseren Platz und unsere Rolle und maßen uns nicht an, bessere Unternehmer zu sein als die Menschen, die an der Spitze unserer Gesellschaft stehen. Wir sind Dienstleister. Das kommt von „dienen". Doch was Dienst ist, was Demut – das habt Ihr alle doch vergessen oder nie gelernt. Dieser Quatsch von Datenanalyse und Datamining! Ausgesprochen von Menschen, die Mandanten beraten wollen, aber an einer einfachen Subsumption scheitern. Welche Prozesse wollt Ihr denn automatisieren und mittels künstlicher Intelligenz besser machen, wenn es Euch schon an der nötigen natürlichen Intelligenz fehlt?

Unsere Rolle ist genau die des Toth beim Totengericht – wir schreiben, dokumentieren und deklarieren. Sonst nichts!“

Nun ging Claire, die zwei Köpfe kleiner war als Berger Senior, auf diesen zu – Claire schien die Einzige im Raum zu sein, die keine Angst vor dem Fossil in Flanell hatte. Claire schickte sich an, unsere Jeanne d’Arc zu werden:

„Ah, Monsieur, Monsieur! Sie denken, dass Thot nur sitzt am Ende von die Leben, mit seine Schreibfeder, und einfach aufschreibt, was passiert ist? Mais non, c’est faux! Thot ist nicht nur ein Beamter von die Jenseits, er ist überall, er begleitet die Menschen von Anfang an! Ohne Thot, keine Schrift, keine Gesetze, keine Verwaltung – und, ah, Monsieur, wäre doch eine Katastrophe, non? Sie sind Steuerberater, Sie wissen, Ordnung muss sein! Aber Ordnung fällt nicht vom Himmel, nein, sie muss gelehrt werden, und Thot, er ist der große Lehrer. Er gibt die Menschen die Wissen, welche sie brauchen, um zu führen ihr Leben. Sie glauben, er nur am Ende notiert? Mais comment croyez-vous, wie denken Sie, dass die Menschen überhaupt wissen, was richtig ist? Wer gibt ihnen die Werkzeuge, um gut zu leben? C’est Thot! Er hat den Menschen die Schrift gegeben, und ohne Schrift – ah, wie soll man etwas lernen, wie soll man Gesetze festhalten, wie soll man überhaupt Steuern berechnen? Sie denken, das ist nur ein göttlicher Schreiber? Non! Er ist der Vermittler, der Weisheitsgeber, der, der zwischen die Götter und die Menschen steht und zeigt, was die richtige Entscheidung ist. Ohne Thot kein Vertrag, kein Plan, keine Berechnung. Und glauben Sie, diese ist erst wichtig, wenn man stirbt? Mais non! Die Ägypter haben ihn nicht nur am Ende gesucht, sie haben ihn in jeder Entscheidung gefragt. Ein König, ein Priester, ein Schreiber – sie alle haben gebetet, ‚Thot, gib mir Weisheit!‘ Die Prüfung des Herzens beginnt nicht erst im Jenseits, sie beginnt im Leben! Ah, Monsieur, und Sie, als Steuerberater, Sie verstehen doch: Wenn jemand Fehler macht in seine Buchhaltung – ist es dann nicht besser, ihn vorher zu beraten, ihm zu zeigen, wie man richtig rechnet, anstatt erst am Ende zu sagen, ‚Oh là là, das war falsch!‘ Thot macht genau diese. Er gibt die Möglichkeit, ein leichtes

Herz zu haben, aber tragen müssen die Menschen es selbst. Er ist nicht nur der Buchhalter vom Universum, er ist auch der Steuerberater vom Leben! Und wenn man ihn ignoriert, wenn man glaubt, man kann einfach so leben, ohne zu lernen, ohne nach Weisheit zu suchen – oh là là, dann wird am Ende die Prüfung, sie wird schwer…"

Claire schien mit jedem Wort ein Stücken größer zu werden und irgendwie sah es so aus, als würde sich die alte Welt der Pharaonen durch eine junge Frau gegen die Vereinnahmung durch das Flanell-Fossil und Kanzlei-Krokodil zur Wehr setzen. So ungefähr müssen sich die Engländer gefühlt haben, als die 17-jährige Jeanne d'Arc das französische Heer zum Sieg in Orléans führte.

Aber man sollte niemals eine Panzerechse unterschätzen, die zu allem entschlossen ist. Genauso wenig wie verärgerte Briten, die Jeanne mit 19 dafür in Rouen verbrannten.

„Wollen Sie mir etwa meine Aufgaben als deutscher Berufsträger erklären? Nachdem der deutsche Steuerzahler als Nettozahler an die EU Ihr Studium an einer französischen angeblichen Eliteuniversität finanziert hat? Für was? Damit Sie nun Besuchergruppen unterhalten für ein Trinkgeld, weil Sie es an einer anständigen deutschen Universität noch nicht einmal in den akademischen Mittelbau schaffen würden? Sie belehren mich? Sie? Wo Sie doch einer Cancan-Tänzerin gleichkommen, die im Moulin Rouge ihre Unterwäsche zur Schau stellt? Nur, dass dies in Ihrem Fall ein Anblick wäre, den niemand sehen wollen würde."

Aber manchmal machen auch Panzerechsen einen Fehler.

Claire wog vielleicht 45 Kilo und war kaum größer als 1,60 Meter. Berger Senior hatte fast das Dreifache an Gewicht und überragte sie um mindestens 25 Zentimeter. Doch in diesem Augenblick war allen Umstehenden klar, dass Berger Seniors körperliche Überlegenheit nicht im Entferntesten genügen würde, um seine Haut davor zu retten, als sehr schicke Krokohandtasche in Zukunft an Claires Unterarm zu baumeln. Ich habe nie einen Industrielaser von nahem gesehen. Aber dass Lichtblitze alles zerschneiden können, zeigte mir das gebündelte Feuer, das nun aus Claires Augen in Richtung eines Flanell-Zweireihers schoss, von dem bald nicht mehr übrig sein wird als rauchende Messingknöpfe und schwarze Asche.

„Ah! Ah! Ah! Mais quelle honte! Sie sprechen mit mir so, hier, in dem Louvre, in der Tempel von die Kunst und die Kultur, als ob Sie sind der König von die Welt? Ah, Monsieur, aber nein, Sie sind nicht le centre de l'univers! Sie glauben, Sie sind der Maß aller Dinge, nur weil Sie kommen mit Ihre kleine Zahlen und Ihre Tabellen und denken, dass alles kann berechnet werden, dass alles kann in ein Steuerformular gepresst werden? Mais la culture, monsieur, la culture ne se calcule pas!

Und jetzt, jetzt Sie denken, Sie können mich beleidigen, moi, eine Frau, die studiert hat, die sich ihr Wissen erarbeitet hat, als ob ich bin nur eine Tänzerin, die hier ist, um für Ihre Vergnügen die Beine zu werfen in die Höhe? Ah! Ich verstehe jetzt! Vous êtes ce genre d'homme! Der Typ, der sich nur wohlfühlt, wenn er kann andere erniedrigen. Der Typ, der glaubt, dass Bildung und Kultur nur existieren für die, die denken wie er. Der Typ, der glaubt, dass eine Elite-Universität nur dann gut ist, wenn sie in Deutschland ist. Mais quelle mentalité pitoyable!

Und dann, ah, Monsieur, ich soll Ihnen nichts erklären, weil Sie sind ein ‚deutsche Berufsträger' Ah oui, un homme important, non? Aber sagen Sie mir, was nützt Ihnen Ihr Beruf, wenn Sie sind ignorant in alles, was die Welt bedeutet? Was ist ein Leben ohne Kunst, ohne Geschichte, ohne die Fähigkeit, etwas zu verstehen – außer Steuerparagrafen? Ich erkläre Ihnen nichts, weil Sie nicht wert sind zu verstehen!

Und Sie? Sie stehen hier, in diesem Anzug aus die 40er Jahre, als ob Sie sind eine Karikatur aus Ihre eigene Vergangenheit. Regardez-vous! Sie sehen aus wie Dagobert Duck auf Sauerkraut! Ah, ich kann sehen: Sie, in Ihrem kleinen Büro, allein mit Ihre Zahlen, Ihre Formulare, glücklich nur, wenn Sie können jemand finden, den Sie erniedrigen können, weil ohne das, Sie fühlen sich klein, faible, insignifiant. Vous êtes fort minable ; pas du tout formidable comme vous le pensez, car les personnes autour de vous n'osent tout simplement pas vous contredire.

Aber wissen Sie, was wirklich tragisch ist, Monsieur? Ich, ich könnte eine Cancan-Tänzerin sein, und ich hätte mehr Würde als Sie! Eine Tänzerin trägt ihre Kunst mit Stolz, sie gibt den Menschen Freude, sie bewegt sich mit Grazie, mit Stolz, mit Feuer! Aber Sie? Sie sind ein kleiner, armer Mann, der denkt, er ist groß, weil er versucht, eine Frau klein zu machen. Et ça, monsieur, c'est pathétique!

Also nein, ich werde Sie nicht weiter belehren. Ich werde meine Zeit nicht verschwenden mit eine Mann, der glaubt, dass Kultur nur existiert, wenn sie kann in eine Bilanz passen. Bleiben Sie in Ihre kleine Welt, mit Ihre kleine Gedanken, mit Ihre kleine Anzüge aus eine Zeit, die längst vergangen ist. Die Welt dreht sich weiter, mit oder ohne Sie. Et ça, Monsieur, c'est une vérité que vous ne pourrez jamais effacer!"

Claire drehte sich um und ging. In einem Schritt und einer Art und Weise – Wahnsinn! Jetzt weiß ich, warum Jeanne d'Arc die französische Nationalheldin ist und heilig gesprochen wurde. Und wen haben wir als Nationalhelden: Arminius, Bismarck?

Berger Senior sagte kein Wort. Seine eiserne Standhaftigkeit schien mit jedem Satz von Claire mehr zu rosten, mürbe und brüchig zu werden. Er schwankte wie eine noch gerade eben unumstößliche Stahlkonstruktion, die in einem Augenblick um Jahrhunderte gealtert zu sein schien und die nun Wind und Witterung zu Fall bringen. Berger Senior stolperte und schlidderte rückwärts als würden seine Beine ihre Kraft verlieren – genau auf die Sonderausstellung von Tiermumien zu, an denen wir bei Clairs Führung vorbei gegangen waren.

Berger Seniors Blick war erloschen – als hätte sich ein Vulkan gerade entschieden, doch lieber Straßenasphalt zu sein und kein Magma speiendes Ungetüm. So schrill sein Lachen nur Minuten zuvor noch war; so seelenlos nun der Ausdruck seiner Augen. Kein Kampfgeist mehr, kein Feuer – nicht einmal mehr Hass; noch nicht einmal jener beständige Hauch der Verachtung, ohne den ich Berger Seniors Blick gar nicht kannte. Es waren nicht mehr Berger Seniors Augen, die durch uns hindurch ins Leere starrten. Es war der Blick der Macht, indem diese erkennt, dass sie keine Macht mehr hat. Auch Max setzte seinem Vater nicht nach. Er schien Berger Senior mehr mit einer klinisch neutralen Neugier beim Zerfall und Zerblättern zuzusehen. Sarah hielt sich vor Schreck die Hand vor den Mund.

Der Museumswärter in der Ecke hatte die Szenerie beobachtet und obwohl er kein Deutsch zu verstehen schien, war er bereits während Claires Rede aufgestanden.

« Attention, monsieur, arrêtez-vous! Vous allez renverser les momies de crocodile! Ne bougez plus, tout de suite ! » rief der Wärter. Er begann, auf Berger Senior zuzulaufen – während dieser immer weiter und weiter in Richtung der Tiermumien taumelte.

Die Tiermumien waren die eigentliche Sensation der Ausstellung. Eine Leihgabe des al-Mathaf al-Miṣrī, dem wichtigsten Altertumsmuseum in Kairo, das am Tahrir-Platz eine der weltweit größten Sammlungen altägyptischer Artefakte, darunter zahlreiche Schätze aus dem Grab des Tutanchamun beherbergt. Darunter sensationelle, unbezahlbare mumifizierte Nil-Krokodile, deren Zerstörung einen internationalen Zwischenfall auslösen würde; wie wir später erfuhren.

Die Wärter im Louvre waren seit den jüngsten Anschlägen der „Letzten Generation" mit Teasern ausgerüstet worden, um die Exponate schützen zu können.

Als Berger Senior – ohne zu stoppen – weiter in Richtung der Mumien taumelte, zog der Wärter seinen Teaser und richtete ihn auf Berger Senior und schrie: « Ne bouge pas, sale boche! Putain, pauvre connard ! Fais gaffe où tu mets tes pieds, tu vas renverser les momies de crocodile, bordel de merde ! Arrête-toi immédiatement! Lève les mains en l'air et allonge-toi à plat ventre sur le sol, trou du cul ! T'es en état d'arrestation, sombre fils de pute ! Encore un seul mouvement et je te flingue pour te neutraliser, pauvre con ! »

Doch Berger Senior hörte nicht und taumelte einfach weiter – « Putain de porc ! », fluchte der Wärter und feuerte seinen Teaser ab. Vier Metallpfeile an dünnen schwarzen Drähten durchbohrten Berger Seniors Flanell. Die Fingerknochen des Wärters traten weiß hervor, so heftig drückte dieser den Auslöser, um möglichst viel Strom in Berger Senior zu pumpen, bevor dieser die Chance hatte, jahrtausendalte Kulturschätze unwiederbringlich zu zerstören. 50.000 Volt schossen in Berger Senior. Aber auch diese reichten nicht, um die Augen des Flanellfossils wieder zu entzünden. Berger Senior stoppte immer noch nicht. Rücklings fiel er in die Vitrine mit den Tiermumien – und verschwand in einem Nebel aus Staub und Glas.

Winzig kleine Fetzen von Leinenbinden und kleinste Partikel Jahrtausende alten getrockneten tierischen Gewebes verteilten sich überall im Raum. Berger Seniors 130 Kilo hatten im Fallen genügt, um die imposanten Mumien zu feinstem Pulver werden zu lassen.

Der Wärter schrie nun: « Vous avez détruit les momies ! Espèce de meurtrier, de barbare ! Comment osez-vous ?! Égorgeur échappé de l'enfer ! Vous n'avez donc ni honneur, ni respect, pauvre fils de pute de merde ! »

Als sich der Staub der Schuppen der Krokodilmumien etwas gelegt hatte, konnten wir das ganze Ausmaß der Zerstörung sehen. Berger Senior lag inmitten von zerfetzen Tierleibern. Einzig erhalten lag neben ihm der Kopf eines Jahrtausende alten Nilkrokodils, das unser Kanzleikrododil fassungslos anzusehen schien.

8 Das Post-Repitilienzeitalter beginnt

Berger Senior war noch im Louvre von der französischen Polizei verhaftet worden – und alle Mitarbeiter von „Berger & Berger“ bekamen ein lebenslanges Hausverbot. Max war kreidebleich.

Noch im Laufe des Nachmittags versuchte Max über einen befreundeten Anwalt, Berger Senior frei zu bekommen. Doch das klappte nicht. Die Zerstörung von unwiederbringlichen Kulturschätzen war in Frankreich eine schwere Straftat – und Berger Seniors Haltung war alles andere als kooperativ. Außerdem hatte sich die ägyptische Botschaft in Paris eingeschaltet. Sogar das Auswärtige Amt meldete sich an diesem Tag noch bei Max. Im ägyptischen Fernsehen und im Nachrichtensender Al-Jazeera sprachen sie in der Folge von einem Anschlag deutscher Rechtsextreme auf ägyptische Kulturgüter. In Folge dieser Terrorattacke wurde der deutsche Botschafter in Kairo ins ägyptische Außenministerium einbestellt. Berger Senior wurde sechs Monate später in Kairo in Abwesenheit wegen Terrorismus und Zerstörung von Kulturgütern zu 24 Jahre Haft und einer Geldstrafe von 5 Millionen ägyptischen Pfund verurteilt; umgerechnet etwa 90.000 Euro. Gegen Zahlung von 150.000 Euro an Ägypten und der gleichen Summe an den Louvre wurde das Verfahren gegen Berger Senior schließlich eingestellt. Dazu hatte Berger Senior seine letzten Anteile an der Kanzlei Berger & Berger verkaufen müssen – an Sarah und Helena. Die Kanzlei wurde dann umbenannt in: „Meier, Baum & Berger“

Spät an diesem Abend fuhr unsere Gruppe mit dem Bus doch noch zurück nach Köln, alles war ganz still und niemand sprach ein Wort. Ohne Berger Senior und zu meinem Leidwesen vor allem ohne die allerkleinste Gelegenheit, wenigstens noch einzukehren und ein wenig von dem guten Essen zu kosten, von dem man in Köln nur träumen kann.

„Wie geht es nun weiter?" Das war die Frage, die auf der Rückfahrt niemand stellte, die aber wohl jeden umtrieb.

Die Abfahrt erfolgte mit stundenlanger Verzögerung, erst in der Nacht ging es los. Mit den ersten Sonnenstrahlen des neuen Morgens kamen wir in der Kölner Südstadt wieder an. Was der neue Tag bringen würde, wusste niemand.

8.1 Das Beziehungsdreieck der Zukunft: Der Steuerberater als zentraler Bestandteil eines digitalen Netzwerks

Der klassische Prozess der Steuerberatung, wie er heute noch überwiegend abläuft, folgt einem linearen Ablauf: Die Übermittlung der Finanzdaten des Mandanten an die Steuerkanzlei erfolgt zunächst durch den Mandanten selbst. Diese werden dann durch die Steuerkanzlei aufbereitet und schließlich an die Finanzverwaltung weitergeleitet. Im Anschluss erfolgt eine Prüfung durch die Finanzverwaltung, woraufhin eine Rückmeldung an die Steuerberaterkanzlei gegeben wird, welche die Ergebnisse schließlich an den Mandanten übermittelt.

Im Jahr 2030 hat sich das Beziehungsdreieck zwischen Mandanten, Finanzbehörden und Steuerberatern in grundlegender Weise gewandelt. Das aktuelle Modell basiert auf einem digital vernetzten System, in dem Softwarelösungen eine zentrale Rolle spielen, wobei die Bedeutung des Steuerberaters als unverzichtbare Schnittstelle jedoch weiterhin bestehen bleibt. Der Steuerberater nimmt die Rolle einer strategischen Schnittstelle ein, wobei er nicht mehr nur Daten bearbeitet, sondern den gesamten digitalen Informationsfluss orchestriert. Dabei wird er seine beratende Funktion deutlich ausgebaut haben.

8.2 Das Beziehungsdreieck heute: Ein lineares Modell

Heute erfolgt die Steuerberatung in einem weitgehend traditionellen Prozess:

1. Datenübermittlung durch den Mandanten: Die Übermittlung von Rechnungen, Buchhaltungsdaten und sonstigen Finanzunterlagen durch Mandanten, insbesondere kleine und mittelständische Unternehmen, erfolgt manuell oder mittels einfacher digitaler Tools an die Steuerkanzlei.
2. Im zweiten Schritt werden die Daten durch die Steuerkanzlei verarbeitet. Dazu werden die übermittelten Informationen aufbereitet, Steuererklärungen und Jahresabschlüsse erstellt und schließlich bei den zuständigen Finanzbehörden eingereicht.
3. Im Anschluss erfolgt eine Prüfung der Unterlagen durch die Finanzverwaltung, woraufhin eine Rückmeldung an den Steuerberater erfolgt.
4. Rückmeldung an den Mandanten: Nach Abschluss der Prüfung erfolgt die Weiterleitung des Prüfungsergebnisses durch den Steuerberater an den Mandanten.

Das hier beschriebene Modell ist durch eine hohe Linearität gekennzeichnet und basiert auf der manuellen Bearbeitung von Daten durch den Steuerberater. Dieser nimmt somit eine zentrale Vermittlerrolle zwischen Mandant und Finanzbehörden ein.

8.3 Das Beziehungsdreieck 2030: Vernetzung und Automatisierung

Bis zum Jahr 2030 hat sich dieser Prozess vollständig transformiert. Infolge der fortschreitenden Automatisierung und der Nutzung künstlicher Intelligenz übernehmen zunehmend automatisierte Systeme und KI-gestützte Plattformen Aufgaben, die vormals ausschließlich durch den Steuerberater verantwortet wurden. Die fortschreitende digitale Vernetzung hat dazu geführt, dass eine direkte und Interaktion in Echtzeit zwischen Mandant, Finanzbehörde und Steuerberater möglich ist.

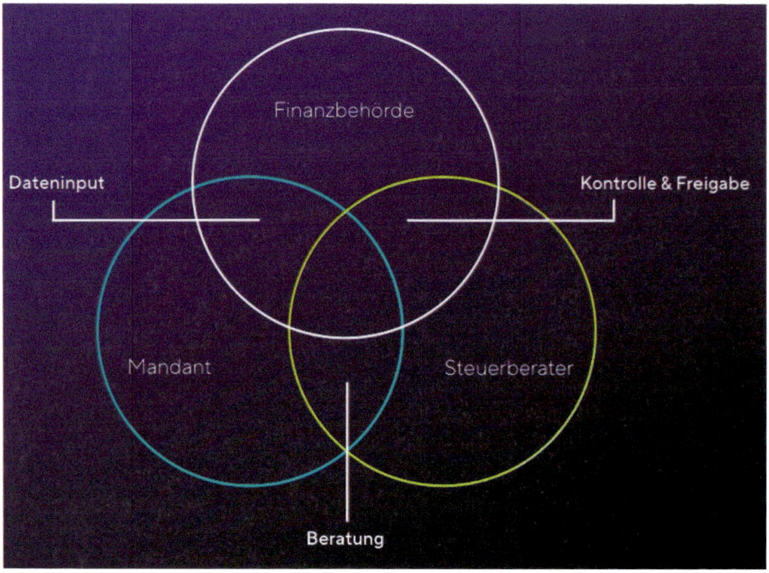

1. Die Datenerfassung erfolgt automatisiert. Im Jahr 2030 erfolgt die Datenübermittlung nicht mehr manuell, sondern automatisiert über Enterprise-Resource-Planning-Systeme, Buchhaltungssoftware oder über Schnittstellen wie ELSTER. Die genannten Tools erfassen Finanzdaten direkt und leiten sie an die relevanten Stellen weiter.
2. Direkte Kommunikation zwischen Mandant und Finanzverwaltung: Die Finanzbehörden haben in den vergangenen Jahren signifikante Fortschritte hinsichtlich der Digitalisierung und Automatisierung erzielt. Eine Prüfung großer Datenmengen in Echtzeit ist heutzutage möglich. Die Systeme der Finanzbehörden sind für Mandanten unmittelbar zugänglich, sodass zahlreiche Routineaufgaben vollständig automatisiert ablaufen. Dennoch bleibt der Steuerberater für strategische Eingriffe und zur Freigabe von kritischen Daten unerlässlich.
3. Der Steuerberater als zentrale Schnittstelle: Trotz der Fortschritte in der Automatisierung bleibt der Steuerberater im Jahr 2030 weiterhin ein zentraler Akteur. Obgleich Mandanten zunehmend in der Lage sind, ihre Daten automatisiert zu

verarbeiten und Finanzbehörden digitale Schnittstellen nutzen, obliegt die Kontrolle und Freigabe dieser Daten weiterhin dem Steuerberater. Des Weiteren obliegt es dem Steuerberater, die Daten korrekt zu verarbeiten, den Mandanten zusätzliche strategische Beratung anzubieten sowie die Steuerstruktur auf einer tieferen Ebene zu optimieren.

Ein Beispiel für diese Entwicklung ist die Plattform milia.io, welche als Dreh- und Angelpunkt zwischen den Mandanten, Steuerberatern und den Finanzbehörden fungiert. Derartige Plattformen ermöglichen eine nahtlose Integration der Datenverarbeitung, Steuerberechnung und Kommunikation, sodass alle involvierten Parteien in Echtzeit auf die benötigten Informationen zugreifen können. In diesem System kommt dem Steuerberater jedoch eine entscheidende Rolle zu, da er für die Strategie, die Prüfung der Daten sowie die finale Freigabe verantwortlich ist.

Die Relevanz der Datenerhaltung und -kontrolle

Obgleich im Jahr 2030 eine Vielzahl an automatisierten Systemen für die Bearbeitung von Routineaufgaben verantwortlich zeichnen wird, ist es für Steuerberater von essenzieller Bedeutung, die Kontrolle über die Datenflüsse zu bewahren. In einer zunehmend digitalen Welt bleibt die Gewährleistung der Datenqualität eine Kernaufgabe des Steuerberaters. Anbetracht der Tatsache, dass die Finanzverwaltung zunehmend direkten Zugriff auf die Daten des Mandanten erhält und Mandanten vermehrt Self-Service-Tools verwenden, besteht die Gefahr, dass Fehler oder Unregelmäßigkeiten unerkannt bleiben. In diesem Kontext kommt dem Steuerberater eine entscheidende Rolle zu. Er ist dafür verantwortlich, die Daten zu prüfen, zu analysieren und potenzielle Optimierungen oder Unstimmigkeiten zu identifizieren, bevor diese zu Problemen führen.

In diesem Netzwerk aus Mandant, Steuerberater und Finanzverwaltung nimmt die Steuerkanzlei folglich weiterhin eine unverzichtbare Stellung als Bindeglied ein. Die Tätigkeit des Steuerberaters erfordert nicht nur technologisches Know-how, sondern auch die Fähigkeit zur Interpretation der Ergebnisse automatisierter Systeme sowie die Entwicklung individueller Steuerstrategien auf deren Grundlage.

Die Digitalisierung verändert die Rolle des Steuerberaters grundlegend. Im Jahr 2030 wird er nicht mehr nur als Vermittler zwischen Mandant und Finanzverwaltung tätig sein. Infolge der digitalen Transformation hat sich der Steuerberater zu einem strategischen Berater entwickelt, der die Datenflüsse überwacht, die Prozesse optimiert und sicherstellt, dass alle involvierten Parteien von den automatisierten Systemen profitieren, ohne dabei die Kontrolle über die Daten zu verlieren. Plattformen wie milia.io sind lediglich ein Beispiel für die zahlreichen technologischen Hilfsmittel, welche Steuerberater dabei unterstützen, ihre Position als zentrale Akteure in diesem digitalen Netzwerk zu festigen.

Obgleich die Finanzverwaltung und die Mandantensysteme zunehmend Kontrolle über die Daten erlangen, bleibt es von entscheidender Bedeutung, dass der Steuerberater die strategische Ebene beherrscht, um nicht nur die Datenverarbeitung, sondern auch die Planung und Optimierung der Steuerstrategien für die Mandanten zu übernehmen. Folglich sind Steuerberater im Jahr 2030 nicht nur technologische Experten, sondern auch Wegweiser, die ihren Mandanten durch ein komplexes, digitales Ökosystem führen.

9 Blick in die Zukunft – Ein Weckruf

Die Einführung der E-Rechnung, die fortschreitende Automation der Buchhaltungsprozesse sowie die Herausforderungen im Kontext der künstlichen Intelligenz, Blockchain, Cloud Computing und neue Akteure im Finanzmarkt wie FinTechs sind nur einige Beispiele, die den tiefgreifenden Wandel symbolisieren, der unserer Branche bevorsteht.

Ein Zurück gibt es nicht. Die Steuerberatung der Zukunft wird sich grundlegend von der bisherigen Form unterscheiden. Das traditionelle, lineare Geschäftsmodell, in dem Steuerberater die Daten ihrer Mandanten sammelten, verarbeiteten und an die Finanzbehörden übermittelten, hat sich zu einem digital vernetzten Ökosystem entwickelt. Das Beziehungsdreieck aus Mandanten, Finanzverwaltung und Steuerberater hat sich zu einer Struktur gewandelt, in der der Steuerberater nicht mehr nur als Mittler, sondern als strategischer Knotenpunkt fungiert. Diese Entwicklung war notwendig und verdeutlicht, dass der Steuerberater der Zukunft nicht ersetzbar ist – zumindest nicht in der Form, in der wir ihn uns vorstellen.

9.1 Handlungsempfehlungen für Steuerberater: Den Wandel gestalten, nicht erdulden

Wir haben die Herausforderungen analysiert, denen sich Steuerberaterinnen stellen müssen. Es obliegt nun uns, die Lehren aus den dargelegten Erkenntnissen zu ziehen und konkrete Handlungsstrategien zu entwickeln, um nicht nur in diesem neuen Markt nicht unterzugehen, sondern darin erfolgreich zu sein.

1. Akzeptieren Sie die technologische Transformation – Widerstand ist zwecklos

Es ist nachvollziehbar, dass viele von uns den rasanten Wandel als bedrohlich empfinden. Nur wird Widerstand gegen den technologischen Wandel langfristig mehr Schaden anrichten als Nutzen bringen, da davon auszugehen ist, dass die Technologie nicht verschwinden, sondern eher noch an Bedeutung gewinnen und in signifikanten Maß die kommenden Jahre und Jahrzehnte prägen wird. Die fortschreitende Automatisierung und der Einsatz Künstlicher Intelligenz werden die Arbeitswelt nachhaltig verändern. Dies bedeutet jedoch nicht, dass menschliche Arbeitskraft überflüssig wird, wird aber zu einer Neuordnung der Aufgabenbereiche führen.

Unsere Empfehlung lautet, bereits heute auf Technologie zu setzen. Es empfiehlt sich, die verfügbaren Tools zu nutzen, um eine Entlastung zu erfahren und eine optimierte sowie beschleunigte Beratung der Mandanten zu gewährleisten. Der Markt bietet bereits heute eine Vielzahl an Werkzeugen, welche dazu beitragen, den strategischen Fokus zu stärken und Routineaufgaben abzugeben. Dazu zählen unter anderem Predictive Analytics sowie Blockchain-basierte Lösungen.

2. Investition in Weiterbildung – Jetzt mehr denn je

Eine der größten Gefahren besteht darin, dass wir davon ausgehen, unsere bisherigen Kenntnisse und Fähigkeiten würden auch in Zukunft ausreichen. Diese Annahme ist jedoch nicht korrekt. Die Komplexität der Anforderungen, die an Steuerberaterinnen und Steuerberater gestellt werden, nimmt kontinuierlich zu. Es ist von essenzieller Bedeutung, sich mit neuen Technologien auseinanderzusetzen, gesetzliche Änderungen zu verfolgen und sich über die neuesten Entwicklungen in der Steuerberatung auf dem Laufenden zu halten.

Daher kann lebenslanges Lernen nicht länger als eine Option, sondern muss als Notwendigkeit betrachtet werden. Es ist daher für

Kanzleien unerlässlich, in Weiterbildung zu investieren – nicht nur für sich selbst, sondern auch für ihre Mitarbeitenden.

3. Fokussierung auf strategische Beratung als Schlüssel zur Zukunft

Historisch betrachtet, war ein Großteil der Steuerberatung in der Vergangenheit auf die Einhaltung gesetzlicher Vorschriften und die Erfüllung von Compliance-Anforderungen fokussiert. Die Zeiten sind jedoch vorbei, dass das ausreicht. Mandanten wünschen zunehmend auch eine strategische Beratung und erwarten von ihren Steuerberatern nicht mehr nur die reine Erfüllung der steuerrechtlichen Pflichten, sondern vielmehr eine Beratung, die ihnen aufzeigt, wie sie ihre Steuerlast optimieren können. Dabei ist ein globaler Kontext zu berücksichtigen.

Die Rolle des Steuerberaters wird sich dahingehend wandeln, dass er die Funktion eines strategischen Partners einnimmt. Dies impliziert eine Fokussierung auf ganzheitliche Lösungsansätze. Steuerberater müssen folglich in der Lage sein, Steuerplanung, Finanzberatung und internationales Steuerrecht nahtlos zu integrieren, um ihren Mandanten den größtmöglichen Nutzen zu bieten.

4. Digitalisierung der Kanzlei – Nicht optional, sondern essenziell

Die Digitalisierung von Arbeitsprozessen in der Steuerberatung stellt keinen vorübergehenden Trend dar, sondern ist zu einer grundlegenden Voraussetzung für unsere Tätigkeit geworden. Die digitale Infrastruktur einer Kanzlei wird in den kommenden Jahren maßgeblich über deren Fortbestand entscheiden. Die effiziente Nutzung einer Cloud-Lösung, die Integration von KI-Tools sowie die Automatisierung von Prozessen stellen dabei zentrale Bausteine dar.

Es ist erforderlich, eine Kultur der Offenheit für neue Technologien zu etablieren. Des Weiteren ist es erforderlich, dass Kanzleien nicht nur innerhalb ihrer Strukturen die Digitalisierung vorantreiben, sondern diese auch gegenüber ihren Mandanten vermitteln. Die fortschreitende Digitalisierung der Mandantenbeziehungen erfordert von uns Steuerberaterinnen und Steuerberatern eine entsprechende digitale Kompetenz.

5. Die neue Beziehung zu Mandanten – Beratung auf Augenhöhe

Die Mandanten von heute sind gut informiert, technologieaffin und haben hohe Erwartungen. Sie wissen, was sie wollen, und verlangen von ihrem Steuerberater nicht nur Fachwissen, sondern auch Verständnis, Empathie und eine partnerschaftliche Zusammenarbeit. Die Rolle des Steuerberaters wird von Mandanten nicht mehr allein als die eines Dienstleisters wahrgenommen, sondern vielmehr als die eines vertrauenswürdigen Begleiters, der sie auf dem Weg zur Verwirklichung ihrer finanziellen Ziele unterstützt.

Diese Beziehung muss auf Vertrauen und Transparenz aufgebaut sein. Die Selbstbestimmung der Mandanten durch digitale Tools wird zunehmen, jedoch wird weiterhin ein Steuerberater als Experte benötigt, der die Datenflüsse interpretiert und strategische Empfehlungen gibt. Es obliegt den Steuerberatern, diese Gelegenheit zu ergreifen, um eine nachhaltige Partnerschaft zu etablieren, in der sie nicht nur als Berater, sondern vielmehr als Wegweiser fungieren.

Epilog: Weckruf an die Steuerberatung 2030 – verfasst im Jahr 2025

Sehr geehrte Leserinnen und Leser,
die gegenwärtige Situation lässt erkennen, dass ein grundlegender Wandel der Steuerberatung in den kommenden Jahren unumgänglich sein wird. Der bevorstehende Wandel wird sich nicht in einem langsamen und graduellen Prozess vollziehen, sondern vielmehr in einer abrupten und irreversiblen Transformation. Technologien wie Automatisierung, Künstliche Intelligenz (KI), Blockchain und Big Data bewirken einen tiefgreifenden Wandel der Branche, der als Zeitenwende bezeichnet werden kann. Die Frage, ob sich etwas ändern wird, ist somit obsolet; von Interesse ist lediglich, wie schnell die Steuerberatung in der Lage sein wird, sich auf die neuen Gegebenheiten einzustellen.

Die in diesem Buch dargestellten Szenarien, welche unter anderem eine vollautomatisierte Steuerprüfung, den Einsatz von KI bei der Risikobewertung sowie Blockchain-Lösungen für die Umsatzsteuer umfassen, sind keine fiktiven Konstrukte, sondern basieren auf realen technologischen Entwicklungen. Der technologische Fortschritt vollzieht sich in einem Tempo, das von vielen von uns unterschätzt wird.

Noch vor einigen Jahren konnte in vielen Bereichen eine abwartende Haltung gegenüber neuen Technologien eingenommen werden. Die Integration neuer Technologien konnte somit zunächst abgewartet werden, um anschließend eine Entscheidung über deren Einsatz zu treffen. Diese Zeitspanne ist nunmehr abgelaufen. Eine Strategie des Abwartens führt unweigerlich zu einem Verlust an Wettbewerbsfähigkeit. Die digitale Transformation ist in vollem Gange und lässt keinen Raum für Zögern. Der Wandel wird nicht abwarten, bis jeder dazu bereit ist. Aktuelle Entwicklungen nicht zu beachten wird dazu führen, später den tatsächlichen Gegebenheiten hinterher zu hinken.

Als exemplarisches Beispiel kann die Automatisierung genannt werden. Noch vor wenigen Jahren erschien es wenig plausibel, dass Aufgaben wie die Buchhaltung oder die Erstellung von Steuererklärungen vollständig automatisiert werden könnten. Die Realität hat uns jedoch längst eingeholt: KI-gestützte Systeme übernehmen zunehmend Aufgaben aus den Bereichen Buchhaltung und Steuererklärung. Dies erfolgt schneller, effizienter und fehlerfreier als durch den Menschen. Unternehmen, die gegenwärtig keine Investitionen in Automatisierung tätigen, werden in wenigen Jahren Schwierigkeiten haben, in der Branche zu bestehen.

Eine der zentralen Aussagen dieses Buches ist, dass die Automatisierung die Steuerberatung revolutionieren wird. Dies ist kein Zukunftsszenario, sondern bereits gegenwärtige Realität. In zahlreichen Kanzleien werden repetitive Aufgaben wie die Erfassung von Belegen, die Buchhaltung sowie die Erstellung einfacher Steuererklärungen bereits heute durch automatisierte Systeme ausgeführt. Der Prozess der Veränderung ist in vollem Gange.

Dies bildet jedoch lediglich die Grundlage. Die eigentliche Revolution liegt in der Art und Weise, wie Steuerberater künftig mit ihren Mandanten interagieren und welche zusätzlichen Beratungsleistungen sie anbieten können. KI-basierte Assistenten, die in der Lage sind, Steuerdaten zu analysieren, Risiken zu identifizieren und Optimierungsvorschläge zu unterbreiten, befinden sich bereits in der Entwicklung und sind nicht länger eine Zukunftsvision. Die Assistenten werden Steuerberater von zahlreichen Routineaufgaben entlasten, sodass ihnen mehr Zeit bleibt für die strategische Beratung ihrer Mandanten.

Neue Wettbewerber, neue Herausforderungen

Technologische Veränderungen innerhalb der Steuerkanzleien sind jedoch nicht die einzigen Faktoren, die es zu berücksichtigen gilt. Des Weiteren ist eine Veränderung des Marktes zu beobachten, die sich durch ein hohes Tempo auszeichnet. Der Markt wird gegenwärtig von einer Vielzahl neuer Wettbewerber geprägt, zu denen unter anderem FinTechs, globale Technologieunternehmen sowie Plattformen, die automatisierte Steuerlösungen anbieten, zählen. Diese neuen Akteure nutzen fortschrittliche Technologien und sind in der Lage, Steuererklärungen schneller und kostengünstiger abzuwickeln als traditionelle Kanzleien.

Ein Blick in die Zukunft lässt die Möglichkeit erkennen, dass große Plattformen wie Google oder Amazon eigene Steuerberatungsdienste anbieten könnten. Diese Plattformen verfügen über eine hohe Reichweite sowie über innovative Technologien, sodass sie das Potenzial haben, den Markt zu verändern. Folglich ist es für diejenigen, die den individuellen Stärken der traditionellen Steuerberatung vertrauen, unerlässlich, sicherzustellen, dass die eigene Dienstleistung in technologischer Hinsicht derart innovativ ist, dass sie im Wettbewerb bestehen kann. Denn in Bereichen, in denen komplexe, individuelle Beratungsbedarfe bestehen, wird der Mensch auch in Zukunft überlegen sein. Diesbezüglich ist jedoch zu berücksichtigen, dass die Nutzung der neuen Technologien unabdingbar ist, anstatt diese zu ignorieren.

Die Notwendigkeit zum Handeln

Folglich bleibt der Branche keine andere Möglichkeit, als zu handeln. Abwarten ist keine Alternative, auch nicht das Verschieben auf den Zeitpunkt X. Die Geschwindigkeit, mit der sich der Markt verändert, lässt keine andere Wahl, als notwendige Schritte zur digitalen Transformation unverzüglich zu unternehmen. Es mag gegenwärtig noch schwerfallen, sich vorzustellen, dass KI-basierte Assistenten die Steuerberatung in den kommenden Jahren dominieren werden, oder dass Blockchain die Art und Weise, wie wir Steuerprozesse abwickeln, grundlegend verändern wird. Es handelt sich hierbei jedoch nicht um Zukunftsvisionen, sondern um die unmittelbar bevorstehende Realität.

Ein grundlegender Irrtum wäre es, zu glauben, dass noch Zeit bleibt. Unternehmen und Kanzleien, welche die Relevanz der digitalen Transformation unterschätzen, werden in absehbarer Zeit feststellen, dass sie den Anschluss verloren haben. Unternehmen und Kanzleien, die nicht bereits heute in neue Technologien investieren und ihr Geschäftsmodell einer kritischen Reflexion unterziehen, werden in wenigen Jahren von den Entwicklungen überrollt werden.

Unser exemplarisches Beispiel soll das verdeutlichen. Betrachten wir den Fall von Max, der bereits zu einem frühen Zeitpunkt die Relevanz einer digitalen Transformation seiner Kanzlei erkannt hat. Max erkannte, dass der zunehmende Fachkräftemangel einen erhöhten Druck auf seine Kanzlei ausübte. Die Automatisierung stellte in diesem Kontext eine Lösung dar. Aufgaben, die vormals von seinen Mitarbeitern über einen längeren Zeitraum bearbeitet wurden, werden durch KI-basierte Systeme übernommen. Sein Kollege Lukas, der in einer früheren Geschichte zu Wort kam, konnte sich dadurch auf strategischere Aufgaben konzentrieren, was einen klaren Wettbewerbsvorteil in einer Branche darstellt, in der hochqualifizierte Fachkräfte rar werden.

Die Digitalisierung bietet Chancen, allerdings müssen entsprechende Maßnahmen ergriffen werden, um diese zu nutzen. Die Herausforderungen durch neue Marktteilnehmer und technologische Innovationen sind evident. Dennoch bieten sich durch den technologischen Fortschritt auch neue Möglichkeiten für diejenigen, die bereit sind, sich den damit einhergehenden Veränderungen zu stellen und diese aktiv mitzugestalten. Die Automatisierung, Künstliche Intelligenz sowie die Blockchain-Technologie eröffnen nicht nur Möglichkeiten zur Steigerung der Effizienz, sondern auch zur Entwicklung gänzlich neuer Beratungsleistungen.

Es lässt sich prognostizieren, dass sich die Steuerberatung bis zum Jahr 2030 von einer rein administrativen Tätigkeit zu einer umfassenden Managementberatung entwickeln wird. Eine frühzeitige Investition in neue Technologien ist nicht nur eine Überlebensstrategie, sondern auch ein Garant für den Erfolg. Es ist von entscheidender Bedeutung, den Wandel nicht abzuwarten, sondern bereits jetzt die Weichen für die Zukunft zu stellen.

Abschließend sei betont, dass es nicht allein auf neue Technologien ankommt. Ein weiterer wesentlicher Aspekt ist die Zusammenarbeit. Der bevorstehende Wandel ist von großer Tragweite und kann nur durch gemeinschaftliches Handeln bewältigt werden. Der Steuerberatungsmarkt ist durch eine hohe Dynamik sowie vielfältige Entwicklungspotenziale gekennzeichnet. Es steht jedoch außer Frage, dass dieser Markt in den kommenden Jahren eine steigende Anzahl an Wettbewerbern anziehen wird, die bestrebt sind, die Vorherrschaft zu erlangen, sich aber mindestens ein dickes Stück vom Kuchen sichern wollen.

Daher darf es keine weiteren Rechtfertigungen mehr geben, diese Entwicklung zu ignorieren. Jetzt nicht zu handeln, kann man heute schon als Fehlentscheidung bezeichnen. Unabhängig von den Versprechungen der Technologie, was theoretisch alles möglich ist, kann festgehalten werden, dass die Branche nur durch entschlossenes Handeln erfolgreich bleiben wird. Der technologische Fortschritt ist unaufhaltsam. Nur diejenigen Akteure, die aktiv an der Gestaltung mitwirken, werden die Zukunft der Steuerberatung maßgeblich beeinflussen.

Wir wünschen uns, dass dieses Buch nicht nur als Informationsquelle dient, sondern auch als Weckruf verstanden wird.

Michel Menk, Martin Grau und Götz Kümmerle

Et avec des meilleurs vœux pour l'avenir[12]

[12] Und mit den besten Wünschen für die Zukunft